本研究为2017年度"万名旅游英才计划"——"双师型"教师
培养项目"导游业务教学案例开发研究"（编号：WMYC201730013；
项目负责人：赵亚琼）的研究成果

导游业务与典型案例

Tour Guide Service and Typical Cases

主　编　赵亚琼

副主编　魏庆华　苏伦高娃　袁　鹏

参　编　刘正鼎　刘浩日娃　李文艳　任　静　魏晓颖

　　　　高云胜　王　晶　　陈　程　秦艳梅　樊　静

经济管理出版社

ECONOMY & MANAGEMENT PUBLISHING HOUSE

图书在版编目（CIP）数据

导游业务与典型案例/赵亚琼主编 . —北京：经济管理出版社，2019.1
ISBN 978-7-5096-6328-8

Ⅰ . ①导… Ⅱ . ①赵… Ⅲ . ①导游—案例—教材 Ⅳ . ① F590.63

中国版本图书馆 CIP 数据核字（2019）第 016555 号

组稿编辑：王光艳
责任编辑：许 兵
责任印制：黄章平
责任校对：张晓燕

出版发行：经济管理出版社
　　　　　（北京市海淀区北蜂窝 8 号中雅大厦 A 座 11 层　100038）
网　　址：www.E-mp.com.cn
电　　话：（010）51915602
印　　刷：三河市延风印装有限公司
经　　销：新华书店
开　　本：710mm×1000mm/16
印　　张：16.5
字　　数：319 千字
版　　次：2019 年 5 月第 1 版　2019 年 5 月第 1 次印刷
书　　号：ISBN 978-7-5096-6328-8
定　　价：58.00 元

前 言

《导游业务与典型案例》是从导游服务以基础理论知识为指导，以 2017 年度"万名旅游英才计划"——"双师型"教师培养项目"导游业务教学案例开发研究"为依托，以导游人员服务活动为中心，以方法及服务技能为主要内容，以导游职场案例为背景，系统地介绍了导游人员、导游服务、导游服务程序与规范、导游讲解、带团、应变技能等内容。

一、结构体系

本书内容注重科学性、系统性、实用性、操作性的统一，阐述了现代旅游活

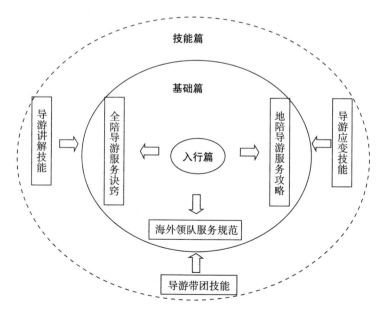

动的导游服务规范和要求。导游业务是一门跨越不同学科的边缘课程，本书在编写上突破传统导游业务教材惯常的写作思路，突出导游业务课程的层次性，将课程结构分为入行篇、基础篇、技能篇三大篇章，呈现出一种独特的同心圈层结构。

二、栏目设计

本教材中每一个模块里的礼仪项目都相对独立，每个项目里都包含了"相关链接""案例分析""情景再现"等教学设计板块。其中，"相关链接"即针对相关理论知识进行延展，突出教材的可读性。"案例分析"是对本导游业务项目主题的职场案例、职场岗位规范或职场调研报告等进行案例案情阐述，并对案情进行点评分析，强化教材的实践可操作性。"情景再现"是对本板块学习实操的实践指导。是以学生日后的工作实际需要为核心，紧密结合行业实际，根据行业的具体工作方式，设计相关综合实训，加强教材的可操作性。各个环节与教学流程基本吻合。因此，教材的模块项目可以供教师在面对不同专业背景的学生时自行选择组合，从而形成更加灵活、实用而又有针对性、个性化的教学方案。

三、实践运用

在教材内容的选取上，打破了以往大而全的内容格局，对于导游业务服务根据理论与实操性相结合，教材既适用于导游资格备考学生，也适用于刚刚取得导游证的新导游。在教材结构上，依托历年导游资格考试大纲的体例进行设计；在教材格局上，新增加更多的导游实战案例，既方便学生理解理论专题内容，又具有实践操作能力，使其能尽快地进入导游角色。同时，本书将一切切实可行的范例、导游行业各路精英人物的热点文章、对明星导游的深度剖析，分门别类地呈现在读者面前。让备考考生更容易理解，让新入行导游在入行之初就能够找对位置，并尽早培养出导游带团技能。

四、教材整体设计思路

教材整体设计的思路是以培养职业精神为灵魂，以培养实践能力为根本，以导游职业能力培养为重点，与旅行社、导游服务公司充分合作，基于导游工作过程进行《导游业务与典型案例》开发与设计，充分体现职业性、实践性和开放性的要求。首先，"基于工作过程"的课程体系开发：以导游职业工作过程为基点，以导游员职业岗位需求为依据，注重培养学习者的职业能力。其次，"做中学、学中做"：注重体现"教、学、做"的结合，以校企合作、工学结合的方式，使学习者在"做中学、学中做"，使理论与实践一体化。 最后，"以人为本，全面发展"的教育理念：以素质教育为中心，把学习者综合素质的提高放在首要位置。

（1）教材项目设置，以导游工作岗位能力需要为依据。以从接团准备、导游服务到送团结束的完整工作过程为顺序，设计教学内容，训练学习者导游服务的职业能力。

（2）教材内容整合，以导游真实工作情景为载体，以导游实战案例为依据，培养学习者的实践能力。

（3）教材结构组织，以导游工作流程为脉络。以项目导向、任务驱动达到教、学、做一体化。

本教材的编者均为高职院校礼仪课程骨干授课教师，本教材由赵亚琼任主编，由魏庆华、苏伦高娃、袁鹏任副主编。具体编写分工如下：魏庆华、苏伦高娃、魏晓颖编写入行篇模块一；袁鹏、高云胜编写入行篇模块二；赵亚琼、刘正鼎、刘浩日娃编写基础篇模块三至模块五；赵亚琼、王晶编写技能篇模块六；李文艳、任静编写技能篇模块七；陈程、樊静、秦艳梅编写技能篇模块八。

本教材的编写得到了许多专家学者的帮助，同时，在教材编写过程中参考了大量文献资料，因受篇幅限制，未能一一注明出处，在此一并表示衷心感谢！

由于编者水平所限，书中错漏和不妥之处在所难免，敬请专家和读者批评指正。

编者

2018 年 12 月

目 录

>>

入行篇　认知导游服务工作

>>

基础篇　规范导游服务规程

>>

技能篇　强化导游服务技能

入行篇
认知导游服务工作

　　大力发展旅游业是我国的国家战略之一，加强旅游人才队伍建设，尤其是培育并建设一支高品位、高素质、献身于旅游事业的导游队伍是实现这一目标的根本保障。党和国家历来重视导游人才的培养及导游队伍的建设。

　　导游是一个涉及面很广的职业，而且是一项操作性很强的工作。本篇从导游职业入手，是导游职业的入门篇，主要介绍如何能够成为导游行业中的一员？新导游怎样入行？为初入导游行业的人员走向导游职业生涯的职业开篇。

模块一

获取导游资格

任务要求

1. 了解导游报考条件及如何获取导游资格证
2. 掌握导游人员的内涵及类型

案例导入

提前结束的跟团

新导游王超来自内蒙古自治区，一表人才，学习也好，在考取了导游资格证后，来到某旅行社，导游部经理很喜欢这个文雅的帅哥，便安排他跟个夏令营团，师傅是一个老导游。第三天上午参观内蒙古博物馆，导游师傅带着学生们逐层参观，一会儿就看不见王超的身影了。当导游师傅带领学生们来到二层时，却发现王超在休息区的椅子上酣睡正香。导游师傅便用手机给他拍了照片，推了推他也没推醒，只能使劲拽醒。王超说他就眯了5分钟。导游师傅没有问他为何如此之困，而是马上给旅行社计调打了电话。很快，社里就通知王超不用跟团了。

加入导游员行列需要进行严格考核才能取得导游资格。导游队伍是旅游行业的一支重要队伍，每年都有许多新的导游员加入导游行列。新导游入行之后要面临很多问题，目前各省、自治区、直辖市的文化和旅游厅（局）按照文化和旅游部（国家旅游局）的要求，每年都会对新导游进行业务培训，讲授职业道德、法律法规以及从业经验。如何取得导游资格，新导游如何快速适应行业工作是导游入行的第一步。

任务一　导游资格证考试

要成为一名合格的导游，必须要拥有导游资格证。导游资格证是国家对从事导游服务人员从业资格的证明，所以说要从事导游职业，还要按照规定获得导游证，要跨入导游人员的大门，导游资格证是第一步。

一、导游资格考试规定

导游人员是指依照《导游人员管理条例》的规定取得导游证，接受旅行社的委派，为旅游者提供向导、讲解及相关旅游服务的人员。导游员概念中包含了三个层面的意思：首先，从事导游业务的资格：按规定参加导游资格考试、取得导游证；其次，从事导游活动的前提：经旅行社委派；最后，导游业务活动内容：向旅游者提供向导、讲解及相关旅游服务。

全国导游资格考试是依据《中华人民共和国旅游法》（以下简称《旅游法》），为国家和社会选拔合格导游人才的全国统一的准入类职业资格考试。考试遵循公平、公正的原则，目的是检验考生是否具备从事导游职业的基本素养、基础知识和基本技能。《中华人民共和国旅游法》第三十七条规定：参加导游资格考试成绩合格，与旅行社订立劳动合同或者在相关旅游行业组织注册的人员，可以申请取得导游证。由国务院旅游行政管理部门委托省、自治区、直辖市人民政府旅游行政部门颁给导游人员资格证书。

（一）导游资格考试发展

导游员资格考试始于 1989 年。在 20 世纪 80 年代末 90 年代初，我国旅游业开始飞速发展，导游人才需求剧增，在这样的历史背景下，为了规范导游管理，原国家旅游局出台了导游资格认证考核办法，开始实施全国统一的导游员资格考试。

据了解，当时，各省、自治区、直辖市旅游主管部门按照原国家旅游局的统一组织，安排相应人员报名参加培训和参加全国统一的导游资格证书考试。考试分笔试和面试，由原国家旅游局组织人员进行统一阅卷。考试合格者可获得全国导游人员资格证书，换取导游证后持证上岗。有数据显示，导游资格证考试制度实施以来到 2000 年近十年间，全国共有 70 多万人通过了导游资格考试，有 53 万人拿到了导游证。

为提高导游队伍素质，2001 年，原国家旅游局对导游资格考试进行了重大改革，将导游考试中的教材、命题、考试时间等权限全部下放到各省，由过去全

国统一命题改为各省根据本省特点自行命题、考试及评卷，并注重培养导游人员的实际工作能力。初级导游资格考试由各省、自治区、直辖市组织，每年进行一次（个别省一年考试两次）。考试时间各省（市、区）不统一，报名时间都在6~9月，考试时间基本上都安排在11月。试卷的命题和教材也是由各省级旅游行政管理部门组织相关单位汇编，各省级旅游局可以根据本地特点，自行命题、考试和评卷。尽管改革后的导游资格考试制度在选拔适应我国旅游业发展需要的导游队伍方面确实发挥了重要的作用，但是各种学历、各种年龄、各种层次的人都可以考，考试门槛低也带来了一些负面效应。

为改变以上状况，从2016年起，导游资格考试将再度改革，全国实行统一的导游资格考试。为做好导游资格考试改革工作，原国家旅游局办公室印发了《关于完善"导游人员从业资格证书核发"行政审批事项有关工作的通知》，明确指出由原国家旅游局对全国导游人员资格考试实行统一管理，省级旅游主管部门具体负责本辖区内的导游资格考试具体工作。实行"统考"后，该考试笔试科目由原国家旅游局实行机考，现场考试（口试）部分仍由各省旅游局组织实施。

（二）导游资格考试内容

全国导游资格考试科目主要包括：科目一"政策与法律法规"、科目二"导游业务"、科目三"全国导游基础知识"、科目四"地方导游基础知识"、科目五"导游服务能力"。

考试语种分为中文和外语两种，其中外语类包括英语、日语、俄语、法语、德语、西班牙语、朝鲜语、泰语等。上述科目内容，分别从了解、熟悉、掌握三个层次对其进行考察。

（三）导游资格考试方式

考试方式集参加笔试和现场考试于一体，笔试采取机考方式进行，科目为政策法规（科目一）、导游业务（科目二）、全国导游基础知识（科目三）、地方导游基础知识（科目四）；现场考试科目为导游服务能力（科目五），以模拟考试方式进行，由省级考试单位根据考试大纲和《全国导游资格考试现场考试工作标准（试行）》组织。

笔试科目一、科目二合并为1张试卷进行测试，其中科目一、科目二分值所占比例各为50%，科目三、科目四合并为1张试卷进行测试，每张试卷满分100分，考试时间均为90分钟，考试题型包括判断题、单项选择题、多项选择题。全国导游资格考试大纲在导游资格报名前2~3个月发布，每年会根据国家政策、行业发展等实际情况有细微的变化。可通过文化和旅游部官网（http：//www.mct.gov.cn）"在线办事——表格下载"栏目查看。

科目五考试分中文和外语两类，中文类考生每人不少于15分钟，外语类考生每人不少于 25 分钟，备考旅游景区考试大纲会根据各个省、自治区、直辖市给出限定范围。考试成绩采用百分制，中文类考核点主要包括：礼貌礼仪、语言表达、景点讲解、导游服务规范、应变能力和综合知识；外语类考核点主要包括：礼貌礼仪、语言表达、景点讲解、导游服务规范、应变能力、综合知识和口译。

二、导游资格考试报名

从 2016 年起，导游资格考试全国实行统一的导游资格考试，报名方式为网上报名，使用 Windows 标准 IE10 版本及以上浏览器或 Webkit 内核浏览器（例如 360 浏览器极速模式或 Google Chrome 等）访问报名系统。

（一）报考条件

导游资格考试报考条件如下：中华人民共和国公民；具有高级中学、中等专业学校或者以上学历；身体健康；具有适应导游需要的基本知识和语言表达能力。

 报考解读

1. 就读高级中学、中等专业学校的考生，需拿到毕业证方可报名（注意：旅游中等职业学校导游专业 2019 年应届毕业生可以报考，考试合格且取得毕业证书，方可领取"导游资格证书"）。在校大学生或大专生可凭高中学历、中专学历或大学在读证明报名；同时，不管户籍是哪里，均可凭居住证在任意省份报名。

2. 健康证明问题。目前并没有明确要求报考时一定要提供健康证，对于需要提供健康证明的地区，健康证明不是必须到县级以上医院开具，只要是正规的医院都可以，除了个别省份有具体要求到指定医院外，可以当地就近找正规医院，按服务业从业人员健康证明（即所谓的健康证）体检流程进行体检，并出具证明即可。

（二）报名程序

全国导游资格考试报名程序包括网上报名、资格审核、交费和打印准考证四个环节。

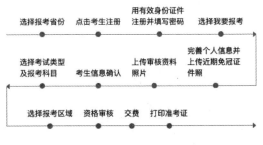

图 1-1　导游资格报考流程

1. 网上报名

通过全国导游资格考试网上报名系统完成网上报名，考生重复报名无效。通过报名系统上传符合要求的本人近期 1 寸白底免冠证件照片、身份证扫描件（包括正、反两面，身份证需在有效期内）、学历证书扫描件并填报信息，上传材料的具体要求参见网上报名系统。

 报名操作

登录报名系统注册报考：

1. 进入全国导游资格考试网上报名系统，系统首页如图 1-2 所示。

2. 在全国导游资格考试网上报名系统——首页的"报考省份"入口处点击选择需要报考的省份进行注册登录，如图 1-3 所示。

3. 点击"立即注册"按钮进入报名须知阅读页面，阅读完报名须知后点击"我已阅读"按钮进入注册页面，如图 1-4 所示。

4. 进入注册信息填写页面，根据页面提示信息如实填写，填写完信息后点击"注册"按钮，如图 1-5 所示。

5. 提交后进入注册成功提示页面，登录账号会在此处显示，其中登录账号为考生所报考的用户名 / 证件号码，如图 1-6 所示。

6. 进入报考首页面，填写登录用户名、密码及验证码后，点击"登录"按钮，进入报考页面，如图 1-7 所示。

7. 登录系统后，点击"我要报考"进入报考页面，如图 1-8 所示。

8. 完善考生基本信息、通信信息、教育信息及从业信息采集（如报考加试考生，需填写原资格证号），补充完毕后，点击"下一步"按钮，如图 1-9 所示。

9. 点击"添加文件"按钮，选择符合要求的照片，选择完毕后点击"开始上传"按钮，上传成功后，点击"下一步"按钮，如图 1-10 所示。

10. 点击"添加文件"按钮，选择符合资格审核要求的照片（上传资料以各省市考试公告为准），选择完毕后，点击"开始上传"按钮，上传成功后，点击"下一步"按钮，如图 1-11 所示。

11. 请仔细核查考生信息确认，如需更改，请点击"取消"按钮；如确认无误，勾选承诺书后点击"确认"按钮。需要注意的是，一旦审核报考信息通过后，考生将不能在系统中对个人信息及报考信息进行修改，如图 1-12 所示。

12. 根据实际情况选择报考类型，部分外语语种现场考试有地域限制，请考生查看提示信息进行选择，选择完毕后，点击"下一步"按钮，如图 1-13 所示。

13. 根据实际情况选择报考区域，选择完毕后，点击"提交信息"按钮，如图 1-14 所示。

14. 如显示以下界面即代表报考信息提交成功，请根据各省市通知公告，进行资格审核，如图 1-15 所示。

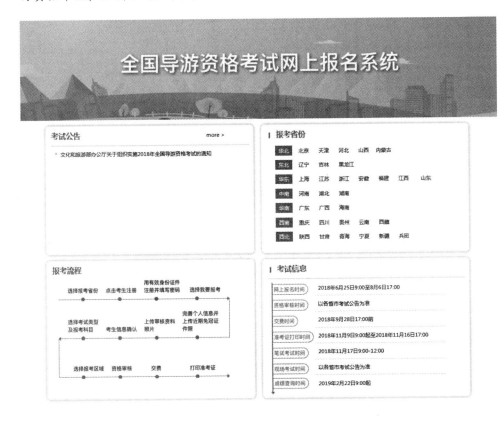

图 1-2　全国导游资格考试网上报名系统——首页

图 1-3　全国导游资格考试网上报名系统——报考省份页

全国导游资格考试网上报名系统

您已经注册, 现在就登录

2018年全国导游资格考试报名须知

1、请考生认真阅读文化和旅游部、各省级旅游主管部门发布的2018年全国导游资格考试报名通知。

2、唯一报名网址为: http://sghr26.ata-test.net/site/#/default/index。报名时请注意选择参加考试所在省的入口进行报名。

3、请考生确保报名信息完整、准确, 如发现虚假信息, 将取消考试资格。已通过考试并取得资格证书的将收回证书。

4、考生完成网上报名后, 省级旅游主管部门在2018年6月25日9:00至9月21日17:00期间对考生进行资格审核。资格审核通过后, 考生相关信息不能变更。

5、资格审核合格的考生, 方可交费, 交费标准和方式以各省级旅游主管部门通知为准。交费截止时间为2018年9月28日17:00, 交费完成后不予退还。

6、考生自2018年11月9日9:00至11月16日17:00前可登录报名系统下载打印准考证。

7、请考生妥善保管好纸质准考证及电子打印件。2018年11月16日17:00后准考证下载打印功能将关闭, 报名网站不再提供准考证补打服务。考试当天考生如未携带准考证, 将不能进入考场。

我已阅读

在线客服

图 1-4　全国导游资格考试网上报名系统——注册报名须知页

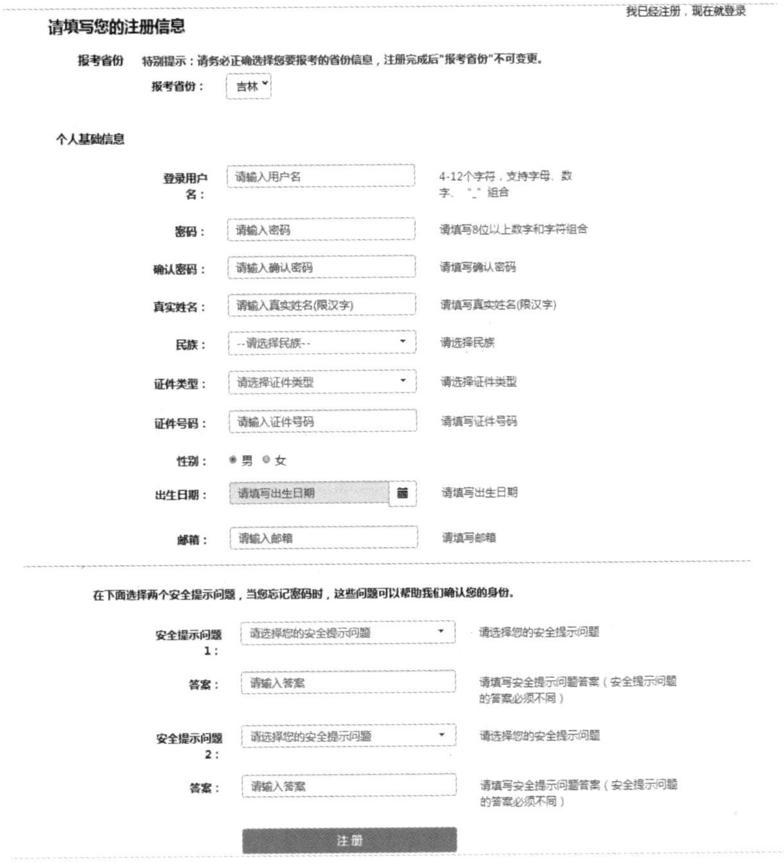

图 1-5　全国导游资格考试网上报名系统——注册信息填写页

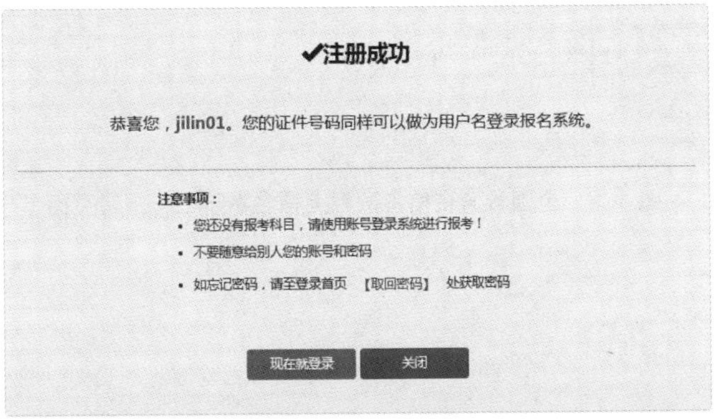

图 1-6　全国导游资格考试网上报名系统——注册成功提示页

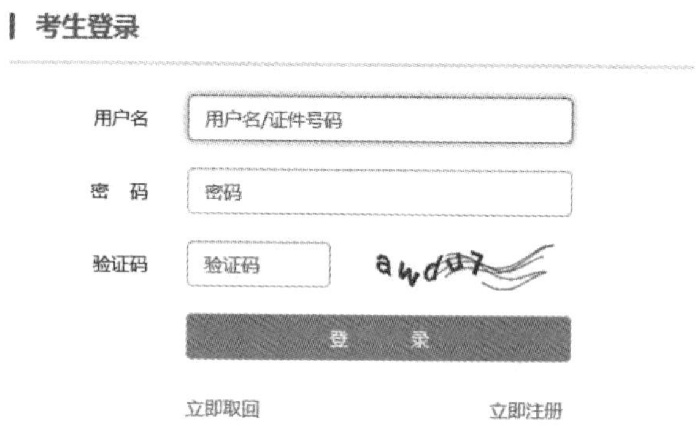

考生登录

用户名	用户名/证件号码
密　码	密码
验证码	验证码

登　录

立即取回　　　　　　　　立即注册

图 1-7　全国导游资格考试网上报名系统——考生登录页

图 1-8　全国导游资格考试网上报名系统——报考页面

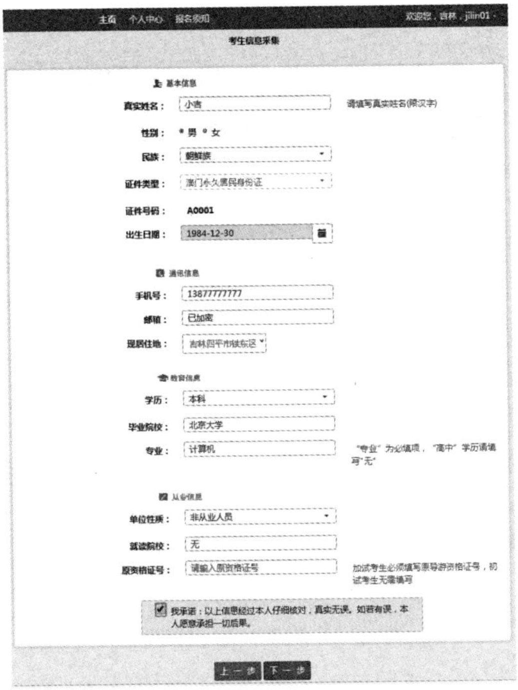

图 1-9　全国导游资格考试网上报名系统——考生信息采集页

图 1-10　全国导游资格考试网上报名系统——添加文件页

图1-11　全国导游资格考试网上报名系统——上传文件页

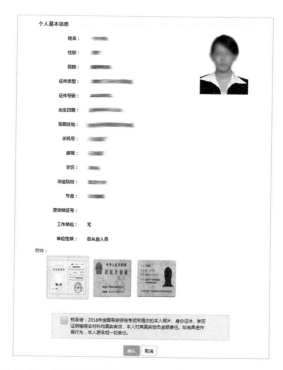

图1-12　全国导游资格考试网上报名系统——承诺书页

图 1-13　全国导游资格考试网上报名系统——外语现场考试选择页

图 1-14　全国导游资格考试网上报名系统——考试地点选择页

图 1-15　全国导游资格考试网上报名系统——待资格审核页

2. 资格审核

各省级旅游主管部门会在通知时间内对考生提交的报名信息进行审核。资格审核方式分为网上审核及现场审核两种方式，具体审核方式及要求请参照各省市公告。资格审核通过后，考生报名信息不能变更。

 审核解读

1. 资格审核合格后才可以交费。

2. 各省市具体交费方式及收费标准会有不同，缴费时会有提示。

3. 审核形式分为在线审核和现场审核，在线审核只需要上传相应的资料扫描件即可，现场审核需要带相应的材料到指定的审核地点接受审核。不同地区审核形式不一样，报名的时间会有提示。

3. 交费

考试按照各省市不同要求，分为现场交费或在线交费两种形式，请按各省市要求办理。资格审核合格的考生，方可交费。交费截止时间以每年考试通知为主，历年时间约为 9 月，交费完成后，报考费不予退还。具体交费时间请参照各省市公告。

4. 打印准考证

通过网上报名系统下载打印准考证，要在规定时间范围内。

三、导游资格证考试时间

从 2016 年起，全国实行统一的导游资格考试后，从 2016~2018 年考试时间均为 11 月，报名时间为 6 月左右，大纲发布时间为 3~4 月，具体报考时间依据文化和旅游部官网（http：//www.mct.gov.cn）发布时间为准。

四、导游资格证考试结果公布

导游资格考试结果以笔试成绩、现场考试成绩和总成绩分别划定分数线，笔试成绩、现场考试成绩和总成绩均满足划线要求的为合格。加试考生的考试结果以现场考试成绩满足划线要求为合格。考生的考试成绩仅当年有效，可根据官网公布时间，登录网上报名系统查询考试结果。

五、导游资格证考试成绩复核

如需要对考试成绩进行复核，可自考试结果发布之日起 5 个工作日内向省级旅游主管部门提出申请，复核结果为最终结果。考试成绩复核工作按《全国导游人员资格考试管理办法（试行）》有关规定办理。

六、导游资格证证书核发

考试结果合格后，文化和旅游部委托省级旅游主管部门颁发"导游员资格证书"。

任务二　电子导游证换取

导游证书简称"导游证"，是持证人已依法进行中华人民共和国导游注册、能够从事导游活动的法定证件。取得导游人员资格证，只是成为导游人员的第一步，要真正从事导游职业，还要依法取得导游证。

根据《旅游法》第三十七条规定"参加导游资格考试成绩合格，与旅行社订立劳动合同或者在相关旅游行业组织注册的人员，可以申请取得导游证。"导游证是导游人员从业行为能力的证明文件，是表明导游人员身份的外在标识，它是国家准许从事导游工作的证件。根据《导游人员管理条例》的规定：在中华人民共和国境内从事导游活动，必须取得导游证。取得导游人员资格证书的，经与旅行社订立劳动合同或者在相关旅游行业组织注册，方可持所订立的劳动合同或者登记证明材料，向省、自治区、直辖市人民政府旅游行政部门申请领取导游证。导游证的样式规格，由国务院旅游行政部门规定。

省、自治区、直辖市人民政府旅游行政部门应当自收到申请领取导游证之日起 15 日内，颁发导游证；发现有下列情形之一的，不得颁发导游证：

（一）无民事行为能力或者限制民事行为能力的；

（二）患有传染性疾病的；

（三）受过刑事处罚的，过失犯罪的除外；

（四）被吊销导游证的。

不予颁发导游证的，应当书面通知申请人。

一、导游 IC 卡升级电子导游证

按照《导游人员管理实施办法》（国家旅游局第 15 号令）的要求和原国家旅游局《整顿和规范旅游市场秩序工作方案》的安排，原国家旅游局要求于 2002 年 4 月 10 日起在全国范围内对导游人员实行计分制管理，从而出现了中国最早一批的导游证即导游 IC 卡。

全国导游体制改革试点工作会议上宣布，全国导游公共服务监管平台开始正式启动。导游通过该平台即可申领基于智能移动端的电子导游证，取代原有导游 IC 卡，以方便导游领证、执业、保管。全国导游公共服务监管平台由原国家旅游局（现更名为文化与旅游部）开发建设，于 2016 年 8 月 24 日正式上线。该平台将在 2017 年 3 月全面启用，到 3 月底所有导游人员开始申请使用新的导游身份标识，7月底旧导游证禁止使用。同时，平台还是导游执业的"记录仪"，将归集导游执业信息、游客评价及奖惩投诉信息、带团实时位置等，从而实现对导游事中、事后监管。

（一）电子导游证

电子导游证是导游执业证件，以电子数据形式存储于导游个人的移动电话等移动终端设备中，改变了原IC卡导游证制作流程复杂、核发时间长、执法成本高的情况，电子导游证在信息集成、使用便利、降低核发成本和执法成本等方面都有根本性的变革。按统一规格制作的"导游身份标识"是电子导游证的外在表现形式，便于执法检查和旅游者识别。

电子导游证的使用：导游在开展导游活动时，需使用电子导游证，旅游执法检查、导游执业信息收集等工作将依托电子导游证开展。

图 1-16 电子导游证

（二）全国导游公共服务监管平台功能

一是导游证从 IC 卡升级为电子化，方便在线打印纸质导游身份标识，节约行政成本、提高行政效率；二是导游执业从"跨区域受限"到"自由流通"，平台整合资源加强了信息传导，使导游在全国范围能自由择业、合理分配、有序流通；三是游客对导游从"被动配给"到"自主选择"，满足游客多元化、个性化旅游需求，倒逼导游根据市场需求提升服务；四是从过去"样本式抽查"到现在"全过程监管"，有利于破解市场监管人手不够、手段有限等难题；五是通过导游执业大数据分析，更加准确地了解市场变化，有针对性地制定政策和实施监管。

二、电子导游证申领

电子导游证采用网上申领、网上审批的方式，大大便利了申请人申领使用。游客、景区、执法人员等通过扫描电子导游证上的二维码识别导游身份。导游使用电子导游证、佩戴卡片式"导游身份标识"，并开启"全国导游之家"APP 执业，导游的执业轨迹、评价信息、奖惩情况等，均归集于电子导游证，形成导游的"执业档案"。

（一）在线申请

第一步：登录 12301 文化和旅游部"全国旅游公共服务监管平台"：http：//jianguan.12301.cn/。

第二步：选择导游领队入口。

第三步：按提示填写资料并提交。

（二）注册机构在线审核

注册机构登录监管平台对导游申请信息进行审核。

图 1-17　电子导游证的申请和审批流程

（三）地方旅游局在线审批

由市旅游局进行终审，核发电子导游证。

（四）制作"导游身份标识"

导游通过审核成功申请电子导游证后，监管平台将自动生成统一规格、可供制作的电子导游证。导游应将其保存于个人的手机等移动终端设备中，以便使用。市旅游局后续将按国家旅游局规定的统一的规格、材质制作"导游身份标识"发放给导游。

图 1-18　导游身份标识卡

任务三　导游员

要成为一名合格的导游，必须要拥有导游资格证。导游资格证是国家对从事导游服务人员从业资格的证明，有效期三年，虽然说要从事导游职业，还要按照规定获得导游证，但想要跨入导游人员的大门，导游资格证是第一步。

一、导游员的定义

导游员（guide）在英语中的定义为：Person who shows others the way especially a personemployed to point out interesting sights on a journey or visit，意为为他人引路者，特别受雇而为他人在旅游或参观中介绍风景名胜者。根据《旅游业词典》的定义，导游员是指"已拥有职业特许证并受雇于某公司，带领游客在当地进行旅游观光活动的工作人员"；原国家旅游局于 1987 年发布的《导游员管理暂行规定》中对导游员的定义为：为旅行者（包括旅行团）组织安排旅行和游览事项，提供向导、讲解和旅途服务的人员；1992 年版的《旅游辞典》中对导游员的定义是：为游

客提供导游生活服务和讲解的人员，而且特别强调不是一般的翻译工作者，而是旅行社的代表，同时对外国游客而言，也是国家的代表；加拿大用"旅游团领队"指代导游员，并要求："他是受过高等教育和培训的人，他有能力进行研究，为一次旅行做好充分准备，以带领团队旅行、做旅游讲解，从而使一次旅游成为一次异乎寻常、难以忘却的经历。"美国则这样形容导游员："他是首要的代理人和各种服务的供应商，直接和旅行者打交道，保证提供承包的服务项目、实现承诺、使游客满意，此人就是陪同或旅游团领队。"相关表述还包括：导游员是为游客在旅行游览活动中，提供向导、讲解服务和生活服务的人员；导游员是指运用专门知识和技能为游客组织、安排旅行和游览事项，提供向导、讲解和旅途生活服务的人员；导游员是持有中华人民共和国导游资格证书，受旅行社委派，按照接待计划，从事陪同旅游团（者）参观游览的工作人员；导游员是指依照《导游员管理条例》的规定取得导游证，接受旅行社委派，为游客提供向导、讲解及相关旅游服务的人员。

国内学者对导游员的概念也有多种表述：吕宛清等认为，导游员是以游客为工作对象，以指导参观游览、沟通思想为主要工作方式，以安排游客吃、住、行、游、购、娱为主要工作任务，以增进相互了解、为国家建设积累资金为目的的接待服务人员，也是进行民间外交和地区间横向联系的第一线工作人员；夏学英认为，导游员是指在旅游活动中，为游客组织、安排游览事项，提供向导、讲解和旅途生活服务的人员。

上述定义分别从不同的角度对导游员的内涵进行了界定，其侧重点虽各有不同，但也形成了一些共识：导游员的服务对象是游客；导游员需要通过导游资格考试、获得导游资格证并持证上岗；导游员从事导游业务需经旅行社委派；导游员的工作任务是为游客提供向导、讲解及相关旅游服务。这些观点中除对导游服务对象的认识存在不同以外，其他方面都是本书关于"导游员"定义的构成要素，即导游员是指按照《导游员管理条例》的规定取得导游证，接受旅行社委派，为导游服务消费者提供向导、讲解及相关旅游服务的人员。

二、导游员的内涵

对导游员概念的理解应注意从以下几方面去考虑：

第一，在现代旅游活动中，人们暂离常住地来到异国他乡，追求物质与精神生活的满足。其活动空间非常广阔，活动内容十分丰富。但如果没有导游员的参与，这些都会黯然失色。因而，在国际旅游界达成了这样的共识：没有导游员的旅行是不完美的旅行，甚至是没有灵魂的旅行。

第二，导游员的工作范围很广。他们既要指导参观游览，提供导游讲解服务；又要与游客沟通思想、交流情感，还要安排落实游客的吃、住、行、游、购、娱等活动提供旅途生活服务。因此，导游员为游客提供了脑力与体力兼而有之的综合性劳动服务。

第三，旅游是当今世界最大规模的民间交往活动。在旅游活动中导游员通过自己的辛勤劳动，增进了各国人民之间的相互了解与友谊，为国家建设积累了资金，促进了旅游业快速、健康和可持续发展。

第四，导游服务的性质和任务决定了从事这项工作的人，必须具备一定的资格和条件。只有通过旅游管理部门的审查、考核，获取从业资格证书，并在工作中不断提升自己的业务水平，方可成为一名合格的导游员。

三、导游员的分类

因导游服务的范围广泛、对象复杂，加之各国、各地区的具体情况不尽相同，这使世界各国对导游员的分类方法不一，很难有一个世界公认的统一分类标准。

（一）外国导游员的分类

1. 国际入境旅游导游员

（1）专业导游员，是指以导游工作为职业，受雇于旅行社或其他旅游企业，领取固定工资，专门从事导游接待服务的人员。

（2）业余导游员，也称兼职导游。他们不以导游工作为主要职业，而是利用业余时间从事导游工作；但仍需经过培训、考核，从管理部门领取导游执照，并与用人单位签订合同，按接待游客的人数和活动时间计酬。

（3）旅游景点导游员，是指被博物馆或景点管理部门雇用，专职从事该景点导游讲解工作的人员。他们在所有导游员中，讲解水平是最高的。

（4）义务导游员，这些人大多是业余旅游活动的爱好者，他们参与导游工作完全出于个人爱好，不计较报酬。当然，他们也必须经过有关部门考核，取得从事这项工作的资格。

2. 国际出境旅游导游员

国际出境旅游导游员，我们习惯上称其为领队。他们由所在国的旅行社雇用，带领旅游团出国旅游，既对组团旅行社负责，又代表该旅行社与接待国旅行社进行业务联系，随团活动，伴随始终。

领队也分为职业、业余和义务三种。职业领队受雇于旅行社，领取固定工资，以此作为谋生的职业；业余领队则是旅行社临时雇用的人员，他们多因熟悉旅游目的地的情况或语言而被临时雇用；义务领队往往是从旅游团成员中挑选出来的，他们既是游客，又义务为大家服务，从而可享受某些优惠待遇。

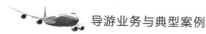 导游业务与典型案例

（二）我国导游员的分类

1. 按业务范围划分

按照业务范围，可将我国导游员分为以下四种类型，其区别如表 1-1 所示。

表 1-1　按业务范围划分的不同导游员的区别

导游员	委派单位	讲解内容	陪同范围	是否提供旅途
海外领队	组团社（派出方）	旅游目的地情况（行前介绍）	全程陪同	是
全程陪同导游员	组团社（接待方）	沿途各站点情况	全程陪同	是
地方陪同导游员	地接社	接待地和当地游览景点情况	接待地陪同	是
景点陪同导游员	景区景点	景区景点情况	景点陪同	否

（1）海外领队，是指经国家旅游行政主管部门批准，受经营出境旅游业务的旅行社的委派，全权代表该旅行社带领旅游团从事旅游活动的工作人员。

（2）全程陪同导游员，简称"全陪"，是指受组团旅行社委派，作为组团社的代表，在领队和地方陪同导游员的配合下实施接待计划，为旅游团（者）提供全程陪同服务的工作人员。这里的组团旅行社是指接受旅游团（者）或海外旅行社预订，制订和下达接待计划，并可提供全程陪同导游服务的旅行社；这里的领队是指受海外旅行社委派，全权代表该旅行社带领旅游团从事旅游活动的工作人员。

（3）地方陪同导游员，简称"地陪"，是指受地方接待旅行社委派，代表地接社实施接待计划，为旅游团（者）提供当地旅游活动的安排、讲解、翻译等服务的工作人员。这里的地方接待旅行社是指接受组团社的委托，按照接待计划委派地方陪同导游员负责组织安排旅游团（者）在当地参观、游览等活动的旅行社。

（4）景点陪同导游员，又称讲解员，是指在旅游景点景区，如博物馆、自然保护区等为游客进行导游讲解的工作人员。

2. 按职业性质划分

按照职业性质，可将我国导游员分为以下三种类型：

（1）专职导游员，是指在一定时期内以导游工作为其主要职业的导游员。目前，这类导游员大多数受过中等、高等教育，或受过专门训练，一般为旅行社的正式职员。

（2）兼职导游员，也称业余导游员，是指不以导游工作为其主要职业，而是利用业余时间从事导游工作的人员。目前，这类导游员分为两种：一种是通过了全国导游资格考试取得导游证而从事兼职导游工作的人员，他们已成为我国导

游队伍的一支不可或缺的生力军；另一种是具有特定语种语言能力而受聘于旅行社，领取临时导游证而临时从事导游工作的人员。

（3）自由职业导游员，是指以导游为主要职业，但并不受雇于固定的旅行社，而是通过签订合同为多家旅行社提供导游服务的人。他们构成了西方大部分国家导游队伍的主体，在中国也已出现，虽然人数不多，但呈现出良好的发展态势。

3. 按使用语言划分

按照使用语言，可将我国导游员分为以下两种类型：

（1）中文导游员，是指使用普通话、地方方言或者少数民族语言从事导游业务的导游员。目前，这类导游员的服务对象主要是国内旅游中的中国公民和入境旅游中的港澳台同胞。

（2）外语导游员，是指运用外语从事导游服务的导游员。目前，这类导游员的主要服务对象是入境旅游的外国游客和出境旅游的中国公民。

4. 按技术等级划分

按照技术等级，可将我国导游员分为以下四种类型：

（1）初级导游员。《旅游法》中明确规定，参加导游资格考试成绩合格，与旅行社订立劳动合同或者在相关旅游行业组织注册的人员，可以申请取得导游证。也就是说，具有高中、中专及以上学历，通过国家旅游局或地方旅游局组织的统一考试，获得导游员资格证书并进行岗前培训，与旅行社订立劳动合同或者在相关旅游行业组织注册之后，合格者自动成为初级导游员。

（2）中级导游员。获初级导游员资格两年以上，业绩明显，经加试《导游知识专题》和《汉语言文学知识》（或《外语》），再对其技能、业绩、资历进行考核，合格者晋升为中级导游员。

（3）高级导游。取得中级导游员资格四年以上，业绩突出、业务水平和素质修养较高，在国内外同行和旅行商中有一定影响，经加试《导游辞创作》和《导游案例分析》合格后晋升为高级导游员。

（4）特级导游。取得高级导游员资格五年以上，业绩优异，有突出贡献，有高水平的科研成果，在国内外同行和旅行商中有较大影响，经论文答辩通过后晋升为特级导游员。

模块二
开启导游生涯

任务要求

1. 了解导游报考条件及如何获取导游资格证
2. 掌握导游人员的内涵及类型

> **案例导入**
>
> ### 没有导游证能当导游吗
>
> 2017 年 8 月 12 日，杨女士一行 31 人（17 个孩子、5 个家长、5 个老师以及杨女士一家 4 口）由孙某（系另一家旅行社兼职人员）带领。在要去景点情人谷时，断断续续地下了不到十分钟的雨，导游孙某说情人谷封了，不能去了，但杨女士发现和他们一起同车下山的很多游客都去了。孙某要走，杨女士不让，双方发生纠纷，而后杨女士要求查看孙某的导游证，双方发生拉扯。在纠纷之中，杨女士才得知，孙某并非属于和她签订协议的东方旅行社导游，而此前她未被告知。

根据《导游人员管理条例》的规定：在中华人民共和国境内从事导游活动，必须取得导游证。导游证是导游人员从业行为能力的证明文件，是表明导游人员身份的外在标识，它是国家准许从事导游工作的证件。

任务一　开启导游职业生涯

考取了导游资格证，也就是拿到了导游职业的准入证，但是怎样才能开始自己的导游生涯呢？新导游通过旅行社或者旅游人才服务机构获取了导游证，就可开始导游生涯。

但是对怎样入行、如何入门，往往是一头雾水、莫衷一是。

一、跟团

（一）在我国新导游通常是从跟团开始其导游生涯的

新导游由于接触的老师、同学、朋友不同，得到的帮助自然不同。由于各旅行社业务不同，甚至旅行社领导的经营理念不同、管理经验不同，新导游开始自己导游生涯的经历就会不同。新导游到了某个以组团为主要业务的旅行社，可能会从陪同周边旅游团开始干起，或者直接走长线团当全陪；到了以做会议团、奖励旅游团为主的旅行社，就会从大量的接机、接站、一日游的导游开始；如果到了以地接为主的旅行社，就得从地陪干起。

新导游入行的过程一般是：旅游局职业道德培训—旅行社导游业务培训—踩线—实际跟团—带小团—地陪—全陪。

认真参加旅游局组织的岗前职业道德培训，对导游的职业生涯大有益处。另外，可以通过各种信息渠道自愿参加若干场招募导游的旅行社所组织的新导游业务培训。

旅行社对于新导游的业务培训分为业务讲座和实际操作培训。业务讲座主要由旅行社的经理、资深导游在会议室讲课，讲解导游工作内容及如何带团；新导游一般会把每句话都记下来，当作自己从事导游服务的"金科玉律"。实际操作培训俗称"踩线"，旅行社安排旅游车，老导游示范讲解，指导操作细节内容（会收一些踩线的交通费及午餐费）；新导游眼看、耳听、手记，学习老导游如何进行地接常规线路的行程。

踩线之后，旅行社便安排新导游跟团。跟一个团一般掌握不了带团要领，再跟一两个，基本要领掌握了，就可以放其"单飞"。旅行社就可以让其独立带一两个、两三个小团。

地陪导游业务熟练了，旅行社会安排长线团（60人以上的大团），同时派一个导游师傅担任全陪工作。如何与地陪协作，如何衡量地接质量是否符合协议，对于游客种种要求的处理如何掌握分寸，可以跟着师傅学习怎样恰当地把握。我国导游大多是先做地陪后做全陪，全陪是组团旅行社的全权大使，责任更加重大。

（二）跟团是新导游最实用的入门方式

导游工作是一门学问，难点就在于具有必须亲力亲为的实践性。许多事说半天也可能说不到点子上，师傅也无法一一细致全面地讲到，徒弟不亲眼看就可能体会不出来，也掌握不了。因此，徒弟要跟着师傅实践，经历得多了，也就入门了。

导游工作有规律可循，但无固定程式可仿；有经验可借鉴，但无法机械地照搬照用，重点在于学技巧、学经验。

二、新导游跟团技巧

（一）认真准备

很多新导游虽然在口试（模拟景点讲解考试）前、在旅行社培训中，都走过路线，但那些不是真正的走团。新导游要跟着师傅真的走团了，别太紧张，但要做一些准备，如根据行程去了解、琢磨、分析各个环节是如何安排、如何衔接的。新导游不能认为自己反正是跟团的，好好看着导游师傅怎样走行程就行了，更不能把跟团当作跟着旅游团一起旅游，积极与不积极效果会大不相同。

跟团时虽然是实习导游，但从心里就得把自己当作真正的导游，应该提前把景点的导游讲解词复习好，把本团行程中的各个环节理清楚，以备师傅让自己锻炼时试着讲解、试着带团。

还应该提前把本团行程中的行车路线想好，每天去哪个景点司机听导游的，所以走行程时一定不能让司机师傅绕路、走冤枉路，而必须高效率走行程。

很多新导游不是本地人，只是在此地读的大学，在上导游课时可能去过一次那些景点，根本不知道行车线路，这时可以先上网了解，甚至坐公交车先去踩一次点，然后在导游师傅方便时打电话向他请教（每个司机师傅的习惯行车线路不同）。熟悉了本团的行车线路，就为今后带自驾车旅游团做好了认路准备（会给自驾车司机指路）。

常有这样的情况，旅行社计调不管导游是否认路、能否说清楚路，只要把任务交给导游了，自己就算完成任务了。新导游被"赶着鸭子上架"，不但真的不认路，有些环节也不甚了解，真想打退堂鼓回家了，但是这次临阵退缩了，以后怎么干？无论如何都要经过这一关的。环节不熟可询问老导游。带外地来的自驾车旅游团，不认路可打开手机搜索，使用 GPS 指路（有的 GPS 清晰又准确），甚至可以自费打辆出租车，让出租车给旅游车带路，从而加深印象。

（二）谦虚勤劳

新导游首先要热情、虚心地与带自己的导游师傅相处，尊重地请他介绍一下本团行程，自己跟团需要注意哪些问题，恳切地请导游师傅在走行程时给自己安排点活儿。新导游一定要早早提前到达集合地点（机场、宾馆），谁愿意带一个学艺都迟到的徒弟呢？

同时，眼中要有活儿，如帮导游师傅发矿泉水、帮导游师傅打电话请司机师傅把车开来、通知餐厅备餐等。在用餐时请老导游、司机安心用餐，自己去"巡餐"。在可以休息与辛苦之间选择辛苦。比如全团已经上车，只差一个客人，他打来电话说已经快到景区大门口了，新导游可以和全团在旅游车上等待，也可以去迎接一下。如果你选择了迎接，客人下次还会迟到吗？客人以后能不配合你的工作吗？空闲时你可曾帮助司机清洁过车厢卫生、倒过垃圾？你只想着让司机师傅帮助你、教导你，而你为师傅做些微之事了吗？

谦虚就是学习，就是敬重。勤劳是一种习惯，也是一个人甚至一个民族的秉性。

（三）礼貌在先

礼节礼貌既是尊重对方，也是尊重自己。礼貌要得体、要真诚，不可以"酸"，更不可以假。新导游对导游师傅、司机师傅更要礼貌在先，而不能互相熟悉了就很随便。要注意在生活上照顾老导游、司机师傅，如天热给他们买瓶冰矿泉水或者在景区买些水果，花费虽不多，却是自己的心意。

迎客上车时新导游一般站在导游师傅的后侧，不可以抢先。对待游客更要注意礼节，神情自然，称谓得体，言谈和蔼亲切，举止大方，尤其对儿童、老人更要亲热一些。对任何一位游客都不可以态度随便或者过度亲密，这都不合礼节。不可以随便与年轻的异性游客开玩笑，目光不要频频光顾形象好的游客。失礼可能导致与游客关系紧张，而游客的反感必然导致导游服务的失败。对旅游相关行业如酒店、餐厅、景点等的工作人员，要时时、事事以礼相待。不满意时可以讲道理，绝不可以恶语伤人，一句话说错有理也会变得无理。

（四）老实厚道

换言之就是"仁德至上"，这看似好像老气横秋，其实是为人处世的准则。以"德行"端人品，以"信义"行天下。老老实实是最简捷的成功之路（永远不会失败），诚实厚道是为人处世最高超的艺术。

新导游对待旅行社的各位同事、司机师傅、旅游团的客人、全陪以及宾馆、餐厅、景点等工作人员，都要老老实实，按照规章制度办事。俗话说：君子爱财，取之有道。不要总是耍聪明、抖机灵，否则将付出惨痛的代价。有的新导游形象好，语言能力强，办事机灵，但是没干几年就改行了或者总是在换旅行社，主要原因就是他太"聪明"了，在原旅行社干不下去，和同事们发生矛盾，导致聪明反被聪明误。凡是能坚持做十年以上的导游，绝大多数是老实从业的人。

（五）言行谨慎

游客问问题，凡是涉及行程安排及接待标准，一定要诚恳地说：请您问我师傅,我是实习导游。不能擅自回答有关团队的问题,因为游客不会把你看作实习的,而是会看作旅行社派出的导游,说错一句话就可能会惹上麻烦。

导游师傅和司机师傅商谈行程、商议如何调节购物等游客敏感事宜时,不宜插嘴。新导游不可自己认为应该如何为游客服务,就想当然地去为游客服务。旅行社提供的旅游服务受约于旅游合同,而新导游一般掌握不好度,掌握不好什么是尽职尽责、什么是突破合同。跟团的时候不要有强烈的表现欲,任何事都不可以抢了导游师傅的风头,要时刻记住自己是打下手的。如果导游师傅叫你给大家唱歌、讲解等,就立刻开始,但是要适可而止,不能没完没了。要按照师傅的要求去做,因为谁都喜欢听话、服从指挥的人。

(六)善于观察

不要在旅游车行进时拼命用笔记录导游师傅的讲解词,要用脑记或者录音。仔细观察导游师傅带团时的每一个细节,他说的每一句话、做的每一件事都可能有潜台词。要思考导游师傅为何这样说,为何在这时说;或者他为什么这样做,有何用意,效果如何;如果没有达到导游师傅预期的效果,是什么原因造成的。

新入行的外语导游员特别要观察师傅对于客人所持的礼节、在车上的讲解、与客人的互动、认真对待客人的每一个小要求,这些都是在课堂上学不到的东西。外语导游员千万不要以为自己的语言功夫过硬、景点知识充实就一定能带好团,没有实际经验基本是"准砸"。

跟团的时候着重看的是导游师傅如何进行团队运作。带团最重要的基本功是把食、住、行、游、购、娱六大环节恰切地、顺畅地安排好,而并不是会讲解景点就行。导游的服务重于讲解,可以说服务是土壤、枝干,讲解是血液、花朵。

(七)适当回避

导游师傅和司机商量涉及钱财或者其他有关行程的重要事情时,应主动、自然地回避,不要等人家支开你时才讪讪地走开。

用餐时、游览中,游客之间商议是否购买特产、是否参加自费活动,或者议论旅游行程,新导游都要注意适当回避,千万不要参加或者引导他(她)们的议论,否则会弄巧成拙。

(八)不急于求成

新导游往往很着急,"怎么我的导游讲解不吸引游客?""怎么我带团发散,凝聚不起来人气?""怎么我带的旅游团效益不如别人的?",等等。只一味"着急"毫无用处,过于"着急"会使自己产生畏难情绪,甚至对自己能否以导游为生都失去了信心。路就在自己脚下,要克制急躁情绪,学会多看、多请教、多思考，要善于向导游师傅学习，要学会总结导游工作中的成功经验和失败教训。可以肯定地说，只要你认真带团，真诚地为游客服务，就一定会成功。

有的新导游依仗年轻、精力充沛，不休息连轴转地带团，以求早日成功，是最不可取的，因为这是竭泽而渔、饮鸩止渴。要经常静下心来回忆一下自己在哪里成功，在哪里失败，从而不断进步。

新导游要学会循序渐进，逐渐加大工作量，先带人数少、进店少的团，以熟悉业务为目标，以学艺胜于挣钱为宗旨。欲速则不达，过于求成就是自己的指导思想已经出岔了。

 案例分析

他提前结束了跟团

新导游许超来自武汉，一表人才，学习成绩也好，在北京考取了导游资格证。来到某旅行社，导游部经理很喜欢这个文雅的帅哥，便安排他跟一个夏令营团，师傅是一个老导游。第三天上午参观北京汽车博物馆，导游师傅带着学生们逐层参观，一会儿就看不见许超的身影。当导游师傅带领学生们来到二层时，却发现许超在快餐厅的桌子上酣睡正香。导游师傅使用手机给他拍了照片，推了推也没推醒，只能使劲摇醒。许超说他就眯了5分钟。导游师傅没有问他为何这么困，而是马上给旅行社计调打了电话。很快，旅行社就通知许超不用再跟团了。

【解析】导游在岗上不陪同游客参观而自己去睡觉，属于严重的不敬业，让导游师傅和旅行社反感。另外，该新导游不老老实实承认错误，反而撒谎说就睡了5分钟，导致自己提前结束了跟团。

任务二　认知导游从业环境

导游通过导游服务工作可以周游全国乃至全世界，可以领略异国他乡的旖旎风光；可以欣赏丰富多彩的人文旅游资源；可以开阔眼界、增长知识、经风雨见世面；还有便利条件广交朋友，丰富人脉。这些对于精力充沛、求知欲强、渴望认识世界的年轻人具有很强的诱惑力。但是年轻人若只简单地想到考取导游证，从而可以游山玩水、赚钱淘金，那他肯定会大失所望。这是因为导游服务工作是一项脑力劳动与体力劳动高度结合、烦琐复杂的工作，是一种精神文化层面的服务，同时又是事无巨细的细微化服务；经常要面对物质诱惑和种种负面影响；要与各种各样的人打交道，一不小心就有可能陷入错综复杂的人际关系而难以自拔；虽然导游员热情周到地为游客服务，但总是会有个别人不满意，横加挑剔、胡乱指责、故意提出无理要求，把旅途中的所有不满与怨气都撒在导游身上，甚至否定导游服务工作，从而进行抗议、投诉。

一、新导游应具备的职业心态

面对上述种种问题，新导游在总体上应如何调整自己的心理状态？换句话说，新导游应抱有怎样的心态呢？

（一）钟爱职业

既然选择了导游职业，就要喜欢、乐于从事导游服务工作，更要树立真心诚意为游客服务的理念。这样，导游员不管遇到什么情况都能平心静气、热情周到地为游客服务。

有许多形象好、知识丰富、语言表达能力强的青年导游没干多长时间就转行了，而很多自身条件并不优越的青年导游却坚持了下来。究其原因，如果仅仅把导游职业当作一个谋生手段，当作一个权宜之计，那就完全不必坚持、不必坚守；如果把导游职业看作工作的最大乐趣、人生的最大享受，则不用劝导也会坚强地走下去。

（二）宽容大度

培养良好的心理素质，在面对游客的挑剔、刁难、否定时，要学会忍耐，不急于辩解，牢记"小不忍则乱大谋"这句话。要学会笑对同行的不合作、游客的责难。这样就有可能化干戈为玉帛，使旅游活动顺利进行，导游自己也能愉快地完成导游服务工作。

游客是我们的衣食父母，社会各界是我们需要依赖的朋友，同行们低头不见抬头见，以和谐相处为上。不要凡事争个高低，更不要睚眦必报！只要有感恩的心，就不会为一些不顺利、不愉快的事而感到别扭，甚至耿耿于怀。

（三）迎难而上

要学会把同行的为难、游客的刁难、责难等种种困难当作发奋图强、增长才干、提高水平的机会；要把嘲弄讥讽、不负责的批评当作鞭策，当作虚心学习、积累经验、更新知识的动力。

要想成为一名合格的、优秀的导游员必须做好充分的心理准备，准备吃苦，敢于直面困难，培养坚强、沉稳、健康的心理素质。

（四）遵纪守法

要不断深入学习旅游法规，端正自己的从业心理，自觉遵守《旅游法》。导游资格考试前对于旅游法规的学习主要是为了应对考试，但是以导游为职业后就要遵纪守法，规范自己的言行，规范为旅游者提供的服务。

（五）自我修炼

一个人的职业往往会决定他的整体形象，如一个戏曲演员随便一站，随便穿一件衣服，就能让人感受到他是演员；当然名角就更突出了，角儿端着一个小茶壶，从劲头上就能看出他是主演（站舞台中间的）。而一个导游员，只要他一聊景点，别人就会知道他是导游。

一个人的修养与学识会改变他的职场状态，人常说学戏先学戏德。导游职业的表象是服务、本质是文化，从事导游职业实际上是一辈子学习文化、一辈子修炼品德的过程。导游员的工作愉悦他人，幸福自己。

1. 改掉毛病

任何一个人都有一些自己不曾在意的毛病，或者认为这点毛病还挺可爱。导游每天面对许多游客和其他单位的工作人员，所以必须把自己一切不文明的举止、习惯以及不利于带团的不习惯克服掉。

那些啰啰唆唆的口头语要改掉，别人费解的家乡话要改掉，吃饭吧唧嘴、吃饭过慢、当众抠鼻孔打哈欠、随意抽烟、饮酒失态、衣着邋遢、深夜不睡、早上不起等不良习惯更要改掉。

要着重改掉自己工作作风上的毛病，如迟到、讲解不规范、东拉西扯、工作丢三落四（一会儿社旗不见了，一会儿导游证丢了，甚至把客人的证件弄丢了。到了景点、餐厅发现没带签单，花钱买票又没有带足够的现金，只好打条向游客借钱）。作风不严谨虽然是生活小事，但会影响到导游员的精神面貌。毛病不改，谋生就困难，更无法前进。

 案例分析

导游证不见了

北京地陪刘晓翔是个很爽快的小伙子，有一次带着一个有老有小的 50 人大团，大家每天都在夸他。第三天从八达岭下山后在一个大型旅游餐厅用餐，因为用餐人太多，需要等一会儿才能上菜。有的游客对他的导游证感兴趣便借来看，有的游客挂在脖子上照相。突然社里给刘晓翔打来电话，说有个导游员没有带签单，请他去柜台办理重签手续，把那个团的人数挂在他的签单上。刘晓翔便赶紧去办理，回来后又忙着催菜，给客人续茶水、盛饭。他匆匆到司陪餐厅吃了点儿饭，就与全陪商量下午的行程。等他赶到团队的餐桌时一部分游客已经上车了。

游客上车后，刘晓翔问大家："我的导游证在谁那里？"一个大妈说："我放在餐桌上了，他们还在吃我就离席了。"刘晓翔赶快跑进餐厅，询问餐厅服务员是否捡到。可是一点线索也没有，导游证就这样丢失了。那个大妈说："孩子，补一个导游证花多少钱，大妈给你。"刘晓翔说："阿姨，您别在意，没事，我自己会搞定的。我丢了导游证等于给大家提个醒，你们的手提包、钱包可别大意啊。"游客都说小刘说话就是受听，真是个好导游。

【解析】导游证是工作证件，买门票等都需要出示，因此要随时挂在脖子上，不要随意摘取下来，也不要让客人随意玩弄。挂失登报要200元，补证之前不能带团，严重影响到工作。进入餐厅前一定要叮嘱客人，拿好自己的包、相机。尽量不让别人看管，一旦丢失会很麻烦。

2. 不过分突出自己

有的导游员非常"扎眼"，穿着前卫，发型个性，讲起话来怪声怪调，透着张狂和虚情假意。游客听他讲话感觉脖子里塞了一把头发渣子——太痒了。

导游的站姿要端正（在车内讲解时，不可以身子斜倚在小靠背上，脚斜蹬着某处），眼神要纯净（不可以飘飘忽忽，环顾左右，滴溜溜乱转），要正经说话，不能油腔滑调、哗众取宠。

导游要记得自己是为游客服务的，不是歌星，也不是董事长。帅气、靓丽与好导游之间不是必然和等的关系。形象好、青春气息浓郁绝对是好事，但游客最终要看导游的服务态度、服务水平和服务质量。导游只有全身心地投入导游服务之中才会朴实、真切。

交响乐队的指挥确实是神气，但是他背对观众，面向乐队进入乐曲的境界。交响乐队的每一个乐手都是音乐家，他们的眼神只投向乐谱，而用余光看指挥。他们每个人都不会突出自己，认为自己是多么重要，但是每个人的演奏都关系到全场音乐会的成败。

有的新导游羡慕带团很有"派"的导游，甚至东施效颦。其实傲气十足就是庸俗浅薄，没有修养。好的导游，有经验的导游都没有"派头"，只有讲解的"气场"和风度。

3. 重新学习

导游书上的那些知识仅仅是入门，或者说初级阶段。从事导游工作需要重新深入学习一些专业书籍，如西安市的导游必须要钻研汉唐的历史文化，河南省尤其是开封市的导游必须对宋史感兴趣，北京市的导游需要深入研究明清史。

许多知识要不断学习、更新、总结、提高。随着时代的进步、思想的开拓以及新发现的史料史实，导游对于景观的解读总是显得肤浅，所以一定要重新学习、不断学习。

每年都有大量新的景观出现，因此更需要学习。许多专家都是活到老、学到老，更何况一名普通的导游。

4. 平静宽广

做导游一定要有平静的心态、宽阔的胸怀。不要一看别人带团挣钱了，自己就急了；不要一看游客导服少，就心不在焉、敷衍了事。收入只是浮财，服务本领才是真金。

不要这山望着那山高，挑剔旅行社、挑拣旅游团、嫌弃合作者，只有平心静气才能客观、公正地处理所遇到的各种问题。

不去计较、挑剔、指责别人的不足之处，宽容大度才会一片光明，使自己得以提升。宽宏大量，能让游客和同业人员都感到你春天般的温暖，从而同心协力，努力奋斗，才可以成就自己的事业。心有多大，才能做多大的事。

新导游应当志向高远，不仅要成功，还要有成就。不要拘囿于前辈和其他导游的成功经验，而应当努力形成、不断完善自己的导游风格。

（六）经受考验

路遥知马力，日久见人心。任何一家旅行社，任何一个导游师傅、司机师傅，任何一个旅游接待单位的同行，对于一名新导游，必然听其言、观其行。观察他的办事能力，衡量评价他的人品。如果旅行社内部、导游同行，特别是带你的导游师傅、与你合作的司机师傅认为你是个品行不高、不好相处的人，那你的导游生涯也就如此这般了。除非你改弦更张，老老实实做人。

这里特别要提醒那些聪明的、机灵的、活络的、很帅很美的男女青年导游们，美好的形象、身材不可能永葆青春，任何一个人都不可能一辈子吃容貌饭；形象是天生的，但是人品、学问不会是天赐的，是要学习的、要砥砺的。"真诚随时可以成功，虚伪最终必被戳穿。"人们的眼睛是雪亮的，一件事、一句话就能把你看穿、品透！

导游活动范围广泛，每时、每事都在接受、经受社会各界的考验。导游虽不是公众人物，但是只要上团就每天活动在大众的视野里，接受人和事的考验。导游所说的每一句话，所做的每一件事，都应当坦坦荡荡、问心无愧，不亏于理、无愧于人、无愧于单位、无愧于社会。

导游从接下行程开始直至送团，都始终处于旅游团对他的考验期。游客享受旅游，不仅仅是来到异地他乡欣赏美景，也有品赏导游服务的成分。旅游团总是时时、事事、处处在考核着导游的业务能力、知识水平、人格品位。

✎ 案例分析

我一定当一个好人

有一个导游在太和殿丹墀东南角日晷附近捡到一张 20 元的人民币，便装入书包。旅游团上车后他说："我今天发了点小财，捡了 20 元钱，待会儿吃饭时给大家买几瓶啤酒"。谁知车里一点反应都没有。他很尴尬，觉得自己捡钱的时候没有一个人看到，想拿出来给大家买酒，竟然毫无掌声。后来他感到自己遇到素质高的游客了。于是在进佛香阁的时候，他郑重地把两张 20 元放进了功德箱，对观音菩萨说：我一定当一个好人。这时好几位游客给他鼓掌，大家的脸上也露出了笑容。

【解析】导游的言行举止反映着导游个人及行业领域的素质，导游员要有高尚的情操，切勿因小恩小惠、小谋小利丧失个人人品和魅力。导游一定要经受住游客的考验，否则你带团的成绩也不会优秀。导游也要经得起同行、同事的考验，否则你从业的道路就不会宽广，更不会旗开得胜马到成功了。经得起考验，是一名导游的基本素质之一。多想别人，少想自己。人前人后，诚恳实在。宁委屈自己，必善待他人。

总之，做一名合格的、成功的导游，是一个重塑自我的过程，也是一个华丽蜕变的过程。

二、导游从业环境剖析

导游尤其是新导游做好心理准备是必需的，而且需要做好多方面的心理准备。

（一）导游入行艰难

1. 旅行社对新导游的培养

旅行社会培养新导游吗？理论上，肯定是要培养的，以积蓄导游力量。但实际上，由于每个旅行社对于投入与产出的观点不一样，也就不一定会培养新导游。个别旅行社认为老导游一个顶俩，可以马上出效益，用着划算，因此旅行社给不给新导游上团机会，给不给跟着上重要团队的机会，是否让新导游展示自己的潜能力，真的很难说。

新导游会很纳闷，旅行社没有导游就接不了团，不是让我们把旅游团带好吗？为何不给我们培训啊？旅行社则认为，学校、培训班的老师应该早讲过了，导游应该很聪明，还用苦口婆心地教吗？另外，是否能培养出来也很难说，何必浪费很大精力。重要的是，新导游会干了，是否能长期留在培养他的旅行社。旅行社很难每天给新导游准备几个旅游团去带，旅行社也不可能每天翻看求职资料，均匀地给新导游排团。所以，为何总是给别人排团，不给自己排团，新导游只能自己去想原因了。

旅行社给你排了团，接着就看导游员的本事了，旅行社没有时间、没有精力为你费心安排一两个经验丰富的导游师傅，而是常常随便找一个带过团的、好说话的导游，那个导游碍于情面，只能硬着头皮带了。

旅行社常安排导游师傅带新导游并不是一件容易事，因为导游师傅属于义务帮忙。能干的、有经验的导游之所以不爱带徒弟，并不仅仅是因为带徒弟是义务劳动，也不是害怕教会徒弟饿死师傅，主要是太费口舌、太操心。特别是如果一件事没有嘱咐好、一句话没有说到，就有可能引起很多麻烦。没批评就没有进步，可是有几个新导游喜欢被指点、被批评呢？

2. 明白但又不清楚的社规

国家有《旅游法》，旅行社有社规。旅行社并不经常给新导游细细讲解社规，更何况一些旅行社的规定未必都合情合理，因此也不大好讲出来。新导游常常为这些规定苦恼，没办法，社里说怎么办就怎么办吧，例如遇到旅行社不给报账的情况就不报吧，下次遇到类似问题长点记性。

有时规定是死的，人是活的。社里的大牌导游常常可以不遵守，可以"因为有特殊情况"机动处理。新导游一点做得不到位，旅行社就"铁面无私"，这很常见、很正常。新导游千万别心理不平衡，别有被欺负的感觉，旅行社这样、那样的处理，是为了另一种利益平衡。因为有些大牌导游是旅行社的功臣、是创收主力，新导游不能要求被同等对待。

另外，团款的事情更是一言难尽。纯玩团、商务团有时也会让导游垫付团款，带团后先报账，交上各种门票、发票，把账目核算清楚；核账时明明说十天后或者月底结账，可到时候垫付的团款仍然不能及时结账的情况也是很常见的。

国家规定旅行社不准让导游垫团款，可有几家旅行社真正做到了。没有一家旅行社愿意违抗国家的法令，但是旅行社如果把团款全部给了导游，如果导游不负责、不尽责，旅行社的团款有如"打水漂"，旅行社里谁有时间去与导游理论；如果导游不积极报账，旅行社里又怎么能及时追回团款？

入行难，并不唯独导游这一行。《红灯记》中李玉和说："天下事难不倒共产党员！"这里模仿一句："旅游工作难不倒导游员！"

3. 冷热不定的旅行社计调

旅行社的计调大多是女性。她们虽然不是"大当家的"，但却保证着旅行社

的日常运行。旅行社里最忙的是计调，一个旅游团定下后，从订房、订车、选定合适的导游，到落实餐饮、文艺演出、返程机（车）票，与有关方结账等都需要她负责。

旅行社的计调工作都很认真负责，对导游友善，交接旅游行程表时，大多计调都会向导游详细交代行程安排和注意事项。导游接团期间有事向计调汇报请示时，他们会认真回答，做出明确指示，解决问题。

不过，也有比较难相处的计调。如果计调看导游顺眼，当导游工作顺利获得游客好评时，他们就是一团火；如果计调看导游不顺眼，或导游带团不顺，遇到麻烦了，这些计调就是严霜，说话就不好听，甚至出口伤人。有的计调甚至欺侮外社导游，尤其是新导游，故意安排难带的团，效益不好的团，甚至无端指责，弄得新导游心灰意冷。而对于那些与他们关系好的导游，如他们的同学、朋友，却可以任意挑团。

遇到难相处的计调，新导游必须忍耐。新导游要记住：天将降大任于斯人也，必先苦其心志，劳其筋骨。生气不如争气，带困难、复杂的旅游团，在逆境中带团，反而能快速提高导游服务技艺，能快速成长。

（二）人际关系复杂

1. 如何与导游师傅相处

（1）导游师傅的心理状态。旅行社给你安排了导游师傅，并不代表万事大吉。因为旅行社需要你，导游师傅却不需要你。他可能会直截了当地说：凭什么我要费心费力教你，我有义务吗？我有责任吗？让你干点活吧有可能给干砸了，不让你干吧你就是个尾巴，甩来甩去的怪讨嫌。过去说教会徒弟饿死师傅，有的新导游学了便开始"呛行"，"师傅的导服一天三百，我是新导游二百就行"这样开价，你说旅行社用谁（这样的导游往往以"呛行"始受青睐，以"要价、开价"终被轰出）。

有的导游一开始尚能够听从恩师教诲，感恩前辈。稍稍入行了，带了两年团，有了点小成绩，开始忘乎所以，眼中只有计调、旅行社领导，心中哪里还记得老师、同学、同辈？没有成功，或者混得还不行，就不得不维系着与师友们的关系。如果一切顺利，原来的联系人包括自己的入门师傅几乎都从他的手机通讯录中"退隐"了；称呼从师傅变成哥，从哥进化到直呼其名，最后提升到"李（姓）子""磊（名）子"。导游师傅说："招呼我一声，没有喊我'嘿'，我已经心满意足了，因为他起码还认识我、招呼我"。这样的导游，一些导游师傅见了一批又一批，已经寒心了。师傅如果没有徒弟，依然能像过去一样平静生活，徒弟如果没有师傅，也能"发达"起来，大路不走他可以走小路啊！

做人要讲良心，滴水之恩，涌泉相报。凡是真诚教人的师傅都不图回报，盼的是徒弟成长起来，健康发展，甚至大红大紫。而徒弟绝不应忘掉师傅的恩德，要时刻想着回报师傅。徒弟对导游师傅的最好回报是踏实、认真工作，在导游事业中有所成就。

（2）虚心向导游师傅学艺。有的导游师傅可能就比徒弟大一两岁，甚至比徒弟还年轻几岁，说话办事未必比徒弟老到、沉稳，知识未必比徒弟丰实，但却是引徒弟上路的师傅，是徒弟跟师傅学，不是徒弟教师傅。

导游师傅有时说错了，有时说得有点"冒"、不算得体，有的徒弟当场扑哧一乐，游客立刻会意识到这位导游师傅讲错了；还有的徒弟当场嘀嘀咕咕地给师傅指正，这样"机灵"的徒弟导游师傅很难带。

新导游可能与导游师傅灵犀相通，一拍即合；也可能并不欣赏他，但要记住新导游是在学艺，不是在传艺。

有时遇到不教新导游的师傅，作为徒弟要想一想，师傅为何不教？为何不爱教？人心都是肉长的，能认识师傅已经是缘分了。身为徒弟，第一要用虚心求教的实际行动感化导游师傅。第二要偷学，偷学到的东西最有体会，最能融进个人的风格。第三要感谢师傅迫使你偷学、在逆境中成长。在这样环境中成长的导游员很可能成为经验丰富的导游员、优秀导游员。

2. 如何面对同行和合作者

（1）其他老导游。有的老导游平时笑呵呵，但遇到事他可能不会帮你。例如你问他某个餐厅电话，他说待会儿告诉你，结果泥牛入海无消息。有的干脆说不知道啊，没去过呀。甚至个别老导游给你随便说。

不必要求别人心胸宽广，但自己绝对不能小肚鸡肠，有多大的度量才能办多大的事。凡是热心肠的导游必会成为导游圈里"有里有面"的人，导游员应以"高、大、上"（志向高远、大显身心、上下和睦）为目标，经过几年磨炼之后徒弟就是师傅！

（2）全陪。有的全陪认为自己（其实是组团社）把团交给你们地接社了，交给地陪了，既然地接社挣过钱了，地接社的经理、老总怎么也得来看看他吧，地陪怎么也得给他点好处吧！如果全陪回去给你"奏本"，是是非非说不清，会很麻烦的。地接社每天有那么多团，哪有时间去搭理这样的全陪，但也要处理好与这些全陪的关系。

有的对于全陪新导游爱耍威风，有时当着客人面简直让新导游下不来台。作为新导游对全陪要有礼貌，以更加努力的工作让全陪挑不出毛病来。如果他不停地吹毛求疵、无事生非，旅游团的多数游客肯定都会分辨是非的。所以新导游不

必过于紧张。

（3）司机师傅。大部分司机师傅忠于旅游事业，努力与导游员搞好关系，真诚配合导游完成导游服务工作。但不可否认，不好相处的司机也有。个别司机师傅对于新导游，不仅不照顾甚至欺负新导游，说话也冷冰冰的。有的司机师傅就因为要节省停车费，或者图省事儿，就把旅游车停在远远的地方。比如，旅游团参观国家大剧院，他把车停在北京市急救中心，旅游团来回要走多少路！关键是别的大旅游车让游客在国家大剧院南面的停车区域下车，却在北京国电办公楼前上车。游客看到人家的旅游车司机很体贴游客，自己却要跑来跑去自然会生气，便只能朝新导游发火。

全团游客已经吃完早餐，眼巴巴地等着旅游车，新导游催司机师傅，司机说：堵车！没办法。还有的师傅套团，跟你说马上到，等了好久也没到，真急死了你！有的师傅还甩话："某某团去某购物店了。"

新导游如果向旅行社汇报，而旅行社计调和司机有私人关系，还可能会说怎么这个师傅和别的导游合作都挺好，就你事多。在司机不配合、指指点点的情况下，新导游必须沉住气，不辩白、不争论，不把矛盾公开在旅游团中，坚持按照行程和行规处理问题。

新导游要学会和司机师傅合作，不卑不亢，尊敬他使他心甘情愿地认真工作。

（4）旅游协作单位的工作人员。旅游业涉及食、住、行、游、购、娱六大方面，且各有自己上级机关制定的相关规定。这些行业就业人员的素质良莠不齐，有的工作人员在工作中会慢待甚至刁难新导游。

例如在餐厅，餐厅的领班就说你报的人数不准确；又说一个孩子够高了，要按成人算；还说正是饭口最忙的时候，你把团带来凑热闹。虽然已经提前通知了旅游团到达的时间，但餐厅就是没有把餐桌给你的团预备好，甚至因为和某个导游熟把为你备好的餐桌给了刚进来的旅游团，或者给你的团上菜慢，而先给后来的旅游团上菜，因为那个导游会吵会闹，服务员们惹不起。

下榻的酒店可能把旅游团的房间分到多个楼层，或者分配的房大多数朝向不好、房间格局不好、楼层不好。

景点验票的不是查验老年证件就是逐一验看学生证，而有些导游却嘻嘻哈哈带团就进去了。别说新导游，就是老导游遇到这种事也没有办法。

这些工作人员都是导游员必须与之打交道协作共事的人，因此要学会、善于与他们和谐共事，共同完成旅游接待任务。

面对不公平待遇，千万不能吵，而要平心静气地予以处理。要相信天下好人多，好人自有好人帮。

3. 如何面对游客

导游所接待的游客来自不同地区、不同国家，他们的宗教信仰、民族习俗、生活习惯、个性、行为方式、文化结构、旅游需求各不相同，可以说是千差万别。新导游应做好游客"有理挑剔、无理找茬"的心理准备。

新导游刚上团常常会被不讲理的游客气得直哭。个别人出来旅游，就把自己看成上帝，"要求"无边际，总想占便宜。一个团如果有一位修养差的游客，新导游几乎就晕了！

 案例分析

一、刁难的游客

如果旅游团来到烟台、青岛，用餐时有的游客会问导游："怎么来到海滨城市不给我们吃鱼、吃虾、吃海螃蟹啊？怎么人家的餐桌上就有大虾啊？靠山吃山，靠海吃海，导游你懂不懂啊？"导游要是说人家吃鱼、吃虾的餐标高，他就会说："一斤基围虾也就 30 多块钱，哪怕一桌上半斤尝尝也行啊。你们旅行社赚我们那么多钱，给我们一个人多花一元五角都心疼？太黑了！你们是国旅、中旅下面承包的黑部门吧！早知道这样黑，还不如找中青旅！快给你们旅行社总经理拨电话，我跟他说。反正你是个学徒，屁事不管。"新导游哪个敢给老总打电话？你不打电话，他就说导游黑钱了、心虚了。你如果说不能什么事都找领导，如孩子入幼儿园难，你能直接找区长、找市长吗？那位游客可能甩出来的话更难听。你解释一句，他说你不接受意见；你不解释，他又说你漠视他，或者说你理亏。

有的游客报团时说孩子个矮不用买票，你让她给孩子补儿童票，她非要带着孩子混进去，混不进去让你排队去给她孩子买票。她说："买票不是你的责任吗？钱你先垫上，我把钱放在酒店保险柜里了。我还能差你钱？"不给垫付，她就说你小气。垫付则很可能要不回来，因为下个景点混不进去时，她自己跑去给孩子买票，上次的票钱就不提了。问她要，她总说不差你这点钱；接连问她要，就有可能找茬投诉你，让社里罚你钱！不但让导游替她补票，还要在景区大门内等她，好像导游是专门伺候她的，而全旅游团谁也不想惹这河东狮。如果你不遵照她的命令，她就说："你是导游，是地头蛇，欺负我们、娘们孩子吗？"

导游讲解环节，你讲文化、讲历史，旅游车上的几个大老爷们让你讲点逗乐的，或者干脆讲野史。你不讲，他们就说：填意见表时我可不填啊，要不就打

2 分。

【解析】如果认真地和游客讲道理、论是非，肯定显得导游做事硬邦邦的不活泛。导游只能以实际行动去感化他们，"宾客至上"是导游的职业操守。

二、我只吃馒头和烙饼

一个一日游 600 人的会议团，导游裴亮（地陪）在巡餐时，一位李科长冷冰冰地挥挥手，把他叫到桌前："这餐是你订的？""是社里订的，您有什么意见，请讲。""我没有吃饭。""为什么？""我不吃米饭，我只吃馒头和烙饼。""您看这个大餐厅两三千人吃饭，没有一宗提供馒头和烙饼的，真的很抱歉。如果您一定要吃，餐厅中央有自费另点的厨台，他们现烙葱花饼、肉饼。""你去给我弄两张肉饼。""需要现付另点的费用。""我说你还想不想干了？我们领导说大家一定要吃好喝好，一桌就两瓶啤酒、两瓶可乐，一张烙饼也不给，还让我吃好？"裴亮本想自己掏钱给买两张肉饼息事宁人，但是看到李科长的作风，觉得他会把抱怨发酵给全团，自己替他付款买了肉饼很可能会产生连锁反应，导致每个桌都有人要吃肉饼。裴亮马上去找该会议团的会务组人员，结果会务组的人说："别搭理他，他总是挑事儿。"

这位李科长把投诉电话打到了市旅游局质检处，质检处的领导听了就明白了八九分，但为了体现负责的态度，还是与裴亮通了电话以了解情况。

裴亮请他的导游师傅张老师向李科长再次说明了情况，表示了歉意。李科长如同没有听到一般，同宗的游客说："没事，没事，不怨你们。"下午参观时，裴亮特意细细讲解，并特意请李科长留神脚下的台阶，这次李科长笑了一下。

【解析】对于游客的破格要求，导游只能耐心解释。游客出言不端，导游也不可以与之理论，以免影响其他游客的情绪。

导游不计前嫌，依然热情服务，在游览时提醒出难题的游客注意安全，非常得体。

（三）讲解内容庞杂

导游讲解的内容庞杂，其内容极其广泛，可谓上至天文地理，下至鸡毛蒜皮，都属导游讲解的范围之内，而且这些内容还在不断更新、扩展；现场导游翻译时具有"快、急、难、杂"的特点，存在理解方面、知识方面、表达方面及语言方面的种种困难，要求导游员具备随机应变的能力。

（四）脑体高度结合

导游服务是一项脑力劳动与体力劳动高度结合的服务性工作。由于旅游活动涉及面广，要求导游人员具有丰富而广博的知识，只有这样才能使导游服务工作做到尽善尽美、精益求精。除了掌握导游服务规范外，导游人员还必须具有一定的政治、经济、历史、地理、天文、宗教、民俗、建筑、心理学、美学等方面的基本知识，还必须了解我国当前的大政方针和旅游业的发展状况及其有关的政策法规，掌握旅游目的地主要游览点、旅游线路的基本知识。同时，还要了解客源国（或地区）的政治倾向、社会经济、风土民情、宗教信仰、禁忌习俗等。导游人员在进行景点讲解、回答游客问题时，都需要运用所掌握的知识和智能来应对，这是一种艰苦而复杂的脑力劳动。此外，导游人员的工作量也相当大，除了在旅行游览过程中进行介绍、讲解，还要随时随地应游客的要求，帮助解决问题，事无巨细，也无分内与分外之分。尤其是旅游旺季时，导游人员往往会"连轴转"，整日、整月陪同游客，无论严寒酷暑长期在外作业，体力消耗大，又常常无法正常休息。因此，要求导游人员具备较强的事业心和良好的身体素质。

（五）服务对象复杂

导游的服务对象是游客，他们来自五湖四海，不同国籍、民俗、肤色的人都有，职业、性别、年龄、宗教信仰和受教育的情况各异，性格、习惯、爱好等各不相同。导游人员面对的就是这样一个复杂的群体，而且每一次接待的游客都互不相同，这就更增加了导游服务的难度和复杂性。

基础篇
规范导游服务规程

　　导游服务规程是夯实导游带团的基本功，导游服务要做哪些准备？不同类型的导游在导游服务中各个阶段要做哪些工作？应该如何做？本篇详细、清晰地介绍了地陪导游、全陪导游、海外领队在带团过程中具体的导游操作规程，如何规范化地向游客提供导游服务。

模块三

地陪导游服务规程

任务要求

1. 掌握地陪导游带团规程
2. 掌握地陪导游服务技巧

案例导入

地陪没有准时到达旅游团集合地

　　小徐是从 XX 外语学院德语专业毕业分配到旅行社从事导游工作的。这天，他做地陪接了一个德国团。早上 7：30，他就跨上自行车去游客下榻的饭店，因为旅游团 8：00 在饭店大厅集合。小徐想："从家里到饭店骑车 20 分钟就到了，应该不会迟到。"然而，当经过铁路道口时，开来一列火车，把他挡住了。待列车开过去时，整个道口已挤得密密麻麻。因为大家都急着赶时间去上班，自行车、汽车全然没有了秩序。越是没有秩序，越是混乱，待交通警察赶来把道口疏通，已过 8：00。10 分钟后，小徐才到饭店。这时，离原定游客出发时间已晚了十多分钟，只见等候在大厅里的那些德国游客个个脸露不悦，领队更是怒气冲冲，走到小徐面前伸出左手，意思是说："现在几点了？"

　　作为导游员，熟悉各个国家或地区的风俗习惯是很有必要的。知道了各个国家、地区的风俗习惯、人的性格特点后，导游员就能避免差错。这时，如果导游员自己迟到了，你在他们心目中的形象就会大打折扣，即使你各方面的工作非常出色，也将事倍功半。作为导游，带任何一个旅游团，都要守时，绝不能迟到，这是导游从业人员起码的素养。

　　地方陪同导游员，简称"地陪"，是受接待社委派，代表接待社实施旅游行程接待计划，为旅游团（者）提供当地导游服务的导游员。地陪是旅游计划的具体执行者，对确保旅游计划的顺利落实起着关键作用。

　　地陪规范服务流程是指地陪自接受了接待社下达的旅游团接待任务起，到旅游团离开本地并完成善后工作为止的工作程序。

任务一　地陪准备工作

做好准备工作，是地陪提供良好服务的重要前提。地陪的准备工作应在接到旅行社分配的任务、领取了盖有旅行社印章的接待计划后立即开始。地陪工作可谓千头万绪，如果考虑不周就可能出错，因此，地陪的准备工作应务必做到细致、周密。

一、导游员接受任务

（一）旅行社派遣导游基本流程

旅行社营销部接受游客（收客）的旅游订单后，计调部负责全面调度，落实"五订"，即订房、订餐、订车、订票、订导游员。其中，导游员的确定由导游部具体负责。

导游部接到计调部的指令后，根据游客要求以及团队的具体情况确定导游员，并及时与选定的导游员联系，下达接团指令。导游员接到接团指令后，应迅速、及时地领取任务，向有关人员了解团队接待的具体情况，并领取相关物品。

营销部收客 → 计调部调度 → 导游部定导游 → 导游员接受任务

（二）领取接待计划

接待计划是组团社委托各地接待社组织落实旅游团活动的契约性文件，是导游员了解该团基本情况和安排活动日程的主要依据。旅行社计调给导游派团后，导游就要尽快到旅行社领取行程计划，从而给自己留出充分的准备时间。

1. 导游员向旅行社计调了解具体任务要求

有些旅行社计调会给导游"讲团"（细说行程，点明要注意哪些事项），但是一般的都没有时间细说，通常只是把行程、整单（景点门票、餐厅、娱乐节目）意见单以及其他相关单据捆装在一个信封内交给导游，看明白就可以回家准备了，不明白再问计调或者社里其他老导游。当然，每家旅行社都有自己的规矩和习惯做法。

具体导游员需要向旅行社计调了解以下内容：

（1）详细了解旅游团队具体行程安排。

（2）了解团队中有无需要特殊照顾的人员，如 VIP 客人、特殊宗教信徒以及其他生活方面有特殊需求的人员等。

（3）了解团款的结算方式以及与酒店、餐厅、景区（点）的结算方式。

（4）了解用车情况。

（5）了解是否需要赠送纪念品等，是否包含矿泉水供应。

2.导游领取相关用品及文件

具体导游员需要向旅行社计调领取以下相关用品及文件。

（1）旅行社派团单、行程安排表、所涉及单位及个人的联络方式、游客意见反馈表等。

（2）团队所需款项或结算票据。

（3）社旗、接站牌社徽等。

（4）其他（馈赠旅行包、遮阳帽、小纪念品等）。

 知识链接

导游领取相关表格

1.旅行社派团单

根据《导游人员管理条例》第九条的规定，导游人员从事导游活动，必须由旅行社委派。旅行社派团单（见表3-1）由旅行社出具，是导游人员合法从事导游活动的证明文件，在整个带团过程中必须随身携带，以备旅游监察人员检查。

表3-1　旅行社派团单

旅行社名称（印章）：　　　　　　　　　　　　　　　　　联系方式：

团队编号		团队名称	
全陪姓名		联系方式	
地陪姓名		联系方式	
抵达日期		离开日期	
填表日期		填表人	

有关要求：

（1）旅行社须按要求填写，并加盖公章。

（2）详细游览活动日程作为附件附后。

（3）导游员在带团出游或地接时，须携带此任务派遣书，不得擅自改变派团单确定的行程。

（4）此任务派团单一式二份，一份由旅行社存档，一份由导游员携带供旅游管理部门检查。

2.旅游团行程安排

旅游团行程安排（见表3-2）是旅行社与游客签订的旅游合同，是导游员从事导游活动的依据，导游员必须严格按照行程安排旅游团队的活动，如有变更必须报请旅行社批准后方可执行。无论是游客还是导游员均不得随意改变行程安排。

表 3-2　旅游团行程安排

旅行社（公章）

线路：　　　　　　　　　　　　　　　　　　　　No.：

组团社名称及团号				来自国家		全陪		
地接社团号				地区或城市		地陪		
总人数	人	男	人	用车情况	司机：		导游借款	
儿童	人	女	人					
时间		游览项目及景点			用餐		入住宾馆	
D1　　月　日　时					早餐：			
					中餐：			
					晚餐：			
D2　　月　日　时					早餐：			
					中餐：			
					晚餐：			
D3　　月　日　时					早餐：			
					中餐：			
					晚餐：			
D4　　月　日　时					早餐：			
					中餐：			
					晚餐：			
D5　　月　日　时					早餐：			
					中餐：			
					晚餐：			
D6　　月　日　时					早餐：			
					中餐：			
					晚餐：			
D7　　月　日　时					早餐：			
					中餐：			
					晚餐：			
订票计划	飞机：							
	火车：							
	轮船：							
备注								

签发日期：　年　月　日　　签发人：　　　导游签名：

3. 用餐结算单

　　为了节约时间，保证财产安全，旅行社可以和餐厅事先约定，使用用餐结算单（见表 3-3），旅游团队用餐后由导游员签字后作为餐厅与旅行社结算的依据。

表3-3　用餐结算单

餐厅名称		旅行社名称	
团队名称		用餐时间	
用餐人数		用餐标准	

导游员（签字）：

4. 住宿结算单

为了节约时间，保证财产安全，旅行社可以和酒店事先约定，使用住宿结算单（见表3-4），旅游团队住宿后由导游员签字后作为酒店与旅行社结算的依据。

表3-4　住宿结算单

酒店名称		旅行社名称	
团队名称		住宿入住退房时间	
住宿人数		客房标准即客房数	

导游员（签字）：

5. 景区（点）结算单

为了节约时间，保证财产安全，旅行社可以和景区（点）事先约定，使用景区（点）结算单（见表3-5），旅游团队进入景区（点）时由导游员签字后作为景区（点）与旅行社结算的依据。

表3-5　景区（点）结算单

景区（点）名称		旅行社名称	
门票价格		游览时间	
团队名称		游览人数	

导游员（签字）：

6. 游客意见反馈表

游客意见反馈表（见表3-6）是考核旅行社在旅游各个环节的安排情况和导游员导游服务水平的重要依据，内容涉及食、住、行、游、购、娱等多个方面，要求在团队游览结束后由游客或游客代表如实、认真、详尽地填写，由导游员反馈给旅行社。一般情况下，游客意见反馈表往往作为处理旅游投诉和调解旅游纠纷的一个重要依据。

表 3-6　游客意见反馈表

旅游团队名称		旅行社名称		导游员	
	很好	好	较好	一般	差
行程安排					
住宿条件					
餐饮安排					
娱乐安排					
用车情况					
导游服务					
购物安排					
综合评价	意见和建议： 游客代表（签字）：　　　　电话： 　　　　　　　　　　　　　　　　年　　月　　日				

7. 旅行社导游质量考核表

旅行社导游质量考核表（见表 3-7）是旅行社考核导游员导游服务水平的重要依据，主要内容包括游客对导游员的导游讲解和服务规范能力、水平的评价，要求在团队游览结束后由游客或游客代表如实、认真、详尽地填写，由导游员反馈给旅行社。

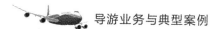

表 3-7　旅行社导游质量考核表

团号：　　　　导游：　　　　日期：　　　　线路：

项目	细节要求	很好	好	一般	差	评论
欢迎	表示欢迎					
	介绍人员					
	工作态度					
	祝愿愉快					
导游规范	引导标志					
	团队徽记					
	上下车举止					
	所站位置					
	话筒拿法					
	点人方法					
	仪表着装					
声音可闻度	音量					
	音质					
	语调					
导游内容	全面形象					
	正确生动					
	借题发挥					
	途中讲解					
趣味性	生动					
	幽默					
工作时间	随团时间					
	准确性					

填写人姓名：　　　　单位：　　　　联系电话：

二、熟悉接待计划与团队情况

接待计划既是组团社根据同客源地旅行社签订的旅游合同（或协议）制定的旅游团在旅游线路上各地方的活动安排，又是组团社委托有关地方接待旅行社组织落实旅游团活动的契约性文件，同时也是导游人员了解旅游团基本情况和安排当地活动日程的主要依据。

接待计划分为入境旅游团接待计划和国内旅游团接待计划。其中，前者是国内组团社根据同境外旅行社所签旅游合同或协议的要求制订的旅游团在我国境内旅游活动的安排计划；后者是国内组团社根据同旅游者所签旅游合同的内容制订的旅游线路上各地的旅游团活动安排计划。

《导游服务规范》要求："上团前，导游员应认真查阅团队接待计划及相关资料，熟悉掌握旅游团（者）的全面情况，团队行程安排、特殊要求或注意事项等细节内容，注意掌握其重点和特点。"

地陪在接受任务后，通过阅读和分析接待计划，应了解或掌握旅游团的以下情况：

（一）旅游团的基本信息

1. 组团社信息

（1）组团社名称（计划签发单位）电话和传真号码、客源地组团社名称。

（2）联络人姓名、电话号码或其他联络方式。

（3）组团社标志或提供给团队成员的标志物。

2. 旅游团队信息

（1）旅游团的团名、代号、电脑序号。

（2）全陪姓名和电话号码。

（3）结算方式、旅游团的等级（如豪华团、标准团、经济团等）。

（4）旅游团人数（含儿童）、用车、住房餐标（是否含酒水）等。

（5）旅游团在食、宿、行、游等方面是否有特殊要求，是否有特殊要求的游客（如残疾游客、高龄游客）。

（二）旅游团员的基本情况

基本情况包括客源地、游客姓名、性别、职业、年龄（是否有老人和儿童）、宗教信仰、民族。

（三）全程旅游路线，海外旅游团的出入境地点

地陪导游要熟悉旅游接待计划中所有旅游活动的线路。如若接待的是海外旅游团队，还需认真熟悉团队出入境所到达（出发）的城市或口岸的交通站点。

（四）所乘交通工具情况

抵离本地时所乘交通工具的班次、时间和地点。

（五）交通票据的情况

1.国内团

该团去下一站的交通票据是否已按计划订妥，有无变更及更改后的情况；有无返程票。

2.海外团

接待海外团应了解该团机票有无国内段，弄清机票的票种是 OK 票还是 OPEN 票。

（1）OK 票，即已订妥日期、航班和机座的机票。持 OK 票的旅客若在该联程或回程站停留 72 小时以上，国内机票需在联程或回程航班起飞前两天中午 12 时以前，国际机票需在 72 小时以前办理座位再证实手续，否则原座位不予保留。

（2）OPEN 票，即不定期机票，旅客乘机前需持机票和有效证件（护照、身份证等）去航空公司办理订座手续。订妥座位后才能乘机，此种机票无优先权、无折扣优惠。

（六）特殊要求和注意事项

该团是否要求有关方面负责人出面迎送、会见、宴请等礼遇。

该团有无应办理通行证地区（如湖北宜昌三峡坝区等）的参观游览项目，如有则要及时办理相关手续。

 案例分析

马虎的危害

夏季某一天的下午 7 时许，正在家里休息的导游员小吴，突然接到一通电话，她的表情立刻严肃起来，原来她忘了送两位游客去机场，游客正在饭店大厅等候送机，此时离飞机起飞还有 1 小时 20 分钟，而且游客的机票还在小吴手中。

从家里到饭店需要 40 分钟，从饭店到机场需要 30 分钟，时间很紧张。小吴急忙打电话与司机联系，请他接上游客直接去机场，自己从家里坐出租车赶去机场送机票。一路上，小吴的心情十分焦急，不断催促出租车司机加快速度，途中通过电话与机场和旅行社联系说明情况。50 分钟后，小吴终于赶到了机场，她迅速找到焦急等待的客人，道歉后急忙办理登机手续。谁知离起飞只有 25 分钟，按规定已经不能再办理登机手续了，还好，由于旅行社在机场工作人员的事先铺垫和机场人员的大力配合，游客最终办好手续顺利登机。回来的路上，小吴深深地为自己的错误而自责不已，只因一时粗心，险些造成经济上的损失和对旅行社的不良影响，这着实是一次不小的教训。

【解析】导游员在接待旅游团队或散客前都要查看接待计划，应做到认真细致，不要因为工作繁忙或觉得枯燥而放松对自己的要求，以免给工作带来困难或不良后果。本案例中的小吴就是因为没有认真阅读接待计划，而忘记还有两位散客需要送机，险些造成误机事故。只有在接团前真正重视每一个旅游团的接待计划，细致认真地查看和确认每一个工作环节，才可以确保接待工作的顺利进行。

三、落实接待事宜

《导游服务规范》要求："地陪导游员应与食宿、交通、游览等有关部门落实、核查旅游团（者）的交通、食宿、行李运输等事宜。"因此，地陪在旅游团抵达的前一天，应做好旅游团（者）联络与沟通的准备。

（一）落实旅游车辆

与为该团提供交通服务的车队或汽车公司联系，确认司机的姓名、联系电话、车牌号和车型。接大型旅游团时，车上应贴编号或醒目的标记。主动与司机联系，确定与司机的接头地点并告知活动日程和具体时间，并落实好车内的设备是否齐全与完好。

（二）落实住房

熟悉该团下榻饭店的名称、位置、服务设施和服务项目，如与市中心的距离、附近有何购物娱乐场所及交通状况等。向饭店销售部或总台核实该团所使用客房的数量级别、房型、用房时间是否与旅游接待计划相符合，以及房费内是否含早餐、房间内是否含免费矿泉水等。向饭店提供该团抵离店时间、交通方式和在饭店内的主要活动及具体安排。

（三）落实用餐

地陪应提前与各有关餐厅联系，确认该团日程表上安排的每次用餐情况，其中包括用餐时间、团号、用餐人数、餐饮标准、特殊要求及陪同人员的人数等。

（四）落实行李运送

各旅行社是否配备行李车是根据旅游团的人数多少而定，地陪应了解本社的具体规定。如该团是配有行李车的旅游团，地陪应了解落实为该团提供行李服务的车辆和人员，提前与其联络，使其了解该团抵达的时间和地点、下榻饭店等。

（五）了解不熟悉的景点

对新的旅游最点或不熟悉的参观游览点，地陪应事先了解其概况，如开放时

间、最佳游览线路、洗手间位置等，以便游览活动顺利进行。

（六）与全陪联系

地陪应和全陪提前约定接团的时间及地点，防止漏接或空接事故的发生。

四、必需物品的查验与准备

《导游服务规范》要求："上团前，导游员应做好证件、交通票据、资金以及有关资料等必需资料物品的准备。从计调人员处接收团队资料时应做好核查登记，以确保团队的相关资料与票据是适宜和可用的。对不适用的票据或资料应及时提请计调人处理。团队资料交接记录应予保存。"

1. 领取必要的票证和表格

地陪在做准备工作时，一项十分重要的工作就是依托日程表中活动安排的实际需要为游客提供导游服务，到本社计调人员处领取门票结算单和旅游团餐饮结算单等结算凭证、交通票据及与该团有关的表格（如游客意见反馈表等）。

地陪一定要注意，在填写各种结算凭证时，具体数目一定要与该团的实到人数相符，人数和金额要用中文大写。

2. 备齐上团必备的证件和物品

（1）文化和旅游部（原国家旅游局）严格规定导游员上团必须佩戴导游身份标识卡、本人身份证、计划书，做到三证齐全并举本社导游旗。地陪在上团前一定要提前准备好以上证件和物品。

（2）地陪上团前还应配齐记事本、名片、接站牌话筒等，有时还应准备旅行车标志。

（3）足够的经费，根据接待计划的内容做好开支预算，向财务部预支足够的团款并妥善保存。

3. 核查团队资料和票据

地陪应认真核查团队资料，确保团队资料和票据对于接待计划而言是适宜和可用的，如有不适用的票据或资料，应及时与计调人员联系，进行更正和处理。

五、知识和语言准备

《导游服务规范》要求："导游员应熟悉旅游地的旅游及文化资源、风土人情、法律法规等情况。"

导游员的工作以丰富的知识为基础、高超的语言技能为手段，为游客提供各种服务项目。因此，在旅游开始前，导游员应根据旅游团的计划和旅游团的性质、特点准备相应知识。

（一）知识准备方面

根据接待计划上确定的参观游览项目，就翻译和导游的重点内容，做好外语和介绍资料的准备。准备的内容应为大多数游客想了解的知识，如旅游地概况、文化资源、风土人情、主要旅游景点知识等。准备的过程中应注意知识的更新，及时掌握最新信息。

接待具有专业知识的团队，应做好相关专业知识、专业术语、词汇等方面的准备。做好当前热门话题、国内外重大新闻、游客可能感兴趣的话题等方面的准备。

（二）语言准备方面

在内容和思想传达方面，注意保证其正确和规范，体现语言运用的艺术化。在语音、语调、语法和用词等表达技巧方面，注意表达清楚、生动和流畅。

 案例分析

知己知彼，百战不殆

2007年11月，导游员小孟接待了一个10人的外国旅游团。由于是第一次来到中国，这些游客不断发问，对中国的建设与发展情况也十分关心。小孟对大家的问题有问必答，显得十分自信。她告诉大家，中国自改革开放以来已经取得了举世瞩目的发展，在世界上的国际地位也逐步提升；中国是一个发展中国家，希望在和平的环境下与世界各国搞好关系，对敌对势力采取坚决抗争的态度，坚信凡是热爱和平的人，都会支持中国的建设与发展。大家对她的回答非常满意，游览气氛轻松自如。

在前往长城的路上，小孟还结合游客所了解的一些历史事件向他们介绍了一些相关知识和客观事实。大家对小孟的讲解很感兴趣。

【解析】知识的掌握要注意广博性和延伸性，只了解与中国有关的不够，还要了解游客本国本土的情况，要做到"知己知彼"。导游员小孟在讲解长城的过程中，对照性地提到游客所熟悉的历史、事件和事物，使大家产生亲切感。

六、形象准备

导游员在宣传旅游目的地、传播中华文明方面起着重要作用，也有助于在游客心目中树立导游员的良好形象。因此，地陪在上团前要做好仪容、仪表方面即服饰发型和化妆等的准备：其一，导游员的着装要符合身份、方便导游服务工作；其二，衣着要整洁、大方、自然，佩戴首饰要适度，不宜浓妆艳抹。

✎ 案例分析

被冷落的导游员

导游员小苏，青春妙龄，长得亭亭玉立、楚楚动人，家境颇为殷实。而她本人则爱好打扮，服饰总是很时髦。一次，小苏接了一个来自境外的旅游团，旅游团成员多为 30 岁左右的女士。小苏认为，第一印象十分重要，因此，她精心挑选了一套真丝连衣裙，以十分高雅的形象出现在游客面前。她的出现，顿时使旅游团中的女士们黯然失色。而在游览期间，小苏名牌行头的不断变换，更使旅游团中的女士们成为她的反衬者。在游览过程中，小苏讲解生动形象，为人亲切，服务周到，只是不知为什么，那些年轻的女性游客总不愿与她在一起。小苏自己也有一种被冷落的感觉。

【解析】18 世纪的西欧，一些上层贵族妇女在物色仆人时，除手脚勤快外，还须相貌丑陋，其目的是让仆人成为自己的反衬者，和自己形成强烈对比，使"美者益美，丑者益丑"。从事服务行业的导游员如果带团时穿着讲究，打扮入时，使游客成为其反衬者，极易引起游客的反感。本案例中，小苏作为导游员，恰恰犯了这样的错误，引起了旅游团中的女性客人的反感，因此受到冷落。

七、心理准备

导游员应具有良好的心理素质，拥有良好的心理状态，这是导游接待工作的必要条件。充分的心理准备，能够帮助导游员克服许多工作中出现的困难和障碍。在接团前的心理准备主要有两个方面。

（一）准备面临艰苦复杂的工作

在做准备工作时，导游员不仅要考虑到规范的程序要求、提供给游客热情的服务，还要有充分的思想准备考虑对特殊游客如何提供服务以及在接待工作中发生问题和事故时如何去面对和处理。

（二）准备承受抱怨和投诉

由于导游服务对象的复杂性，有时可能遇到下述情况：导游员已尽其所能，热情、周到地为旅游团服务，但仍有一些游客挑剔、抱怨、指责导游员的工作，甚至提出投诉。对于这种情况，导游员要有足够的心理准备，冷静、沉着地面对。只有对导游工作抱有执着的爱，才能无怨无悔地为游客服务。

任务二　机场迎接服务

迎接服务是指地陪去机场（车站、码头）迎接旅游团。迎接服务在地陪服务程序中十分重要，因为这是地陪和游客的第一次直接接触。游客每到一地总有一种新的期待，迎接服务是地陪的首次亮相，要给游客留下热情、干练的第一印象。这一阶段的工作直接影响着以后接待工作的质量。

迎接服务的工作内容主要包括：

旅游团抵达前的业务准备　→　旅游团抵达后的服务　→　前往饭店途中的服务

一、旅游团抵达前的业务准备

接团当天，地陪应提前到达旅行社，全面检查准备工作的落实情况：

（一）落实旅游团所乘交通工具抵达的准确时间

接团当天，地陪提前到旅行社证实或者电话问询旅游团计划有无变更。在出发前3小时，地陪应向机场（车站、码头）问讯处确认飞机（火车、轮船）到达的准确时间。一般情况下，应在飞机抵达前的2小时，火车、轮船预计到达时间前1小时向问讯处询问，做到三核实：计划时间、时刻表时间和问讯时间。

（二）与司机商定出发时间及停车位置

得知该团所乘交通工具到达的准确时间以后，地陪应与旅游车司机联系，与其商定出发时间，确保提前半小时抵达接站地点。并与司机商定停车位置，在赴接站地点途中，地陪应向司机介绍该团的日程安排。如需要用到音响设备进行导游讲解，地陪应事先调试音量，以免有噪声。到达机场（车站、码头）后应与司机商定旅游车停放位置。

（三）再次核实该团所乘交通工具抵达的准确时间

地陪提前半小时抵达接站地点后，要马上到问讯处再次核实旅游团所乘飞机（火车、轮船）抵达的准确时间。

（四）与行李员联系

地陪应在旅游团出站前与行李员取得联系，告知其该团行李送往的地点。

（五）迎候旅游团

旅游团所乘交通工具抵达后，地陪应在旅游团出站前，持本社导游旗或接站牌站立在出口处醒目的位置,热情迎接旅游团。接站牌上应写清团名、团号、人数、领队或全陪姓名;接小型旅游团或无领队、无全陪的旅游团时,要写上其中一位游客的姓名及单位或客源地。地陪也可以从组团社的社旗或游客的人数及其他标志,如所戴的旅游帽、所携带的旅行包或上前委婉询问,主动认找旅游团。

 案例分析

搞错航班

某年9月,北京的导游员刘先生到首都机场去接一个旅游团。按计划该团乘CA102航班抵京,但他从下午4:00一直等到晚上9:00也没接到人。打电话与社里的内勤联系,查看航班时间并没有什么变动,刘先生只好与司机回了家。半夜,社里紧急通知刘先生再去机场接那个团。原来那些游客是乘CA1012航班夜里1:00抵京,抵达时间已经附在计划表的一个传真上,而内勤人员没注意,把航班CA1012写成CA102了。刘先生赶到机场后,向游客道歉,对没有仔细阅读原始计划,搞错时间让游客在机场久等而感到内疚。

【解析】1995年,《导游服务质量》(GB/T15971—1995)正式颁布。该标准借鉴了旅游行业几十年来导游服务工作实践经验、国家和部分企业的有关规章制度与导游工作规范,并参照了国外的相关资料,对导游服务质量提出了要求,并规定了涉及导游服务过程中若干问题的处理原则,其目的是保障和提高导游服务质量,促进中国旅游业的发展。旅行社在接待游客过程中需严格要求导游员按照《导游服务质量》提供导游服务。

导游员接团前要仔细阅读接待计划,特别要注意细节,如旅游团的名称、人数、航班、车次、入住饭店名称、停留天数、离开时间、旅游活动安排、游客特殊要求等,问题与疑点要及时询问清楚。分析计划后做好准备工作,如与司机约定时间和地点、了解景点开放时间、航班变动等,避免遇到问题时手足无措。

二、旅游团抵达后的服务

旅游团出站后,地陪应尽快认出自己的团队,确认团队的线索:民族特征、衣着特征、语言特征以及组团社的标志或提供给团队成员的标志物。

(一)确认团队

找到旅游团后,为防止错接,地陪应及时与领队、全陪接洽,核实该团的客源地、组团社的名称、领队及全陪姓名、旅游团人数等。地陪接站时要注意"三问"：第一问是问全陪，团队计划有无变化；第二问是问客人，有没有人想上洗手间；第三问还是问客人，有无证件、行李落在飞机（火车或轮船）上。如该团无领队和全陪，应与该团成员逐一核对客源地及团员姓名等，无任何出入才能确定是自己应接的旅游团。当团队计划有变化时，要及时通知旅行社以及相关接待单位，争取时间变更相应预订项目，避免或尽可能地减少经济损失。

 情景再现

白塔机场接宁夏旅游团

（在呼和浩特白塔机场，导游员鸿雁迎接来自宁夏回族自治区的旅游团，全陪是王导）

全陪：您好，您是内蒙古国际旅行社的鸿雁导游吗？

地陪：对，是的，我是！您是宁夏国际旅行社王导吧！

您好！我们已经在内蒙古饭店为大家订好了房间，请问你们是36人吗？

全陪：是的，全部到齐了。

地陪：我们的团队计划没有什么变化吧？

全陪：没有，按照我们的接待计划进行。

地陪：大家有没有需要上洗手间的？洗手间的位置在我左手指的方向。我们10分钟后，原地集合。

……（10分钟后）

地陪：你们的行李一共有多少件？

全陪：加我的1件，一共37件。

地陪：好的！我们的旅游车已经在外面等候。

全陪：非常感谢！

地陪：我们的行李车也在外面等候。

全陪：谢谢！

（朝旅游车走去）

地陪：旅途还好吗？

全陪：还好。我们遇到了一点涡旋气流，但总的来说，飞行很好。

地陪：我想你们坐了这么长时间的飞机，一定很累了，我们直接开车去饭店吧？

全陪：好的。

地陪：我们走吧！

（二）清点行李

地陪应协助该团游客将行李集中放在指定位置，提醒游客检查自己的行李物品是否完好无损。与领队、全陪核对行李件数无误后，移交给行李员，双方办好交接手续。若有行李未到或破损，导游员应协助当事人到机场登记处或其他有关部门办理行李丢失或赔偿申报手续。

（三）集合登车

地陪应提醒游客带齐手提行李和随身物品，引导游客前往登车处。为确保团队的安全，地陪高举导游旗，以适当的速度走在团队的前面引导游客，同时还要请全陪或领队走在旅游团的最后，照顾游客。游客上车时，地陪应恭候在车门旁，协助或搀扶游客上车就座。待游客坐稳后，地陪再检查一下游客放在行李架上的物品是否放稳，礼貌地清点人数，到齐坐稳后请司机开车。

清点人数时，要采用正确手势，避免"一指禅"手势，也不能用社旗指点游客。

正确清点人数的方法：①要目数，不要用手指头指指点点。②可以查车上的空位。③可以从前走到后，微笑点头示意，心中默数。

 案例分析

一、导游接站忌：扛着导游旗，翘着兰花指，数着"1、2、3"

2006年3月，C市××旅行社接待部经理老马分别跟了几位年轻导游员的团，旨在检查督促，改进工作。5个团跟完后，针对接站这个环节，他对其中的两位导游员小钟和小张提出了批评："小钟在接团后，带着客人从出站口到停车场的过程中，一直扛着导游旗，颇为不雅。小张接到团后，在客人上车后清点人数时，用手指点着客人数数，嘴里还'1、2、3'，念念有词的，这可千万要不得！非常不礼貌！希望以后你们不要犯相同的错误。"小钟和小张听完马经理的批评后表示，今后在上团的过程中会更认真，更注意细节。

【解析】导游接站三忌：扛着导游旗，翘着兰花指，数着"1、2、3"。这种情况是导游员最初带团时比较容易犯的错误，虽然有时是无心的，但却是很忌讳的。

导游人员工作在第一线，其形象不仅仅代表个人，还代表着一个旅行社、一个城市，甚至是一个国家的形象。扛着导游旗的导游员给游客的第一印象是精神萎靡，没有热情，给游客传递的是一种不良的感觉和气氛，给客人留下不好的第一印象，对客人来说也是不礼貌的。礼仪常识告诉我们，清点人数时用手指着客人，嘴里还数着"1、2、3"是极为不礼貌的，只有数家禽或物品时才采用这种方法。同样，用导游旗指着游客数数也是非常不礼貌的。

清点人数时，正确的做法是，心中默数游客人数。在旅游车上清点人数时，可以从车头走到车尾，一边走一边用两手轻扶椅背，在心中默数人数。

接站是导游接待工作的开端，做好这项工作并不简单。一般而言，做好接站的关键在于精心准备和处事灵活。准备的内容包括：了解所接团队的名称、人数特点，写好接站牌，了解飞机和火车的航班、车次，掌握好接站时间等。由于在接站过程中可能会遇到飞机延误或火车晚点的情况，加上有时人多，场面混乱，做好接站工作并不容易。在接站时，要尽量做到接人及时、准确，处事灵活。接人及时可给人留下良好的印象，松弛其紧张的心理，因为客人一到旅游地就看到有人接待，心里自然踏实。在接不到客人时，应分析原因，耐心寻找。若一时找不到客人，分析可能的原因是：客人等候行李还没有出来，被其他接站员或他人接走了，没找到导游员而自己坐出租车走了，坐其他航班及车次还没有到等。针对这些原因，导游员应尽可能多地了解清楚其他接站人员的情况和接站场所内外的人流情况，注意与自己所接客人特点相近的游客，避免客人被其他人接走。

二、"灵感"的应验

某年秋季的一天，北京的导游员余先生到机场去接一对外国夫妇。由于几个航班同时到达，机场大厅接机的人很多，显得很拥挤。余先生举着接机牌挤到出口处，想尽快接到游客。好几对外国夫妇从出港的人群中涌出，看了看余先生手中的接机牌，便摇着头走开了。等了近一个小时，下一个航班的飞机都快到了，余先生仍没有接到客人，但他看到本旅行社的一个同事接到了一个没有领队的旅游团，正向门外走去。客人佩戴的胸牌与他要接的客人的胸牌是同一个外国旅行社所发。余先生灵机一动，忙请司机代他举着牌子等在大厅里，自己赶到大厅外面去看一看。在停车场一辆大轿车旁，他见到一对夫妇与那个团的导游员正在交涉什么。他连忙赶上前询问，果然找到了自己要接的客人。原来这对夫妇和那个团的游客在飞机上结识后，了解到他们所住的饭店、提供服务的旅行社都与自己的相同，而胸前所佩戴的标记又是同一家旅行社所发，便以为和那些人在一起就能找到导游员，所以出港时就跟着那些人，根本没注意接机人手中的牌子。来到停车场，那位导游员一数人数，发现多了两个，此时余先生刚好赶到。

【解析】案例中的余先生能够在没有接到客人的焦急等待中，通过客人胸卡相同的现象，准确地推测出客人可能被其同事接走，就是灵活处事的一例。与他相比，那个导游员就显得较为粗心，如果他一接到客人马上清点人数，就不会把多余的游客带到停车场去了，余先生也能及时找到客人了。

三、导游人员小张的日记——"砸伤"游客事件

有时候一件小事会影响很大，对工作产生不利后果。今天，我接了一个从广东来的25人旅游团。上午9:30准时在火车站接到团，一切都很顺利。旅游车开车后，我用幽默、生动的语言开始了讲解，大家的兴致非常高。突然一个急刹车，只听"扑通""哎哟"两声声响，车厢一片慌乱。我发现一个旅行箱砸到了一位游客的头，已经流了血。我马上安顿大家坐好，请司机先开车去最近的医院。我又请大家帮忙检查了行李架，确认行李都放好了。到了医院，我让全陪留下陪受伤的游客检查，我带其他游客去了宾馆。好在伤得不重，虽然耽误了时间，所幸没有大碍。从此，我哪方面都不敢马虎。

【解析】在案例中，小张在工作过程中，没有按规定的操作要求完成任务，造成事故发生。由此可见其业务不够熟练，另外，出现问题能够积极解决，应变能力较强。

三、前往饭店途中的服务

在行车途中，地陪要做好以下几项工作，这是地陪给全团留下良好第一印象的重要环节。

（一）导游沿途讲解的姿态

导游员沿途讲解时，可采取两种讲解姿态，一种为站立讲解，另一种为坐姿讲解。

1.站立讲解动作

打开靠板、身体靠在靠板上、双脚撑地、一手持话筒、一手抓住栏杆、保持身体平行。

2.坐姿讲解动作

坐在导游座位上、系好安全带、一手持话筒。

根据《中华人民共和国高速公路管理办法》规定，在高速公路上不能站立讲解，应采用坐姿讲解的方式。导游专座的位置位于上车左手边第一个座位，导游员在上团前务必将导游专座后背套上导游专座标识的座套。

（二）致欢迎辞

旅游车启动后，导游员的讲解服务就正式开始。导游员与游客第一次见面，彼此互不相识，这就需要导游员尽快投入工作中，创造和谐气氛给游客留下美好

的印象，使游客对导游员产生信任感。

致欢迎辞应把握好时机，因为游客新到一地，对周围环境有新奇感，左顾右盼，精神不易集中，这时讲解效果往往不好。一般应在游客放好物品、各自归位、静等片刻，等大家情绪稳定下来后，再开始讲。

欢迎辞内容应视旅游团的性质及其成员的文化水平、职业、年龄和居住地区等情况而有所不同。欢迎辞要求有激情、有特点、有新意、有吸引力，能一下子就把游客的注意力吸引到导游身上，给游客留下深刻印象。

欢迎辞一般应包括如下内容：

（1）问候语，如"来自××的游客朋友们，大家好"。

（2）欢迎语，如代表所在旅行社欢迎游客光临本地。

（3）介绍语，如介绍自己的姓名及所属单位。

（4）希望语，如表示提供服务的诚挚愿望。

（5）祝愿语，如预祝旅游愉快顺利。

 情景再现

亲爱的各位朋友：

大家好！

一首《陪你一起看草原》也道出了我的心声，请允许我代表内蒙古旅行社全体员工，对大家的到来表示热烈的欢迎！欢迎来到祖国北疆——内蒙古自治区，听过美丽的草原歌曲《鸿雁》吗？接下来，未来的四天行程就由鸿雁我带大家走进美丽的内蒙古自治区。

我身边的这位，是我们这次旅途中最为劳苦功高的一位——司机刘师傅，刘师傅已有26年的驾驶经验，由他行车大家可以放心。虽然我们的车厢不大，但却能容纳五湖四海，既然我们能从960万平方公里的土地上相聚到这个小小的车厢里，就如中国有句俗话说的：百年修得同船渡。今天我们也算是百年修得同车行了。在未来5天的行程中，都是由鸿雁和刘师傅全程陪同，为大家提供服务，在旅途中如果您有什么需要，尽管提出来，我和刘师傅将竭诚为各位提供服务。

最后，鸿雁祝福各位能在内蒙古这独特的少数民族民俗文化气息中度过一个令您难忘而美好的阳光假期。

（三）调整时间

这项工作是针对刚刚入境的国际旅游团而言的。地陪在致完欢迎辞后，要介绍两国的时差，并请游客将自己的时间调到北京时间。

（四）首次沿途导游

游客初来一地感到好奇、新鲜，什么都想问，什么都想知道，地陪应把握时机，选择游客最感兴趣、最急于了解的事物进行介绍，以满足游客的好奇心和求知欲。所以地陪必须做好首次沿途导游，首次沿途导游是显示导游知识、技能和工作能力的大好机会，精彩、成功的首次沿途导游会使游客产生信任感和满足感，从而在他们的心中树立起对导游员良好的第一印象。

1. 介绍城市概况

如地理位置、历史沿革、人口状况、行政区划、市政建设等。

2. 风光风情介绍

地陪在进行风光风情介绍时，讲解的内容要简明扼要，语言节奏明快清晰；对景物取舍得当，随机应变，见人说人，见景说景，与游客的观赏同步。

3. 介绍下榻的饭店

在旅游车快到下榻的饭店时，地陪应向游客介绍该团所住饭店的基本情况：饭店的名称、位置、距机场（车站、码头）多少公里、星级、规模、主要设施和设备及其使用方法、入住手续及注意事项（如收费电视、赠品和非赠品的内容）。

4. 宣布入住后的活动安排

抵达饭店后，地陪要在游客下车之前宣布入住后的活动安排，包括活动内容、集合时间地点、活动要求、注意事项，并提醒游客记清楚所乘坐车辆的车牌号、颜色、车型、顺序号等便于识别的记号。

 情景再现

一、介绍呼和浩特市概况

大家刚刚走出的是呼和浩特白塔机场，它因为附近的辽代白塔而得名。白塔的真正名称应该是万部华严经塔，因为周身涂满白色，所以通称白塔。

呼和浩特市，作为内蒙古自治区首府，呼和浩特市是自治区政治、经济、文化中心，同时是中国历史文化名城和中国优秀旅游城市，还被誉为"中国乳都""北方药都"。蒙古语意为"青色的城"，简称"青城"；而呼和浩特市则简称呼市。那为什么称我们这里为青城呢？

这要先讲讲呼和浩特城的建立了，呼和浩特是明朝俺达汗与三娘子修建的，仅用了五年的时间，在这么短的时间内修建一座城，它所用的建筑材料都是批量生产的，规格与成色都十分统一，当时土默川时兴一种烧制灰蓝色瓦的瓦窑，呼和浩特建成后远远望去在光线不是很强的情况下一片瓦蓝，所以称呼和浩特为青城，这种烧制技术在今天还流行于青水河一带。

二、在车上介绍下榻饭店

亲爱的各位游客朋友们，我们今天晚上入住的是内蒙古饭店，内蒙古饭店是呼和浩特地区五星级酒店，有科学的管理、先进的设施和优质的服务，是游客来呼和浩特市的首选酒店。内蒙古饭店坐落于呼和浩特市市区中心，毗邻呼和浩特市中心商业区。内蒙古饭店与呼和浩特市区活水绿地公园"满都海公园"隔路相望，在这里大家可以俯瞰公园全景，内蒙古图书馆、内蒙古党校、内蒙古大学、内蒙古医院等大型人文公共设施紧邻饭店。

饭店内设施配备齐全，有中西餐厅、康乐中心，大堂前厅设有商务中心、酒吧等。每个房间都配有自费物品，您如果在酒店产生了消费后，请在离开酒店前主动去前台结账。大家进入酒店房间后，请认真检查房间内所提供的必需物品是不是不齐全，设备是不是完好，如果有什么问题，请及时与我联系。

好，内蒙古饭店到了，请大家带好自己的随身物品下车。

任务三　旅游入住服务

《导游服务规范》要求："旅游团（旅游者）抵达饭店时，导游员应及时办妥住店手续，热情引导旅游者进入房间和认找自己的大件行李，并进行客房巡视，处理旅游团（旅游者）入住过程中可能出现的各种问题。"

一、入住服务程序

入住服务的工作内容主要包括：

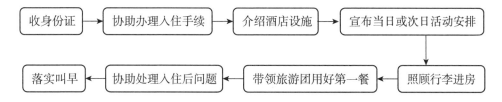

（一）请全陪准备分房方案、收齐身份证件
地陪提前询问全陪、领队是否有分房表。如果没有，提醒全陪尽快准备或拟

订分配方案（注意不要把两位陌生的男士或女士安排在大床房，以避免彼此不方便）。

抵达酒店前协助全陪或领队收齐游客的身份证件（为全陪或领队准备一个透明空袋，用来装证件）。

（二）协助办理住店手续

抵达饭店后，导游员要把游客引领到饭店大堂，集中等候。然后协助领队和全陪办理住宿登记手续，并请领队分配房间钥匙或房卡。导游员要重点掌握领队、全陪的房间号，必要时也要重点掌握团队内重要客人的房间号，如年老体弱者、德高望重者等，同时也要对全体成员的房间号做记录，还要把自己的联系方式和房间号（如果导游员也住在饭店）告知领队、全陪和其他游客，以便需要时联系。

 情景再现

入住酒店对话（酒店前台、地陪、全陪和领队）

地陪：我们已经到达了下榻的酒店，大家随我一起下车，请大家把行李及贵重物品等拿下来，到大堂集中，我去办理入住登记手续。

前台：下午好，我能为您做些什么？

地陪：您好，我是内蒙古国际旅行社的导游，我们的团号是 NC-20180809。

前台：请您出示一下旅游团的登记表和客人身份证。

前台：您的 16 位客人，您预定了 8 个标间。

地陪：是的。

前台：这是房卡、身份证和酒店徽章。服务员会带你们上去，你们的房间都在 10 楼。一会儿行李员会将行李分发到各个房间。

地陪：谢谢！

地陪：（对领队）领队您好！这是咱们团的房卡、身份证和酒店徽章。

领队：酒店徽章用来干什么？

地陪：你们可以贴在手提箱上，或者在街上迷路时向出租车司机出示徽章，出租车司机就可以把你们送回宾馆。

领队：你们想得真是太周到了。

（领队分配完客房后）

地陪：（对领队和全陪）请问你们的房号和电话是多少？

领队：我的房号和电话号码都是 8033。

全陪：我的是 8035。

（三）介绍酒店设施

进入饭店后，地陪应向全团介绍饭店内的外币兑换处、中西餐厅娱乐场所、商品部、商务中心、公共洗手间等设施的位置，该店具有特色的服务项目；说明游客所住楼层和开启房锁的方法；提醒游客住店期间的注意事项和各项服务的收费标准；向游客指明电梯和楼梯的位置。

（四）宣布当日或次日活动安排

游客进入房间之前，地陪应向全团宣布有关当天或第二天活动的安排、集合的时间、地点。如该团中有提前入住的游客，必须通知他们次日的出发时间及活动安排。

（五）照顾行李进房

地陪应等待本团行李送达饭店后，负责核对行李，督促饭店行李员及时将行李送至游客的房间。

（六）带领旅游团用好第一餐

游客进入房间之前，地陪要向游客介绍饭店内的就餐形式、地点、时间及餐饮的有关规定。游客到餐厅用第一餐时，地陪必须带他们去餐厅，帮助他们找到桌次，要将领队和全陪介绍给餐厅领班、主管等有关人员，告知旅游团的特殊要求（如用餐标准、游客口味、忌食等），向游客介绍有关餐饮规定，祝愿游客用餐愉快。

 情景再现

地陪与餐饮部工作人员的对话

地陪：请接餐饮部。

工作人员：这儿是餐饮部。您有没有预定过位置？

地陪：您好，我是内蒙古国际旅行社的，团号是NC-20180809，我的旅游团预订了今天的晚餐。

工作人员：您稍等，我查看一下。你们一共多少人？用餐标准是多少？

地陪：我们一共16个人，另加两个司陪。标准是每人50元人民币，包括软饮料。

工作人员：嗯，对的。请问几点用餐？

地陪：晚上7点

工作人员：谢谢您，7点见！

（七）协助处理入住后问题

地陪进入房间后，地陪应在本团游客居住楼层内停留一段时间，处理临时发生的问题，如打不开房门、房间不符合标准、房间卫生差、设施不全或损坏、卫生设备无法使用、行李错投等。有时还可能出现游客调换房间等要求，地陪要协助饭店有关部门处理此类问题。

 情景再现

游客房间未打扫（地陪和游客的对话）

地陪：出了什么事？

游客：这是什么意思？我要的是宾馆客房，而不是牛棚。

地陪：对不起，张女士，到底发生了什么事？

游客：是他们给我安排的房间。我从来没见过这么令人讨厌的事情。

地陪：是不是还没有打扫房间？

游客：根本没有。床还没有铺，卫生间都是水。

地陪：哦，是这样。真对不起！我们立刻帮您解决这个问题。

（过了一会儿）

地陪：张女士，我为他们给您带来的麻烦感到非常抱歉，好像是前台和客房部之间没有衔接好。他们好像给了您一个本来标明是应该彻底打扫的房间。他们马上就给您换房间。

游客：越快越好。

地陪：他们马上来。现在去喝点东西吧，好吗？

游客：好吧。

（八）落实叫早

地陪在结束当天活动离开饭店之前应与领队商定第二天的叫早时间，并请领队通知全团，地陪则应通知饭店总台。

 情景再现

落实叫早服务（地陪与总台服务员的对话）

地陪：是总服务台吗？

服务员：是的。有什么可以为您效劳的吗？

地陪：我想为我团的游客安排明天的叫早服务。

服务员：请告诉我团名和叫早的时间。

地陪：团号是 NC-20180809，一共是 16 人。叫早时间是第二天早晨 6 点。

服务员：好的！祝您今天愉快！

二、入住服务注意事项

（一）宣传文明住宿

地陪要认真提醒游客以下文明住宿内容：

（1）23 点以后不得在客房内会客，不得留宿客人或私自转让房间、转让床位。

（2）不得进行赌博、卖淫、嫖娼、吸毒、传播淫秽物品等违法活动。

（3）不得在楼道内赤身露体（只穿内裤）行走，不得在房间内酗酒闹事，不要喧哗，电视机不要声音太大，以免影响别人休息。

（4）爱护宾馆设备，节约用水、用电。遵守防火规定，不要在床上吸烟，不要把烟头扔在地毯上。

（5）洗浴时注意防滑，注意卫生间及酒吧的个人付费物品（附有价格表），如浴盐、洗浴药粉、精油、内裤、袜子、安全套、冰箱内的饮料食品等。

（6）需要洗衣服务请先了解洗衣费用，再将衣物放到洗衣袋中（怕烫的轻柔衣物要注明）。

（二）进行安全提示

地陪要随时提醒游客：

（1）不要去触摸酒店内的艺术摆设，以及酒店内各个商铺的展品。

（2）酒店的泳池健身房，有的收费，有的凭房钥匙、房卡免费。请注意安全。

（3）不单独去酒吧、夜总会、洗浴中心。

（4）在酒店内、外消费，先问清楚费用及附加费。

（5）外出时要注意人身、财物安全。

（三）与酒店交接具体事宜

不要忘记向酒店登记叫早时间。地陪如在酒店住宿，必须将房间号告诉总台、游客、全陪、领队。如无特殊情况，不得离开酒店回家，外出办事不得深夜才回酒店。

（四）保持手机畅通

导游上团后 24 小时都需处于工作状态，保持手机畅通，夜间也不得关机。

"精美玉雕要她赔"

某旅游团下榻海口某著名五星级酒店，酒店大堂高档恢宏气派豪华。客人们都是第一次来海南，第一次住宿五星级酒店，个个兴奋、激动。进入房间后迅速洗浴，然后三三两两在大堂、酒店花园拍照留念。大堂里摆放有许多大型玉雕，有的游客就在玉雕前摄影。坐在大堂休息的地陪李旭玲赶快跑过去，对大家说："请不要抚着这些玉雕拍照，损坏了会很麻烦。"

有的游客请地陪小李帮她们拍合影。正在小李高兴地给大家拍合影时，只听"啪"的一声，一个女游客神情紧张地站在一尊玉雕后面。原来她站在玉雕后面拍照，长长的纱巾挂在了玉雕后侧面的一个树叶上，一片玉树叶掉了。游客们一看前面的价格牌"八仙过海·85万"都惊吓得噤若寒蝉。有人小声说：趁保安没发现赶快走吧！这位女游客大声问："经理在吗？"随后，商品部经理和保安都来了。

经理也很为难，想了想，说："这样一件大型玉雕，破一点也是残品了，您勇于承担责任，我很感动。我叫玉工来修理，您就给玉工三千元的工钱吧！"那位女游客面有难色，许多游客要求给予照顾。经理不松口。李导对经理说："这样贵重的商品在大堂摆着，前后没有拦着绳子，没有一块提示远离的警示牌，这是我们商品部对于商品的安全管理不到位。游客不小心刷掉了后面的一片叶子，且主动承担责任，您就应当减免些赔款，别让北京的客人说咱们海南人讹游客。您是著名五星级酒店的大经理，您是大手笔的生意家。"商品部经理很爽快，说："你们导游说了，就五百元吧！"

【解析】这是一个三方和谐的案例，地陪指出了商品部管理的瑕疵，讲明了道理，表达了真情实感，给足了商家面子，关照了游客，真是一个优秀导游。许多导游都遇到过游客毁坏、损伤商品的事情，问题虽出在游客身上，但往往是导游提醒不够。

三、满足游客入住中的个别要求

（一）要求调换酒店

1. 调换原因

（1）酒店"名不副实"。由于多数旅游产品的价格趋于经济型、大众化，旅行社操作时自然会尽量降低住宿费用。在符合住宿标准条件下，多选地理位置较偏或设备比较陈旧的酒店，虽然星级够，但名不副实。

（2）游客的住宿期望值过高。目前旅游团的住宿酒店地理位置呈现边缘化，从市区繁华地段的"老牌"酒店、高星级酒店，移向市区周边的酒店，而且越移越远。游客所期望的酒店与实际下榻的酒店相去甚远，因而提出更换更高级酒店的要求。

游客往往按照以下条件评价酒店：地理位置、周边环境、周边配套设施（购物超市、大型商场、娱乐场所等）整体建筑形态、大堂环境、内部设施及综合服务、安全雅静程度、餐饮水平、客房空间舒适度、客房设施档次等。

2. 解决方式

（1）以协议为主。现在旅游协议一般均注明下榻酒店名称、星级标准，组团社在说明会上也会大致介绍酒店情况。如果酒店标准符合协议，游客有意见就需要导游多做工作。

由于种种原因，旅行社未能按照旅游合同安排酒店住宿，下榻的酒店低于合同规定的标准，导游应立即向旅行社报告。如果是地接社失误，地接社应立即更换酒店、给予补偿或提供更高星级的酒店。

（2）好言劝慰。不管出于何种情况，导游都要好言劝慰，让游客的心情平静下来。如果低于标准，总有解决的办法。如果符合标准，请游客换位思考，先住下，耽搁了休息时间，明日如何游览。

导游最郁闷的是因为旅行社安排不当导致游客意见纷纷，需要自己连劝解带赔礼，左右周旋，绝对不能说半句错话！因为说错一点儿，就可能立刻导致更换更高级酒店或者经济赔偿。

 情景再现

这是五星级酒店？

某个重要的旅游团下飞机后在城区用了晚餐，来到该市著名的海滨风景区，下榻酒店为一家五星级酒店。因为房价关系，旅行社没有为旅游团安排住在主楼，而是住在别墅区。游客进入房间就觉得设备陈旧，尤其是一层的房间潮湿，于是纷纷提出退房。

一位游客厉声质问地陪程超："这是五星级酒店吗？为何安排我们住别墅区？"程超说，可能是计调考虑别墅房别有风情，但是她未曾看客房，真的对不起大家。客人强烈要求改住主楼，旅行社计调指示程超与酒店商量。主楼只有5

间客房了，程超果断地要下这 5 间房，让住别墅一层的游客搬了进去。然后向旅游团赔礼道歉，请大家谅解。一定让旅行社为大家安排更好的酒店，弥补今天的不足。

【解析】风景区的酒店主楼与别墅区客房的装修标准及房价可能不尽相同，同一酒店的楼层不同，房价也会不同，只能具体问题具体分析。本案中的别墅区显然不是五星级标准，因而必须为旅游团调房。地陪要下主楼的 5 间房，解决了潮湿这个最大的问题，不让负面情绪发酵，处置正确果断。

（二）要求换房、加床、住单间

游客提出换房、加床、住单间等要求时，地陪了解原因后应立即通知地接社，由"房调"（负责向酒店订房的计调）指示如何操作。地陪不可自行操作，更不可向游客许诺。

1. 酒店房间明显不符合标准，应当立即为游客调换房间

不同等级的酒店客房有不同等级的设施、卫生标准，如果不符合酒店等级标准，有明显缺陷或瑕疵，或者房间不洁，导游应要求酒店或予以调换房间或予以积极进行清洁。问题严重时，全陪、地陪应立即向各自旅行社汇报。

2. 因个人原因要求调换房间

在分房前导游应提前了解游客的需求，以便地陪提前给酒店打电话，尽量予以满足。如果旅游团已经入住，游客提出调换要求，导游仍要请酒店帮助为其调换。如果酒店当时没有所要求的房型，一般由酒店次日给予调换。全陪或领队一般不在当晚帮助游客在本团内部调换，以免影响其他游客休息。而且晚间匆忙，换房还容易遗忘物品，曾有游客给他人腾房而丢失了贵重物品，如果是导游安排的换房，必遭到埋怨以致投诉。

（1）游客要求住宿特殊朝向的房间（海景房、湖景房、山景房等），特殊观景楼层，豪华双标间、豪华套房等，甚至要求住无烟楼层、无烟房间。导游应尽量满足游客要求，积极为游客办理，产生额外费用时由游客自行承担房费差价。

在旅游旺季，条件优越的客房非常缺乏，"一房难求"，游客可能会埋怨旅行社及导游为何不提前介绍最棒的客房，以便提早预订。地陪应积极与酒店联系，争取在次日订上。实在无望时，地陪应客观地讲明情况，请游客理解。

（2）夫妻游客对于大床房或双标间的要求。夫妻带有儿童，如分得双人标准间（独立两张床）会提出要求更换为大床房（独立一张大床），以便安排儿童。有的夫妇习惯于双床的标准间，若分得大床房也会提出调换要求。

大床房、双标间的团队房价相同，导游应请酒店尽量给予照顾。

3. 要求加床

（1）儿童加床。游客在报名参团时，提出其儿童按不占床标准缴费。旅游团入住酒店后，由于"小孩"身高、体重的实际情况很难与其家长同睡一张床，于是游客提出加床要求。导游应向旅行社汇报，按照旅行社意见，加床费用或由游客现交，或向旅行社补交。

（2）游客加床。单男、单女希望与本团相熟识的游客同住三人间。如酒店无三人间，单男、单女提出在朋友的双标间加床，可满足要求；但要向游客说明：加床的尺寸会小于房间原床铺，舒适程度较差，且不退还差价。

有的游客由于希望在一起娱乐，如打牌，提出安排三人间。酒店无三人间，游客提出自愿加床，在不增加总床位数的情况下，如酒店可以安排，应尽量满足。

4. 要求住单间

旅行社往往会在旅游合同中注明：若住宿产生单人，或选择与其他同性游客同住一室，或补交一张床位费用自己单住。旅游团住宿出"单"时，导游在住宿前应征求游客的意见。

提出单住的单男或单女需向旅行社补交"单间差"费用，收费标准由旅行社决定。导游务必避免安排两位互不相识的单男（或单女）同住一间大床房，以防造成尴尬。

若因为不能忍受同室团友的生活习惯（如打鼾），或者有单住的生活习惯，要求住单间。酒店有空房可满足其要求，房费由提出者自理。空闲原床铺属其个人原因，不可能退还原床位费。

游客因与团友产生矛盾要求住单间，导游或领队可先在内部调换。如调换不成，酒店有空房时可满足其要求，房费由提出者自理。

（三）要求延长住宿时间

无论是入境旅游团还是国内旅游团，很少出现全团因主观原因延长酒店住宿时间的情况，旅游团如因客观原因而延长住宿，费用由旅行社与旅游团商议；因不可抗力旅游延长住宿，《旅游法》规定，费用由旅游者承担。

个别游客因客观原因（如生病）或主观原因（如探亲访友、继续参观游览等），要求延长酒店住宿。目前旅行社把延长住宿看作游客结束原旅游协议后与旅行社另行订立委托住宿的约定。

（四）要求退房

游客如有特殊情况提出不在酒店住宿，但仍参加旅游活动，导游需向旅行社汇报，由旅行社指示如何处理退房。

（五）游客需要了解酒店提供的其他服务项目

游客现在已经不仅仅需要酒店的一张床铺睡觉，而是把酒店作为一个休息的港湾，因而在入住前可能向导游提出些附加问题。地陪对于自己初次带团下榻的酒店一定要事先考察一下，了解酒店提供的附属服务项目：上网服务（宽带或无线），游泳池、健身房、棋牌室的开放时间及收费标准，酒店早餐的开放时间（最早、最晚供应时间），客房内迷你吧及其他付费物品收费标准，酒店是否提供洗衣服务（长线团的外国游客很关注），外币兑换业务，邮局业务，电视是否有卫星收费频道，以及其他收费服务项目。

 情景再现

要求调换市中心的酒店

地陪郭佳颖22点从北京西站接到旅游团，该团下榻在北京四环与三环交界处的某四星级酒店。到达酒店后，地陪向旅游团宣布明早八点叫早，八点半报房号用早餐，九点出发。酒店从六点就开始供应早餐，起床早的朋友可以先用早餐。

前台很快办好入住手续，地陪把所有房间钥匙交给全陪，请他分发。但是客人并没前来领取钥匙。一位大叔对地陪小郭说："叫俺们住在这么远的酒店，北京市中心就没有饭店了？几年前我参加旅游团就住在市中心的某某酒店，你们为啥不安排住那个酒店？把我们骗到这个地方来！"大叔认为北京四星级的酒店应该和他们家乡一样，处于市中心的繁华路段，心中怀疑旅行社甚至是导游骗了他们。

郭导说："叔叔，您先消消气，如果是旅行社有错误，我们一定改正。您能让我看看您的旅游协议吗？"大叔没好气地说："没带！"有个青年说他带了。小郭看后对大家说："你们家乡的组团社已经在协议书中标明了我们这个四星级酒店的名称，还标注了酒店地址、电话、网站。这个酒店是新建的，设施很好，自助早餐特别丰富，大家看到刚才两个入境旅游团已经入住了，大家一定会喜欢这个酒店的。您住在市中心也没有很多时间逛街，而目前市中心的四星级酒店价位会很高。"大叔说："导游，你以为我没钱啊？我今晚就不住这个酒店，换好酒店！"小郭说："叔叔，这么晚了，您先住下，如果实在要换，明天我们再换好吗？"其他客人也不再理会这个大叔，纷纷去全陪那里领钥匙登房号。但是大叔固执地不让他身边的几个人去领钥匙，坚决要换酒店。随后他带来的员工说："导游，今晚我们先凑合住，明早六点半陪我们一块去看看老板说的酒店吧！"地陪完全可以让游客自己去看房、订房，但是想到明天早上不会堵车，不会影响早餐服务，就愉快地答应了。

第二天导游准时来到酒店，那个大叔正带着工人吃早餐。一行人打车很快来到大叔心仪的酒店，一打听房价，他们就不想看房了。小郭带领他们看了看早餐，尚不如所住酒店的早餐丰富。打车回酒店，路上大叔讪讪地说："我就是想让跟着我来的工人享福。"郭导说："大叔您这样关怀自己厂的工人，我深受感动。预祝您和全团北京旅游顺利、愉快！"

【解析】住宿要以旅游协议为依据。组团社明确标注了酒店等级、地址，以便顺利完成入住程序。个别游客因不了解协议而提出个别要求，地陪客气地讲明了事实和道理，争取到大多数游客的支持。地陪牺牲了自己的休息时间，尽力满足游客的高标准住宿要求，以实际行动感动了游客，因而全团旅游顺利。旅游团如欲更换酒店，需由旅行社进行操作，但是导游要把事情处理得当，配合好旅行社，安抚游客。

任务四　核对旅游日程

《导游服务规范》要求："地陪导游员应认真核实旅游行程，行程宜以组团社的为准。如遇现场难以解决的问题，应及时请示组团社。"核对、商定日程是旅游团抵达后的重要程序。地陪在接到旅游团后，应尽快与领队和全陪进行这项工作。

一、核对商定日程的必要性

地陪在接受旅行社下达的接待任务时，旅行社的计调部门已将该团的参观游览内容明确规定在旅游协议书上，并已安排好该团的活动日程，其中包括：每天上午、下午去参观哪个游览景点，午餐、晚餐安排在哪家餐厅用餐，晚间活动的内容，等等。即便如此，地陪也必须与领队和全陪进行核对，商定日程的工作（若无领队和全陪，地陪应与全体游客进行这项工作）。

地陪必须认识到，游客提前支付了一笔费用参加旅游团，也就是购买了旅行社产品，作为消费者有权审查产品是否合格。日程安排是旅行社产品的一个重要部分，因此他们有权审核该团的活动计划和具体安排，也有权提出修改意见。导游员与游客商定日程，既是对游客的尊重，也是一种礼遇。

某些专业旅游团除参观游览活动外，还有其他特定的任务（如参观企业、学校、幼儿园、社区等），因此商定日程显得更为重要。

缩短行程的超常服务

时值杭州美丽的8月，从事导游工作多年的老张前往机场接待一个由18名美籍华人组成的团队。这些老年人都是专门慕名来"天堂"游的，但是行程却不知道为何安排得如此紧张，按计划团队是当天上午9：30从上一站抵达杭州，次日上午10：00即飞往另一个城市。可因为天气原因，当飞机抵达杭州时已是当天下午的4：00，这可真是雪上加霜。当老张接到游客时，他们个个拉长了脸，议论纷纷，有责怪航空公司的，有提出更改行程的，还有斥骂领队航班安排不妥的。领队是个年轻的小伙子，他一声不吭，满脸的不高兴。这一切老张都看在了眼里，经过和领队沟通，果然证实了他的猜测：因为航班的延误，游客们大为不满，因为杭州是他们此行最重要的一站。遇到了这样的事情，领队也是束手无策，他已经听够了游客的抱怨声。老张向领队提出了自己的应变措施，并征求领队的意见。领队听了，连声道谢，黯淡的眼神一下明亮起来。上了旅游车，老张简短地致了欢迎辞后，说："各位朋友，此次能来杭州观光旅游，是你们的福分，也是杭州的骄傲。虽然因天气原因延误了各位在杭州的观光，但是请大家放心，我已经和领队协商过了，我们将挽回各位的损失，使各位在杭州不但不虚此行，反而更锦上添花。"这时，只见这些失望的老人们全神贯注地注视着老张，充满了疑问和期望。老张接着说："我把我们的行程安排告诉大家，同时也想听一听大家还有没有更好的建议，当然也需要大家的配合。为了节省时间，现在我们的旅游车直接驶往岳王庙，去瞻仰家喻户晓的民族英雄岳飞；晚餐后，我们去夜游西湖，大家可以一边品尝天下闻名的西湖龙井，一边领略夜色下的西湖神韵；游完西湖，我们再去逛杭州的夜市，大家可以在夜市上选购一些杭州的土特产；明天早上6：00，各位带上我们特地让饭店准备的精美便当，到灵隐寺去体会佛国的静谧幽寂。"老张还没有讲完，车厢里已经响起了热烈的掌声……

【解析】老张所接待的这个旅游团游客年事已高，他们都是仰慕杭州之名而来，如果留下遗憾，有的游客可能再也不会来了，确实是一趟"珍贵"的旅行。

依照该团的行程下午抵达，次日上午10点启程，如果按照常规去提供服务，那么这些游客只能在杭州睡上一觉，最多也只能游览一个小时的景点而已。然而老张想游客之所想，急游客之所急，不怕辛苦和劳累，凭借多年的工作经验，热情周到地提供了一次超常规的服务，赢得了游客的尊重，赢得了领队的赞许，可谓优秀导游员的表率。

二、核对日程的原则

（一）尽早核对日程

在旅游团抵达后，地陪应抓紧时间尽早进行核对、商定日程的工作，这表明两国（地）导游之间友好合作的开始，所以地陪与全陪、领队核定日程是一项很重要的工作。如果旅游团没有全陪、领队，地陪就需与旅游团核定活动日程。如果行程计划的个别项目或者接待标准有不同，一经发现，地陪、全陪应向各自的旅行社请示，以便及早调整。如果疏忽了尽早核定日程这一程序，在行程中才发现计划有所不同，常常已经难以补救或更正。

 情景再现

跟着感觉走行程

来自广东省的某旅游团中午抵京，午餐后游览香山。客人们觉得地陪马英豪和全陪刘小姐服务很好，小马热情地在双清别墅为大家照相。在回宾馆的车上，一位游客说："组团社介绍说在香山可以拜谒孙中山先生衣冠冢，怎么没有看到啊？"地陪小马的行程中没有碧云寺，全陪赶紧拿出行程一看，上面写着：香山（碧云寺）。全陪不知道碧云寺是要单买票的，她知道不能弥补了，立刻实事求是地向旅游团承认错误。那位提问题的游客说："没关系，不要在意啊！我们离中山市很近，能看到中山先生的故居。"

按说经过这个事故，地陪、全陪应该好好核对一下日程了，但是两人好像喝醉了酒一直迷迷糊糊的。行程上写着"外观国家大剧院"，地陪和全陪都认为是"参观"。买了团体票带旅游团进去参观。一位游客在晚餐时对地陪说，"报名参团时没有说让我们参观国家大剧院，你们真好，让我们参观了，但是门票我们应该付钱啊！"

【解析】有的导游经常犯低级错误，原因之一就是不注意核对行程，而把注意力放在其他方面。如果导游每天带团前再看一下行程，就不大会产生疏忽、遗漏、错误。

（二）核对日程要依托行程单

1. 行程单是依据

组团社与地接社核定的旅游行程不仅是两社间的契约，而且是与游客的约定，具有合同的性质，是整个旅游活动的依据。

2. 保证重点游览项目

旅游团的行程时常受天气等客观因素的影响，为了让旅游团满意，一定要优先安排游客心中最向往的景点。在 2008 年奥运会结束后，游客宁可把明十三陵的定陵舍去，也不会舍去鸟巢、水立方。有些景观、表演节目以及旅游服务设施不是全天候开放。比如，毛主席纪念堂 11 点半就不接待瞻仰了，故宫、国家博物馆、首都博物馆、国家图书馆等场馆星期一不开放，下大雪、下大雨、刮大风无法乘坐缆车、索道、游船。重点游览项目一定要抓紧走团，争取在最佳的条件下进行游览。

3. 前紧后松

旅游的第一天游客非常兴奋，行程要紧凑，不可松弛。最后两天要轻松些，因为游客的心气降低了，身体也逐渐劳累了。行程宽松下来能够应付突然变故，如天气变化、交通拥堵等。

（三）注意场合

核对行程时不要在人多杂乱的地方，不要当着游客的面，不要请司机参与。如果团队抵达后直接去游览景点，核对商定团队行程的时间、地点一般可选择在机场或行车途中；如果团队是先前往饭店的，一般可选择在饭店入住手续安排好后的一个时间，地点宜在公共场所，如饭店大堂等。

三、在核对日程中如何处理不同之处

地陪与全陪、领队手中的行程计划有出入，应视不同情况合理处理。

（一）不涉及费用

有的不同之处不涉及费用，只涉及时间安排或者游览次序，这些属于微调，根据行程、时间、行车路线许可尽量安排，令游客满意。

（二）涉及费用

涉及费用的含义是指：门票、餐饮标准、住宿标准、汽车行驶公里数、特殊停车费用、司机与导游超出行程规定的范围进行服务（如增加千古马颂演出等）、超出正常工作时间服务等。

涉及费用分两种情况：一种是包含费用与否。如园中园门票、游乐项目、景区内交通工具费用（电瓶车、环保车）是含在行程之中，还是游客自理，组团社与地接社的行程计划有所不同或者不清晰。另一种是费用的标准不同，特别是自费景点、自费节目、自费风味餐，组团社标注的价格与地接社执行的价格不同。例如自费观看《千古马颂》演出，组团社在行程中标注为300元/人，地接社可能为280元/人。

在这种情况下，地陪、全陪都要及时向各自的旅行社汇报，然后听从两社协商意见，而不宜自作主张。

 案例分析

导游员的游览计划和领队的有出入

小张担任一家东南亚旅游团的地陪。旅游团到了饭店后，小张就和领队核对日程安排。在核对过程中，小张发现领队手中计划表上的游览点与自己接待任务书上所确定的游览景点不一致，领队的计划表上多了两个景点，且领队坚持要按他手上的计划表来安排行程。为了让领队和游客没有意见，小张答应了。在游览结束后，领队和游客较满意，但小张回旅行社报账时却被经理狠狠地批评了一顿，并被责令赔偿这两个景点的门票费用。

【解析】之所以出现旅行社所下达任务单上的游览景点与游客手中计划书上的景点不符这种情况，基本上有两种原因：一是双方在洽谈过程中发生误会；二是对方旅行社为掩盖其克扣游客费用而采取"瞒天过海"的手段。导游员碰到这类问题时，必须弄清真相，不然，会给旅行社带来损失，或者会导致游客有意见。本案例中，导游员小张就是因自作主张随意答应了游客的要求，结果导致旅行社利益受损，吃力不讨好。

导游员碰到这类问题，处理的步骤是：第一，应及时与旅行社联系，请旅行社负责人指示应按哪份计划实施接待，如确认按我方旅行社计划单上所规定景点游览，则除了重点游览、讲解规定景点外，应尽量能让游客看到没有安排的那些景点，并做必要的指点、讲解；第二，如果游客愿意自费游览不能安排的景点，再另外收取费用。

（三）领队或全陪在旅游团抵达后提出修改行程

《旅游法》第六十九条规定："旅行社应当按照包价旅游合同的约定履行义务，不得擅自变更旅游行程安排。"如果领队或全陪提出要修改行程，地陪请其向组团社汇报。由于全陪和领队是组团社的代表，提出的修改意见不论是否有道理，地陪都不应当面断然拒绝。

按照两社协商一致的意见，由领队或全陪向全体游客说明修改行程的原因以及价格变化、时间安排。如需游客补交费用，由领队或全陪出面请全体游客签字（一式两份），收取相关费用后交给地陪。

（四）游客提出修改行程

《旅游法》第七十三条规定："旅游者请求变更旅游行程安排，因此增加的费用由旅游者承担，减少的费用退还旅游者。"

如果绝大多数游客提出修改行程，增加或减少参观游览项目或提高接待标准，由全陪向国内组团社汇报，组团社与地接社协商。按照两社协商一致的意见，向游客说明费用问题及时间安排。

如果个别游客提出修改行程，导游需耐心向其解释、说明原因，旅游行程不仅是两社间的契约，而且是与游客的约定，具有合同的性质，是整个旅游活动的依据。

 案例分析

地陪微调行程乐坏了游客与司机

地陪卢阳接待一个马来西亚华人旅游团（北京四晚五日），旅游团19点落地，在机场附近用晚餐。用餐时地陪卢阳对领队说："耽误会儿您休息，想和您尽快核实、商定一下行程。"领队与他核对后没有一项不同之处。不过卢阳提出一个建议："明天我们的行程上午是天安门广场及故宫，下午是王府井步行街和小吃一条街。各位游客都是教师，他们对逛王府井大街可能不会特别有兴趣。我提议，明天上午增加安排国家大剧院外观、参观国家博物馆，不去原定餐厅用午餐了，改在广场东侧的'东来顺'用午餐，下午参观故宫。至于王府井游览，因为我们住在北京国际艺苑皇冠假日饭店，距离王府井大街步行仅仅5分钟路程，每天晚上都可以去，行程就不安排了。"领队先生说："太好了，我来北京十次都没有去过国博。我马上和游客商洽一下。"当领队一宣布新的行程计划时，热烈的掌声顿时响起。卢阳看司机也笑得特开心，因为司机师傅明天把团送到广场后就可以休息了，下午再把团送回酒店就OK了。

【解析】地陪把行程与游客的职业紧密地联系在一起，增加参观国博，积极宣传中华文化，最大限度地利用时间，从而不让司机师傅多跑路。在不提高餐标的情况下将团餐换成风味餐，必然受到旅游团的一致赞扬。

情景再现

地陪和全陪核对商定行程安排

地陪：你觉得怎么样？

全陪：一切都很好，只有一个小建议。在本地的最后一天，我们能否乘坐飞机离开西安去北京，而不是坐火车，这样能使我们在北京多待一天。如果能有这多余的一天在北京逛街购物，我的团员们将会非常感激。

地陪：这将涉及航空公司、下一站的接待和旅行费用等问题。我得跟有关方面联系一下，看是否有可能解决。

全陪：费用我们将按规定支付。

地陪：请稍等一下。

全陪：谢谢！

（地陪给旅行社打电话）

地陪：好了，他们说能解决。

全陪：好，谢谢。我们来算一下费用吧！

任务五 参观游览服务

参观游览活动是旅游产品消费的主要内容，是游客期望的旅游活动的核心部分，也是导游服务工作的中心环节。因此，参观游览过程中的地陪服务，应努力使旅游团（者）参观游览全过程安全顺利，应使游客详细了解参观游览对象的特色、历史背景等及其他感兴趣的问题。地陪在带团参观游览前要认真准备、精心安排；在参观游览过程中要热情服务、生动讲解，并随时注意游客的安全。

一、参观游览服务程序

参观游览服务的工作内容主要包括：

图 3-1 参观游览服务程序

（一）出发前的服务

1. 提前到达出发地点

出发前，地陪应提前 10 分钟到达集合地点，并督促司机做好出发前的各项准备工作。地陪提前到达的作用：首先，这是导游员工作负责任的表现，会给游客留下很好的第一印象；其次，地陪可利用这段时间礼貌地招呼早到的游客，听取游客的意见和要求；最后，在时间上留有余地，以身作则遵守时间，应对紧急突发事件，提前做好出发前的各项准备工作。

2. 核实实到人数

若发现有游客未到，地陪应向全陪、领队或其他游客问明原因，并设法及时找到；若有的游客愿意留在饭店或不随团活动，地陪要问清情况并妥善安排，必要时报告饭店有关部门。

3. 落实当天用餐

地陪要提前落实旅游团当天的用餐；对午餐和晚餐的用餐地点、时间、人数、标准、特殊要求逐一核实并确认。

4. 提醒注意事项

出发前，地陪应向游客预报当日的天气、游览景点的特点、行走路线的长短等情况，必要时提醒游客带好衣服雨具，换上舒适方便的鞋。这些看起来是小事，但会使游客感到地陪服务的周到细致，也可以减少或避免游客生病、扭伤、摔伤等问题的发生。

5. 准时集合登车

早餐时向游客问候，提醒集合时间和地点，游客陆续到达后，清点实到人数并请游客及时上车。此时，地陪应站在车门一侧，一面招呼大家上车，一面扶助老弱者登车；开车前，要再次礼貌地清点人数，并检查游客的随身物品是否放置妥当，待所有游客坐稳后，示意司机开车。

（二）途中导游

1. 讲解姿势

（1）讲解方式。导游员讲解时，可采取两种讲解姿态：一种为站立讲解，另一种为坐姿讲解。站立讲解动作：打开靠板，身体靠在靠板上，双脚撑地，一手持话筒，一手抓住栏杆，保持身体平行；根据《中华人民共和国高速公路管理办法》规定，在高速公路上不能站立讲解，应采用坐姿讲解的方式，坐在导游座位上、系好安全带、一手持话筒。

为保障导游安全执业，原国家旅游局与交通运输部就设置导游专座事宜积极沟通协调，在 2016 年 4 月 11 日联合下发的《关于进一步规范导游专座等有关事宜的通知》（旅发〔2016〕51号）中指出，旅游客运车辆需设置导游专座。导游专座应设置在旅游客运车辆前乘客门侧第一排乘客座椅靠通道侧位置；旅游客运企业在旅游服务过程中，应配备印有"导游专座"字样的座套；旅行社制订团队旅游计划时，应根据车辆座位数和团队人数，统筹考虑，游客与导游总人数不得超过车辆核定乘员数。

图3-2　导游专座

（2）讲解仪态。

合乎礼仪。大型、中型旅游车导游讲解时应站着，面对游客，辅以手势，不得坐着。站姿自然文雅，男导游应两脚自然分开，与肩同宽；女导游拿话筒应右脚在前，站斜丁字步，手持话筒的姿势要符合礼仪标准。

表情自然，手势得当。体态语言在导游讲解中有一定的重要性。车上讲解时面部表情应自然和谐，常带笑容；手势运用要得当，不宜手舞足蹈、指天画地。另外，还要时时注意游客的反应。

（3）讲解声调。沿途讲解时，声音要悦耳。首先要检查话筒的声音是否失真。手执话筒时，轻轻放在嘴角下，注意话筒一定不要挡住口部。讲究的导游自备好话筒，噪耳的声音会使游客产生"厌听"。声音是导游的资产，是导游谋生的工具。

2. 讲解内容

（1）预报行程。①出发前重申当日活动。开车后，地陪要向游客重申当日活动安排（下午一上车仍要预报下午的行程安排），让游客心中明了即将开始的行程。包括参观景点的名称、途中所需时间、午晚餐的时间地点，以及购物、娱乐项目的计划安排等，视情况介绍当日国内外重要新闻。②返程沿途预报次日行程。每天晚上回酒店的车上预报第二天的行程，反复强调叫早、早餐、集合出发的时间，注意事项，以防游客（尤其是高龄老人）记错、忘记。③切勿忽略预报行程工作。导游上车后有时忙于接听电话，或者忙碌其他事情，或者在回程时与游客交流特别兴奋，容易忽略了预报行程与提醒注意事项，这些事情看似简单，但非常重要。

（2）沿途风光导游。前往景区时的沿途讲解与返回酒店的沿途讲解在内容选择上有所不同。①在前往景点的途中，地陪讲解以景为主，车外景观、地区历史沿革、历史名人、当地风土人情、景点的历史沿革与今日保护、发展情况以及回

答游客提出的问题。②返程讲解以事和人为主，车外景观、景区的深入讲解与补遗、与景区有关的名人逸闻轶事、活跃气氛的讲解。

（3）介绍游览景点。抵达景点前，地陪应向游客介绍该景点的简要概况，尤其是景点的历史价值和特色。讲解简明扼要，目的是满足游客事先想了解景点相关内容的心理，激发游客游览景点的欲望，也可节省到达景区地后的讲解时间。

（4）活跃气氛。如旅途较长可以讨论些游客感兴趣的国内外问题，或做主持人组织适当的娱乐活动等来活跃气氛。

3. 讲解技巧

最能让游客细细倾听的是导游在车上的讲解，能展现出导游的知识水平和技艺。导游在景区的主要任务是引导游客观景赏美，在景点大段地讲历史沿革和故事，等于浪费游客的欣赏时间。

（1）讲解与行程相关联。注意车上所讲内容与车外的景点、前去参观的景区、团队行程的活动紧密关联，没有目的的讲解就是废话，还不如休息。

（2）调整内容，变换风格。正确判断、观察游客的兴趣是在城市风光还是在人文历史，要不断调整讲解的内容、风格。

4. 沿途讲解注意事项

（1）沿途讲解时，车览街头景观一定要指到、讲到，力争与游客的目光同步。

（2）下车前收证，下车前收齐购优惠门票需要用的老年证、学生证、军官证、残疾证等，当着全陪的面数清证件数量。

（3）下车前提醒。①集合提醒。地陪要告知并提醒游客记住旅游车的车型、颜色标志、车号和停车地点、开车的时间，尤其是下车和上车不在同一地点时地陪更应提醒游客注意。②安全提醒。下车前提醒游客拿好自己的贵重物品，在景区周围不与游商小贩搭讪、不购买其商品，尤其要提醒客人小贩兜售时注意自己的财物安全。下车时提醒游客注意脚下是否有水、有冰、有台阶，游览路上是否有冰雪。

（三）景点导游讲解

1. 购买门票

（1）事先准备。地陪买门票前应准备好行程单、自己的导游证，一定要提前把成年人、老年人、儿童、军人、残疾人的人数计算好，而不要在售票窗口再问全陪或者查看游客名单。

景区对于享受免票、半价票、学生票有不同规定。有的景区只要有老年证或者够 60 岁就认定为老年人，有的景区规定 70 岁为老年人。

组团社可能对每位游客的收费都相同，一部分游客可以享受优惠票价或者免票，所优惠的费用有两种退还方式：①旅游团返回原地后组团社退费。②地接社规定由地陪在送团前退还优惠票价部分。地陪就需要提前把这些享受优惠票价、免票游客的姓名写在本子上，每进一个景点及时记录是否已享受优惠，否则退还票款时就容易出错误（地陪退费时需游客签字，否则地接社不予报账）。

（2）按规定购票。买票是一个很重要的环节，有的导游讲解、服务都很好，但常为买票的事情苦恼。买景点门票一定要按照地接社指令办理，不要自己想当然地进行处理，否则会导致退费、补费问题。景区、景点实行优惠票价或免费时，如何退费要请示地接社。因为退还差价是一个比较复杂的问题，不仅仅是地陪、游客、地接社的问题，还会牵涉组团社，所以导游不可自作主张。

 案例分析

优惠票引起的麻烦

A、B旅游团为中转团，导游小王与小刘带领该团前往一著名景点。A团中有5位老年人，小王在车上收齐了他们的身份证，买票时购买了老年人优惠票。回到酒店这几个老人请小王把节省下来的费用退给他们，小王说："我是签单购票，节省的钱归旅行社。"A团老人联合B团老人，同旅行社提出退费事宜。旅行社经理说："因为与组团社的协议是购买成人正常票，而且B团的老人没有购买优惠票，无法退还差价。"B团老人认为被漠视，可以让他们省钱而不为，待遇不公平。

后来旅行社为A团老人退了所优惠的部分，这几个老人认为旅行社退的差价不够。旅行社购买的是团购价，无法按照市价退差额。A团老人说："行程中景点的标价是门市价，你们收费团也是以市价计算的，必须按门市价退余费。"A、B旅游团的老人们都愤愤不平。王导看事情因小而大，愈演愈烈，于是自掏腰包给他们退了余费。幸亏次日早班机飞往南方，如果继续游览门票问题就很棘手了。

【解析】地陪想为地接社节约门票费用没有错误，但是应事先请示地接社，并有预后的准备。旅行社行程一般标注门市价，本意是让游客觉得参团划算。但是发生退费时，游客会认为应按门市价退。

2. 导览图前讲解

（1）景区游线讲解。在景点示意图前，地陪应讲明游览线路、所需时间、集合时间和地点等。

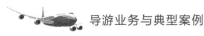

（2）游览注意事项。地陪还应向游客讲明游览参观过程中的注意事项，如果参观游览博物馆，要提醒游客不可去摸任何展品；如果参观游览寺院，要提醒游客参观寺院的礼俗，尤其是禁止对佛像拍照等。

（3）安全注意事项。提醒游客注意游览安全，不在没有护栏的湖边行走、不走不安全的路。告诉游客万一走失，请他问明景区工作人员此地是何处，最好请工作人员给地陪、全陪打电话，等待被接，而不要私自去找团队。

3.组织参观游览

抵达景点后，地陪的主要工作是带领本团游客沿着游览线路对所见景物进行精彩的导游讲解。《导游服务规范》要求："游览过程中，地陪应尽量使用生动、风趣，吐字清晰易懂，富有感染力的讲解语言，对景点作繁简适度的讲解，包括该景点的历史背景、特色、地位、价值等内容，使旅游者对景点的特色价值、风貌、背景等及旅游者感兴趣的其他问题有基本的了解。"

（1）严格执行计划。在景区内的游览过程中，地陪应严格执行旅游合同，掌握好游览线路、游览时间，防止紧张匆忙赶路，避免松懈无聊。保证在计划的时间与费用标准内，使游客能充分地游览、观赏；不得擅自缩短时间或克扣门票费用。

（2）掌握好行进速度。在游览过程中，地陪应做到三结合：讲解与引导游览相结合、适当集中与分散相结合以及劳逸结合。男女老少不同的游客都要照顾到，基本一个速度，不让年轻的感到磨蹭，不让年老的如同赶路，做到这一点很能显示导游的功力。可以把最关键的讲解让老年人听明白，不耽搁时间。把适于拍照的角度、富有新意、诗意的拍摄指给青年人，让他们多留影，然后去追赶老年人。

（3）精心恰切地导游讲解。在游客密集甚至拥堵的情况下，在适当场合进行恰切精练的讲解。为文化水平高的旅游团精心进行文化内涵深、知识面广泛的讲解。对于人数很少的旅游团可以进行互动式、聊天式讲解。

（4）深浅适宜、详略得当。讲解内容过于专业化或者肤浅皮毛，游客都会失去倾听的兴趣。讲解过于面面俱到，是对游客的聒噪，讲解浮光掠影一带而过是对游客的不尽心。

（5）关注游客的感受。游客的感受是导游讲解、导游服务的温度计。导游不是机器人，按下按钮就可按程序进行讲解。导游是一个非常具有人情味的服务者，一枝一叶总关情。游客咳嗽，问一下是否喝水；脚步慢了，问一声是否需要稍微休息一下；讲解时游客似懂非懂，就要更清晰、更简洁地再讲一下。

 **案例分析**

旅游团跟着别的导游走

2012 年 7 月底，由于导游急缺，地接社派英语导游李航接待一个 35 人的东南亚某国华人旅游团。接到旅游团后，李航在旅游车上发挥自己唱歌的特长，令客人非常高兴。

次日走行程，上午客人在故宫游览得很慢，下午李航带领这 35 个客人来到恭王府，他决定不请恭王府的专职导游讲解员，自己亲自讲，这样可以领着旅游团匆匆一转就完成任务了。他对园区内的路线不熟悉，边看路标边走，在王府西路和珅的住宅区几次迷路，进了花园区找不到"福字碑"的路径，急匆匆地转来转去，客人们明显察觉到在走冤枉路，开始抱怨。恭王府专职导游讲解得绘声绘色，游客纷纷开始跟着恭王府的专职导游走，旅游团分散了。李航无法把游客归拢在一起，结果在恭王府大门口集合队伍时就花了一个小时。下午的行程肯定完不成了。离京前几位客人这样写意见：导游与恭王府导游有天壤之别，他竟然找不到大戏楼。

【解析】在带领游客参观景区时，导游需要提前了解所去景区的线路、特点、价值等内容，否则将会给导游自己带来很大的麻烦。

4. 保证全团安全

（1）全团安全第一。在游览过程中，地陪应随时注意游客的安全，并随时提醒游客自己注意安全，要特别关照老弱病残的游客。

（2）进入景区后地陪带领团队游览，全陪断后。在讲解时，地陪应与全陪配合，注意观察游客的动向，要自始至终与游客在一起；在景区的每次移动都要与全陪和领队密切配合并随时清点人数，防止游客走失或意外事故的发生。

（3）走出景区大门前一定要确认全团到齐。

（四）参观活动

1. 做好安排落实工作

当安排旅游团到企业、学校、幼儿园参观时，地陪一般都应提前联系，做好落实工作。

2. **翻译或语言的传递工作**

在参观时，一般是先由主人做情况介绍，然后引导参观。在这时，地陪的主要任务是翻译或做语言信息的传递工作；但整个参观活动的时间安排宜短不宜长。外语导游员应注意在翻译的过程中，介绍者的言语若有不当之处应予以提醒，请其纠正后再译。如来不及可改译，但事后应说明，必要时还要把关，以免泄露有价值的经济情报。

（五）返程中的工作

从景点参观点返回饭店的途中，地陪可视具体情况做好工作。地陪要察言观色，根据实际情况进行返程时的讲解服务。返程时一些游客可能疲劳了，特别是老同志都在车上闭目养神，但是一部分青年人仍然兴致勃勃。

1. 回顾当天活动

地陪应在返程中，根据游客的实际状态，适时地安排一定时间的休息。然后与大家一起回顾当天参观游览的内容，尤其是那些精彩有趣、给人以深刻印象的瞬间；还可以回答游客的提问，对在参观游览中漏讲的内容进行补充讲解。

2. 适当补充景点讲解

许多知识点、有趣的故事，在景点没有充裕的讲解时间，最主要的是让游客游赏，在返程可以补充讲解。延伸景点的历史深度，讲述与景点有关的历史人物。

 情景再现

虎跑泉为何好喝

来到杭州有三项必须体验，如果没有体验这三项，就不算来到杭州。第一是玩，乘画舫游西湖。第二是吃，楼外楼饭庄吃东坡肉、西湖醋鱼。第三是喝，用虎跑泉沏龙井茶。

虎跑泉四周被大慈山、白鹤峰等山岭所包围，处于马蹄形的洼地。杭州每年雨水充沛，雨水和地表的河流、湖泊水经过一层层的石英砂岩过滤，渗入地下，形成了丰富的岩层泉水。

泉水沿岩层倾斜的方向水平运动，形成地下潜流，潜流遇到岩石阻挡，由横向运动变为向上的竖向运动，在沉积层较薄弱处夺地而出，形成天然涌泉。

每一分钟都在涌出的泉水新鲜清冽，酸碱度、矿物质含量都是最佳状态，因而喝起来口感好。人称虎跑泉、龙井茶为"西湖双绝"。

郭沫若曾为虎跑泉题诗"虎去泉犹在，客来茶甚香。名传天下二，影对水成三。"

3. 风光导游

如不从原路返回饭店，许多游客在回程时不顾疲劳，兴奋地观望窗外景色、街道两旁的建筑，地陪可边指引观看边对沿途风光进行导游讲解。

4. 宣布次日活动日程

地陪向游客介绍旅游团次日的活动安排，预报晚上或次日的活动日程、出发时间、集合地点等。当晚若无集体活动，要提醒游客自由活动注意安全，如要外出，最好结伴同行，谨记饭店的地址和电话号码，尽量乘出租车前往。不要太晚回饭店，以免影响次日的参观游览活动。

5. 做好下车时的服务

抵达饭店下车前，地陪要真诚感谢游客一天中对导游工作的支持与帮助，并表示对次日活动的信心与期待，还要提醒游客带好随身物品。下车时，地陪要先下车，站在车门一侧，照顾游客下车，再向他们告别。

6. 安排叫早服务

如旅游团需要叫早服务，地陪应在结束当天活动、离开饭店之前安排妥当。

二、参观游览服务游客个别要求的处理

（一）游览项目的个别要求

1. 游客要求自行游览

在景区、景点游览时，有个别游客希望着重游览自己心仪已久的景观；有的游客认为自己具有旅游经验、行动快捷，希望充分游览，因而提出要求自行游览。地陪首先应建议其随团游览，如果当时景区环境复杂，还要请全陪、领队及客人、亲友劝其随团游览。如游客坚持独自或和其亲友自行游览，地陪要向其指示游览路线，强调集合时间和地点，万一迷路如何处理，以便能够准时与团队会合，并叮嘱其注意人身、财物安全。

2. 游客要求参观景区内的小景点

旅游团的行程计划中一般不包含小景点的门票，而由游客自理。如果时间允许，旅游团内多数游客提出参观游览，地陪可以协助购票，并妥善安置少数不游览小景点的游客，与全团约定好集合时间。地陪引领大多数游客参观，并提供热情讲解。

个别游客提出自费参观游览景区内的小景点，在其能够准时与团队会合、安全责任自负、全陪同意的情况下，地陪按照游客自行游览处理。

旅游行程中如含有小景点门票，地陪理所当然要组织好参观游览。

3.游客要求乘坐景区内的游览车船

旅游行程中一般不含有缆车、索道、电瓶车、游船等费用，但是会标注出价格。如全团游客要求自费乘坐，在安全前提下可以满足其要求。如果只有一部分游客要求乘坐，在地陪和全陪可以分别照顾乘坐者和不乘坐者，两部分游客都能够准时会合的情况下，可以满足部分游客乘坐游览车船的要求。

如果旅游团中一部分游客要求乘坐缆车，另一部分要求乘坐滑车，缆车和滑车往往分别在两处，停车地点不同，请全陪或者有影响力的游客统一意见。

地陪带领散客团游览，面对不同国籍、不同地区的客人应该根据他们的旅游需求，说明景区内的游览车船设施。在旅游车上就要统一意见，否则下车后游客意见不一，会耽误游览时间，而游客自然会认为导游没有组织好。

一部分游客乘坐缆车（滑车），地陪要在旅游车上收好费用、记清姓名，并告知如何乘坐。

如个别游客因身体原因、趣味原因不参加乘坐活动，地陪应妥善安排，或请全陪陪同，或与该游客约好会合地点。

 案例分析

自费参观小景点、乘游船

一天下午，地陪程超带领旅游团来到北海北岸，旅游团参观了静心斋（俗称"乾隆花园"）、大慈真如宝殿（楠木殿）、九龙壁等景观。

程超在五龙亭向游客讲起金中都时金章宗在北海修建了大宁宫，"一池三山"皇家园林的格局，琼华岛上建有广寒殿，为琼华岛命名"琼岛春阴"。程超又讲述了北海元代时称"万岁山御苑"，明代称"西苑"，清代北海、中海和南海是北京著名的前三海，顺治皇帝在琼华岛广寒殿的基址上建了藏式白塔，站在白塔山上可以清楚地看到中南海。白塔山下永安桥的北面有一对石狮子，老北京流传着一句歇后语"永安寺的狮子——头朝里"，讽刺自私自利的人。

听了地陪的讲解，全体游客游兴顿起，纷纷要求自费前往琼华岛景区一游。下午的行程很轻松，游览完北海就是到和平门烤鸭店吃烤鸭了，时间又充裕，所以全陪及领队都同意全团自费游览琼华岛。在得到全陪、领队的同意后，程超向大家说明琼华岛白塔山景区的门票价格是 10 元，最快捷、最舒服的路径就是乘北海的大型游船，票价 5 元。全团游客乘船，龙舟缓缓地行驶在太液池，直达琼华岛北岸漪澜堂码头，著名的仿膳饭庄就在漪澜堂内。旅游团非常欣赏北海这座北京最古老的皇家园林。

【解析】在景区内，如果全团或者大多数人要求自费参观小景点，只要时间允许、景区不过分拥挤，地陪都应满足要求、热情服务、进行讲解。因为是在计划内的景区乘船，且龙舟安全系数高，在领队、全陪的同意下，地陪满足旅游团自费乘船的要求是对的，但乘船前要进行安全提示。

4. 要求参加景区内有危险的活动

有的景区内有蹦极、热气球、空中飞人、滑雪、快艇、真人 CS 等，少数青年游客血气方刚，要求参加。旅游计划内一般不标注、不建议此类项目。地陪如果劝阻游客，其会心情不悦。若同意，万一发生事故，游客肯定会向有关部门述说地陪、全陪都同意了，这样导游、旅行社都会负有一定责任。因此，如果游客执意参与，导游应向旅行社汇报；并请游客签字"责任自负，导游已作安全提示"的书面材料。活动前请其注意自己的人身、财物、证件的安全，并请其在约定的时间、地点与团队会合。

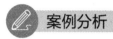 案例分析

要求在景区自费蹦极

地陪陈超"五一"节带领一个散客团游览远郊的飞龙峡。峡谷间的水库湖水深达数丈，极其清澈，旅游团乘大型电动船游湖。峡谷右侧有一蹦极高台，接二连三地有勇敢者蹦下，湖面的小船把蹦极者送到岸边。乘船的游客不时和山上观看蹦极的游客一起惊叫、欢呼。

旅游团登上湖边小岛观看盛开的桃花林，有两个青年团友带着三个中学生来找陈导，说他们五人要去蹦极。陈超说因为行程没有安排，蹦极有危险，自己担不起这个责任。这几个年轻人说："不用你负责，我们自己负责。"陈超心想虽然是游客要求自费进行蹦极，但万一出了问题，因为我同意了，旅行社还是要负连带责任。但如果我执意阻止，旅游团会说那么多人都蹦极，别的导游还挥舞着导游旗助兴，怎么你就不同意？于是地陪对要来蹦极的两位青年游客说："凡是旅游行程中没有的，游客要求自费参加的活动。都要写一张'导游已经警示安全，本人自愿参加、安全自负'的文字材料，带团旅游必须按章办事，请你们谅解。"同时，地陪导游提醒他们在购票时一定要买人身意外保险。陈导说："至于三位小弟弟，劝你们不要去了，如果要去必须由你们的家长带领。"

旅游团的游客都在蹦极台两侧观看这两个勇士蹦极，陈超随同团友们观看，时常提醒大家注意脚下安全。还给拍了一些蹦极时的照片，勇士们回到岛上，大

家欢迎的场面陈超也拍摄了下来。大家都说陈导对于蹦极处理稳妥得当，还给蹦极者拍了精美的照片。

【解析】旅游业的生命线是安全！没有安全一切都无从谈起。安全是旅游团的最大圆满，一切服从安全。在景区自费参加体育项目经常会有安全问题，导游应不提倡、不鼓励。如游客坚持要求参加，必须有游客的签字，写明"导游已经警示安全，本人自愿参加、安全自负"。

导游处理未成年人蹦极一事很得体，不损伤学生的情绪，令家长满意。提醒蹦极者现场购买人身意外保险，提请大家观看时注意安全，做法正确。

5. 要求减少参观游览景点，要求延长游览时间

有时因为天气非常寒冷或炎热，有时因为游客感到劳累，有时因为游客对参观游览项目缺乏兴趣，因而向导游提出减少参观景区内的景点，提前返回酒店。如果全团要求或者大多数游客达成一致意见，地陪可满足其要求。

有时因天气突变，飞雪飘絮、冰结如晶、倾盆大雨，或因为出现佳景奇境，如烟雨迷蒙、雾凇霜挂、云海翻卷、虹霁初开、祥瑞佛光、潮涌潮落、海市蜃楼，旅游团庆幸遇到了天赐奇景，因而流连忘返、忘却饥饿、忘却劳累，摄影摄像无比欢乐，人在画中游，人游画景动，于是向导游提出延长游览时间。导游应满足要求，可助兴不宜扫兴。此时导游的工作就是不断地提醒注意安全，协助游客。地陪及时告诉司机游客延长了游览时间。适当时机组织游客结束游览，抓紧时间回酒店休息。

6. 要求离队去参观其他景点

个别游客在参观完某个景点后提出离团自行去参观其他景点，这类游客多为具有旅游经验的游客，俗称"资深游者"。但是地陪一定要让游客先征得全陪及领队的同意，然后对其进行安全提示，讲清未享受的旅游费用的处理办法（三种方式：属于自愿放弃的不退费、退景点门票费、由组团社负责退费。导游要根据旅行社意见办理，一般情况下按自愿放弃处理）。

（二）讲解方面的个别要求

游客文化素养不同旅游情趣也不同，他们对于导游的讲解会有不同的要求。有的游客要求导游少讲，多些时间让他们自己观看，甚至坐在长椅、亭子内静静地欣赏；有的则要求多讲，山川美不美，全在导游的嘴；有的要求多讲些历史故事、帝后轶闻；也有个别游客要求讲些笑话或者唱几支歌曲，让大家开心。众口难调，导游讲解很难满足不同游客的需求。

地陪首先应分析游客为何对导游讲解提出要求，反思自己的讲解是否真切、

生动、灵活。导游讲解的灵魂在于让游客在轻松的气氛中获得身心愉悦。导游讲解成功，游客会感到获得了美感享受、知识享受、大自然享受等。导游讲解需因人制宜、因时制宜、因地制宜。

导游讲解则在有真知灼见、出语不凡，令游客耳目一新。导游讲解妙在灵活机智、富于变化，令游客赏心悦目。导游讲解神在能够画龙点睛、令人深思。

不过有的景区、景点本是世界遗产名录中的文化遗产，很难讲解得雅俗共赏、亦庄亦谐。导游不可为了适应个别游客的要求，而讲解情调不高甚至讲些庸俗的故事、笑话。唱歌不是导游讲解，只是导游讲解的辅助。

（三）如何应答游客提问

1. 具体问题

游客可能会问非常具体的问题，如某字的读音、某题额的含义、皇帝的年号啥意思、他的名字叫什么、某皇帝有几个儿女、皇帝几点睡觉、睡觉前干什么，紫禁城前朝三大殿如果没有活动太监还每天打扫卫生吗，后廷皇帝的寝宫身边有宫女服务吗，给嫔妃服务的太监宫女们怎么分工等。对游客的提问导游可择其有代表性的回答，如果有时间也可以一一作答。

游客可以随意而问，导游却不可以漫不经心随意乱答或者置之不理。导游的不经意，会被游客认为是漠视。

2. 高难度问题

游客提出高难度问题，不可以忽略，不可以指鹿为马。有些游客从内心认为地陪就是景点的专家，真的希望和导游探讨学问。有的游客把导游当"市长"，愿意一起探讨社会问题，因而提出了高难度问题。比如游客说首都就是首堵，怎么解决北京市的道路通畅问题？故宫在黄金周日游客总量十万余，如何解决拥堵的问题，能提早开门晚些关门吗？又如，光绪的家人为何不能在他病重的时候服侍左右，避免慈禧下毒？

个别游客喜欢显示学问，或者把刁难住他人看作自己的乐趣。游客习惯把青年导游叫小导游，越是小导游问得越专业："明朝就叫华表吗？"（擎天柱）"圣号碑与圣德碑是一样尺寸吗？""元世祖忽必烈为何以琼华岛为中心兴建皇城？在太液池西岸皇后的隆福宫、皇太子的兴圣宫与东岸皇帝的大明宫（朝会）、延春阁（寝殿）形成三足鼎立之势，这是什么原因？"等。

有些游客提出根本让人无法回答的问题，历史上没有任何记载，导游就要实事求是地回答不知道，最好能真诚地请提问题的游客发表看法。一般爱提怪问题的游客往往喜欢夸夸其谈，导游千万不要与之比学问、论真伪，否则可能争论不休，继而导致双方情绪不佳。

对于游客认真的发问，导游不能装作忘记了，必须实事求是，当天晚上就上网或者请教导游师傅，次日或者他日给游客一个答复。千万不可以糊弄、胡蒙游客，凡是瞎说、胡说的导游都没有进步空间。知识缺乏是正常事，不懂装懂堪可笑。

3. 反复提问

有的游客不断重复已经问过的问题，导游仍要认真解答，最忌讳说："这个事我已经讲过了，你怎么没注意听啊？好吧，我再讲一遍，这次你可听好了！"

游客可以絮絮叨叨重复问同样一个问题，但是导游不可以不耐烦，一定要认真解答。

有的游客喜欢问"十万个为什么、是什么"，如不论四季、不论地点见到一种树就问：这是什么树？树龄多少年了？这么粗怎么还挂绿牌？（一百年以上三百年以下的古树挂绿牌）皇上喜欢吗？这是什么花？几月开花？啥色的？花香吗？看见一条河就问：河水上游在哪？清朝时河上有多少座桥？对这些问题，导游不必过于认真，他随口而问，在问了几个问题之后，导游可以即兴而答。通常，这些游客是用提问和对方聊天的。

回答游客提问，是客导之间感情交流、知识交流的机会，是导游知识水平的展示，更是导游服务态度的体现。

三、应对突发事件

（一）应对游客迟到

任何一个旅游团总有迟到的游客，而且每次迟到都是这几个人。无论导游怎样强调准时集合，游客总因自己尽兴游览而姗姗来迟，面对总是迟到而且不以为然的游客，任何一个导游都会很着急。迟到是一件非常让导游头疼的事情，处理起来要掌握好分寸。尽管游客一再不遵守集合时间，尽管其他游客都在说些激烈的批评话语，导游也不可以说错话，不可以表现出烦躁、急躁。

1. 立即积极联系

地陪要第一时间与迟到游客电话联络，催游客尽快前往集合地点。若不打电话，别的游客会认为你就是没有进行催促工作。

2. 耐心等待

导游切不可以说："已经等待了15分钟，我们开车，让他自己回宾馆。"如果迟到者在自行返回酒店时，出了人身、财物安全事故，则属于旅游重大事故。如果是单位的旅游团，带队领导不说开车就要一直耐心等待。

3. 正面劝导

在等待时，导游不能说过头的话、气话。万万不可讥讽迟到的游客。迟到者上车后，导游不要带头鼓掌，或者说"热烈欢迎"等词语进行讥讽。如果迟到者的心理素质特别好，就不会迟到了，话语稍重他都可能立刻翻脸，把迟到的原因归咎于导游。这样，整个和谐、愉快的旅游氛围有可能被迟到者的吵闹一扫而空。导游的沉默无语、没有任何表情，就是对迟到者最深刻的批评。或者，导游不对游客进行正面、直接的说服，而采用间接、迂回式劝服或旁敲侧击的方式进行劝说。

4. 郑重提醒守时

每次下车前郑重、明确提醒集合时间。向游客说明迟到会影响后面的行程，完不成游览计划，后果严重，导游担不起这个责任。与旅游团商定过了集合时间多少分钟就不再等待，请其打车追上旅游团。

5. 适当加快游览速度，以弥补时间

以最精悍的导游讲解，把因为个别人迟到的时间弥补回来。

（二）遇到天气突变

在旅游行程中经常会遇到突然的大雾、大雨、大雪、大风等恶劣天气，导游需要相应处理。

1. 调整行程

如果预知就要做好调整行程的预案，向游客说明情况，或调整日期或调整上下午时间。早上浓雾弥漫，如果登八达岭长城（行话叫上山），一片雾霾，游客无法欣赏长城的壮观，可先游览鸟巢、水立方，然后游览定陵，待午餐后登长城。

下大雪时，要留给南方客人、爱好摄影客人充足的游览时间，因为大雪的经历会使他终生难忘。

在复杂的情况下，游览了主要景观，进行了简短精彩的导游讲解，完成了全部行程，保证了游客安全，就是旅游团和导游的成功。

2. 增添衣物，防止生病

游览重要，身体更重要，因此要提醒游客不能怕麻烦，不能只要风度、不要温度。

3. 调整游览节奏，强调注意安全

在天气突然变坏时，游客自然没有情绪赏景，而希望早些用餐回酒店休息，所以加快游览速度。如多数游客希望提前结束游览，完全可以。有的景点虽然没有看到，下次可以再来，如果出了安全事故或者游客生病了，还不如不游。

在躲避风雨雷电、沙尘暴甚至冰雹时，应强调不要乱跑、不要使用手机（避免引雷），嘱咐游客注意安全。

（三）遇到严重交通拥堵

首先，导游应劝慰游客，并进行解释。其次，导游应下车了解拥堵状况，并用恰当的语言告知游客，但为安全起见尽量不要让游客下车去观看拥堵状况。最后，组织游客进行娱乐活动，如打牌、讲故事。

（四）节假日景区内游人高度密集

1.错开高峰时段

（1）避开高峰期。早出发，早用午餐，还可以反向游览。例如，游览颐和园从北门如意门入、东宫门出；或者从新建宫门入，乘游船抵达石舫，再从东宫门出。游览定陵直接从宝顶上的小路走到地宫入口，然后从地宫出口开始，依次讲解明楼、石五供、棱恩殿、棱恩门，参观定陵博物馆。

（2）灵活应变。采用灵活的方式，如乘坐缆车直接就上到八达岭长城北八楼，这样可以提早下来，错开高峰时段，回程也会顺畅无阻。

2.避开景区内市民娱乐聚集区域

每逢节假日，景区内都会有一些表演。不仅游客就连导游也非常感兴趣，从等待表演开始到结束，乃至旅游团全部集合好至少要一个小时，这样很可能给后面的旅游行程造成困难。但是游客兴之所至，作为导游要尽力满足游客需求。一些游客，尤其是入境旅游团对于市民在公园内合唱、唱戏、踢毽、打太极拳、跳广场舞等活动都非常感兴趣，即使导游员一再催促，仍然依依不舍，不肯前行。因此，在游览时尽量远离这些活动，如从天坛东门停车场进园后，就直奔七星石，长廊内市民的歌声与叫好声真可谓声震云天，太吸引人了。从长廊外面仍可感受到北京市民的愉快生活。

3.游览线路经典，导游讲解精辟

游览的线路要最经典、最直接，千万不要一看人多就走偏僻路线。游客没有看到重要的景观，轻者投诉，重者重游！导游讲解要精练、精辟，不要讲解花边、花絮及太多背景材料。

4.再三强调跟紧队伍，及时查看人数

越是人多拥挤就越容易走失游客，而且寻找起来非常困难。人声鼎沸，公园的寻人广播根本听不清，手机有可能都没有信号。近在咫尺也许谁也看不见谁，导致擦肩而过、失之交臂、寻来寻去、不见踪影。导游一定要再三提醒游客紧跟队伍，走过一个大景点就让全陪点一次人数，以免走丢。发现少人，马上寻找。

（五）游客遗失物品

遗失事故不仅给游客带来经济损失，又影响游客的情绪，还会给游客的旅游活动带来诸多不便。当游客物品遗失，首先，尽快、尽量帮其到原处寻找。其

次，请求景区、公安部门帮助。最后，导游要安慰游客，安抚游客情绪。

如果入境团客人丢失海关申报过的贵重物品、国外办理了财产保险的物品、海关的行李物品申报单，应立即向公安部门报案、向旅行社汇报。然后，由地接社派人协助游客取得相关证明后进行申报（地陪没有时间处理）。

如果游客丢失银联卡、信用卡，请游客尽快、就近办理挂失手续。

如果丢失身份证件，立即向旅行社汇报。在旅行社的协助下，游客到公安部门报案挂失及领取临时身份证件。

 案例分析

手机找到了

地陪朱辉带领一个甘肃省来的旅游团，在颐和园内游玩，游客十分兴奋。从北如意门出来还没走到停车场，突然游客小田喊道："我的手机丢了。"其他游客说："赶快打一下，看还通不？"朱辉马上阻止："不能打他的手机，手机一响，就很难找到了。"朱辉问："你想想，最后一次用手机在哪儿？你估计丢哪儿了？"小田说："我坐在长廊第一个亭子外面的草地里照相了，可能手机从裤兜里滑出去了。"朱辉让全陪带着大家去停车场上车等待，他和小田奔跑着进园去找。果然，在寄澜亭外的草地里找到了手机。回到车上，朱辉说："小田很会照相，半躺半卧在绿油油的草地上，背景是佛香阁、万寿山，真是摄影佳作。但是小草对他有意见，都像你这样践踏我，我就枯黄了，小田哥啊，我就让你的手机留在万寿山脚下的草地上吧。"全车的人，包括小田都笑了。

【解析】地陪生活经验丰富，因而能够迅速帮助游客找到手机。地陪用拟人的手法，提醒游客爱护公园一草一木，效果良好。

（六）遭遇交通事故

现在的交通是你不违章，别人违章。尽管旅游车师傅再三小心、一再注意，有时仍会被别的车剐蹭甚至撞上，从而发生交通事故。

大多交通事故并非发生在狭窄的道路、盘山公路上，而是发生在宽敞的路面上，主要原因是有的司机一边超速开英雄车，一边连续超车，事故就发生在几秒之内。

有时也因司机不好好休息，开车困倦，一不留神、一打盹，甚至接一个电话都会酿成事故、灾祸。导游一定要再三提醒司机注意安全。

万一发生了交通事故，一定要沉着冷静。司机师傅主要负责处理事故，导游主要负责照顾好游客，配合、协助司机处理，并不时安慰他。主要步骤如下：

①立即协助司机向公安交通部门报案，导游向旅行社汇报。②拍下事故照片，留好证据。③稳定旅游团情绪。④保护游客安全。⑤由旅行社指挥如何继续旅游行程。⑥安慰、劝慰司机，请其冷静地配合公安交通部门处理事故。

任务六　旅游生活服务

游客出门旅游，游固然是最主要的内容，但旅游生活服务即食、购、娱等项目恰到好处的安排，能使旅游活动变得丰富多彩，加深游客对旅游地的印象。因此，在安排旅游生活服务（食、购、娱等）时，地陪同样应该尽心尽力，提供令游客满意的服务。

一、餐饮服务

（一）计划内的团队便餐

地陪要提前按照接待社的安排落实本团当天的用餐，对午餐和晚餐的用餐地点、时间、人数标准、特殊要求与供餐单位逐一核实并确认。

用餐前，地陪应引导游客进餐厅入座，并介绍餐厅及其菜肴特色，向游客说明餐标是否含酒水及其酒水的类别；向领队讲清司陪人员的用餐地点及用餐后全团的出发时间。

在用餐过程中，地陪要巡视旅游团用餐情况一两次，解答游客在用餐中提出的问题，监督检查餐厅是否按标准提供服务并解决出现的问题。

用餐后地陪应严格按实际用餐人数、标准、饮用酒水数量，与餐厅结账。

 案例分析

订了餐又退餐

小江在带团中经常碰到有的游客不愿随团就餐，原因是团队餐不好吃。遇到这样的情况，小江一般是对游客进行说服。并根据其要求与餐厅联系，在口味上尽量符合其要求，或者在游客愿意支付额外点菜费用的情况下，让其自行点菜。但在一次带一个浙江团时，在距用餐只有不到半个小时时，几乎所有的人都不愿意去已订好的餐厅，一致要求导游员另找一家上档次的江浙菜馆并表示多余的费用自己承担。小江感到很为难，他说"现在退餐再订餐，肯定来不及了，原订的餐要承担10%的退餐费，且预订另一家餐厅不知还能否订得上。"旅游团领队说道："你先联系了再说。"小江先与原订餐厅联系，对方表示承担损失方可退餐，至于新的就餐地点一时也确定不了更没有联系方式。于是他还是努力说服客人，并保证明天的餐一定提前安排，总算让游客很不乐意地接受了。次日因行程紧，而沿线又没有合适的江浙菜馆，游客要求仍未得到满足，最终导致游客拒绝用餐并投诉了导游员。

【解析】按旅行社的一般安排，除了早餐在原宾馆用餐外（当然也有个别旅游团在外面用餐的），其余的午餐、晚餐都在宾馆外面不同的餐馆用餐。因此，导游员在订餐时，除了应考虑不同的餐馆用餐质量外，还应根据游客要求和口味等情况考虑该餐馆的特色和风味是否适合游客，当游客有意见和要求时，应本着"合理而可能"的原则尽可能地去满足和实现。小江由于怕麻烦，没有满足游客的要求，之后仍未努力去改进，本来不大的事变成了大事，这是不应该发生的失误。

（二）自助餐的服务

自助餐是旅游团队用餐常见的一种形式，是指餐厅把事先准备好的食物、饮料陈列在食品台上。游客进入餐厅后，即可自己动手选择符合自己口味的菜点，然后到餐桌上用餐的一种就餐形式。自助餐方便灵活，游客可以根据自己的口味，各取所需，因此自助餐深受游客欢迎。在用自助餐时，导游员要强调自助餐的用餐要求，告知游客以吃饱为标准，注意节约、卫生，不可以打包带走。

（三）风味餐的服务

风味餐是广受游客欢迎的一种用餐形式，以品尝具有地方特色的风味佳肴为主，形式自由、不排座次。

旅游团队的风味餐有计划内和计划外两种。计划内风味餐是指包括在团队计划内的，其费用团费中已包括；计划外风味餐则是指未包含在计划内的，是游客临时决定而又需现收费用的。计划内风味餐按团队计划、标准执行即可；而计划外风味餐应先收费，后向餐厅预订。

风味餐作为当地的一种特色餐食，是当地传统文化的组成部分；宣传、介绍风味餐是弘扬民族饮食文化的活动。因此，在旅游团队用风味餐时，地陪应予以必要的介绍，如风味餐的历史、特色、人文精神及其吃法等，能使游客既饱口福，又饱耳福。

在用风味餐时，作为地陪，不是游客出面邀请，不可参加；如果受游客邀请一起用餐时，则要处理好主宾关系，不能反客为主。

（四）宴会服务

旅游团队在行程结束时，常会举行告别宴会。告别宴会是在团队行程即将结束时举行的，因此，游客都比较放松，宴会的气氛往往比较热烈。作为地陪越是在这样的时刻越要提醒自己不能放松服务这根"弦"。要正确处理好自己与游客的关系，既要与游客共乐，而又不能完全放松自己，举止礼仪不可失常，并且要做好宴会结束后的游客送别工作。

 情景再现

在餐厅，导游员和游客的对话

游客：这里真是个吃饭的好地方。

导游员：是啊。史密斯先生，点菜前你要点开胃酒吗？

游客：不要，我直接点菜。

导游员：这里有不同风味的中国菜。不过我不知道你喜欢哪种风味。

游客：我也不知道，你决定吧。

导游员：好，广东菜很清淡，北京菜口味很重，四川菜以麻辣为主。

游客：知道了，我愿意吃点辣的。

导游员：那么就要四川菜了。四川菜很辣，但味道很好。有"一菜一格，百菜百味"之誉。

游客：真的？那你建议点什么呢？

导游员：麻婆豆腐、鱼香肉丝。

游客：好吧。

导游员：你想要些米饭来吃麻婆豆腐吗？

游客：好的。

（五）餐饮服务特殊要求

1. 要求自带酒水

国家明令禁止餐厅内包间最低消费、不允许客人自带酒水、收取自带酒水的开瓶费等霸王条款，如果餐厅不执行国家法令，导游要协助游客据理力争。但是要注意讲究策略和方式方法，不要在餐厅大吵大闹，而影响餐厅生意、扰乱游客就餐情绪。

2. 要求增加菜肴、增加酒水

在餐厅用团队餐时，席间若游客要求增加菜肴、酒水，导游应说明凡超出旅游协议规定的需要自费，并提醒餐厅与客人现结加菜、加酒的费用。如游客请导游员先行垫付，应婉言回绝。另外，提醒游客餐后及时索要所加酒水、菜肴的发票。

旅游团、游客在自费享用风味餐时要求增加菜肴、酒水，请其自点，必要时导游可以向其推荐该餐厅的看家特色菜、当地特产酒。但是，注意不要代替旅游者向服务员下单。

3. 要求餐厅提供公筷、公勺

文明、卫生用餐已成为时尚，旅游团用餐时经常会提出在上菜时放置公筷、公勺。导游应协助餐厅服务员尽快把公筷、公勺摆到餐桌上。

4. 要求在酒店房间用餐

游客提出要求在酒店房间内用餐，导游应首先问明原因。身体健康的游客要求在客房用餐，地陪应告知酒店餐厅的相关规定，送餐进客房一般需加收费用。

如游客生病，地陪可请餐厅为其做病号饭（带汤汁的热面条，或稀粥、花卷、小菜）。地陪请全陪或其亲友陪同，将病号饭送至游客房间，代表全团慰问生病游客。

5. 要求退餐

（1）问清原因。游客提出退餐要求时，导游首先要了解：是旅游餐厅的饭菜质量问题还是旅游团的原因，是全团要求退餐换餐还是个别游客的要求。

（2）合理处理。若地接社安排的旅游餐厅饭菜质量有问题，游客提出换餐或退餐，地陪应通知地接社，由地接社指示如何处理。

若游客因某种个人原因提出退餐，关于是否退费、如何退费按照旅游协议处理，或按照组团社与地接社的商定意见处理。组团社与地接社有合作协议，发生餐费、景点门票、娱乐节目费用等各种退费问题怎么退、退多少，皆由地接社指示地陪操作。游客若对退费有意见，由组团社予以解释。

若旅游团因各种原因要求整团退餐，导游应了解原委，并及时向地接社汇报，进而妥善处理。

如旅游团临时决定退餐，导游应向旅游团说明旅游用餐是旅行社事先预订，餐厅已经备餐，临时退餐费用一般无法退还。

旅游团早餐含在房费内，游客不用早餐，费用不退。

6. 要求换餐

若整个旅游团提前3小时提出换餐，如将中餐改为西餐、团队餐改为风味餐、团队餐改自助餐，地陪应汇报旅行社，积极协助办理。但是，餐费差价由旅游团自理。

自助餐提供的肉食、蔬菜、水果、面点、粥品基本可以满足每个人的餐饮习惯，旅游团或游客经常希望提出将团餐更换为自助餐，地陪应说明：高星级酒店每日提供早、中、晚餐自助餐，但价格较高。社会上中小型、经济型的自助餐厅只能接待零散客人，很难满足旅游团多人同时用餐。旅游餐厅一般不供应自助餐，如百人以上用自助餐，可按照餐标供应。

7. 要求单独用餐

导游应问明原因，如因为与团友有意见，可以进行劝解或帮助调换桌次。如坚持单独用餐应向其说明：游客单独用餐，餐费自理，未享用的原餐费按照旅游协议处理。

 案例分析

旅游团换餐

地陪张梓剑带领 47 人的旅游团在景区外一个很大的餐厅用午餐，游客反映麻婆豆腐变质、香菇油菜中有只死苍蝇。张梓剑请服务员把餐厅经理找来，有位游客对服务员说下午我们还要赶火车，快点给换菜！于是服务员告知餐厅经理外出了。正在这时，服务员又给其上了一盘梅菜扣肉，因此全团拒绝用餐。张梓剑立即向地接社汇报并通知餐厅柜台："如果经理不出面，旅游团立即向卫生局、旅游局投诉。"一分钟后经理出现了，他认为旅游团要赶火车耗不起时间，便百般狡赖、推脱。于是，张梓剑立即请地接社经理与餐厅经理通话。

张梓剑迅速写下说明菜肴质量问题的文字材料一式两份，全陪、游客代表也在上面签字证明。张梓剑对餐厅经理说餐费由地接社处理，文字材料留给餐厅一份。随后，迅速带团到肯德基用餐并垫付了餐费。由于换餐及时，没有耽误去下一站的火车。

【解析】餐饮质量涉及全团游客身体健康，不可掉以轻心。倘若将就用餐，万一游客因用餐生病住院，麻烦就大了。由于时间关系，本案例中地陪没有进行现场投诉。因为有事实依据，有文字证明，在有效时间内仍可投诉。若因用餐耽搁了火车，后果更严重。地陪请示地接社后立即为全团换快餐，干练果断。

二、购物服务

购物是游客旅游过程中的一个重要组成部分。游客总是喜欢购买一些当地名特产品和旅游商品送给自己的亲朋好友。游客购物的一个重要特点是随机性较大，因此，作为地陪要把握好游客的购物心理，做到恰到好处的宣传、推销本地的旅游商品，既符合游客的购买意愿，也符合导游工作的要求。

《导游服务规范》要求："导游员应严格按照旅游合同的约定安排统一的购物活动，非经旅游者主动要求，不应擅自增加旅游合同约定以外的购物安排或者强迫旅游者购物。"

旅游商品具有以下特征：文化性、艺术性、经济性、纪念性、实用性、地方特色、便于携带。游客购物的动机主要因素是馈赠亲友、旅游纪念；当然也有以下因素：仰慕当地特产的名望、认为物美价廉、获得消费的快感。

（一）旅行社的购物安排

1. 明示定点商店、购物次数、购物的大概时间

2013 年 10 月 1 日实施的《中华人民共和国旅游法》第三十五条规定："旅行社组织、接待旅游者，不得指定具体购物场所，不得安排另行付费旅游项目。但是，经双方协商一致或者旅游者要求，且不影响其他旅游者行程安排的除外。"因此，导游绝不可以更换商店、增加购物次数和随意延长购物时间。

2. 购物自愿，不可强行推销，不可强迫消费

导游不得以各种方式强行迫使游客购买商品，或者连说带劝地诱导游客购物，更不得在旅游车上推销商品，也不允许商贩上车兜售所谓风味、土特产、专卖纪念品等。在少数民族地区半路上会有少数民族的未成年学生登车，以献歌名义向游客推销商品，导游、司机不得允许。

导游不应该在游客购物后收集购物小票，然后向购物多的游客赠送纪念品、献歌献花，或者含沙射影地奚落没有购物的游客等。

（二）购物服务中的注意事项

以行程为依据，按照行程列出的所有购物店安排好日期、计划好时间；掌握购物店的营业时间及电话。

熟悉旅游商品（尤其是本地特色商品），进入旅游商店后组织好游客聆听购物店的商品知识讲解。

了解游客购物需求，有针对性地推荐。在到达购物店前原则性地讲解该购物店的主要商品特色，仅做适当铺垫，不过分渲染。

下车前一定要讲清楚购物时间、宣布集合登车时间。

不具体为游客参谋商品的品种、花色，不为游客把玩商品。

不随意拖延购物时间，游客人齐后请司机及时通知地陪。

到购物店营销办公室进行签单、结算。保存好购物店给予的签单、流水明细，并单独存放。

开车后简单评品、赞美商品，令游客欣赏所购买的商品；或者开始讲解下一个景点。

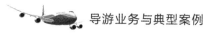

（三）购物时游客个别要求

1. 要求帮助挑选商品、垫付货款

购物前一般由地陪向全团介绍该购物店的经营特色，相关商品知识以及如何选择。游客选购商品时经常希望导游协助挑选，导游在为其参谋时不要自作主张，应尊重客人的审美取向，提醒其轻拿轻放商品。凡不准备购买的不把玩挑选，以免损伤。

如游客带款不足而请导游帮助垫付，导游应婉言回绝，请其向团内其他游客借款。

2. 要求增加购物场所及次数

旅游团如希望购买其他著名特产，要求增加购物场所、次数，这是一个违背旅游协议并容易导致投诉的问题，导游不得擅自同意。

少数游客要求去其他购物场所购物，如不影响行程，可按照自由活动处理。地陪无陪同义务，但应提醒其注意人身、财物安全。

3. 要求退换商品

凡在旅游行程内的定点商店所购买的商品，游客发现有问题或不满意，在规定的期限内、商品未使用并保持原状（药品、食品及特殊商品除外），可持购货小票到原商店退换。导游应积极协助办理，交通费用游客自理。

如果旅游团大量退货，情节严重的，全陪、地陪要分别向组团社、地接社汇报。

 案例分析

退换景泰蓝花瓶

旅游团回到酒店，因为等候电梯，许多客人在大堂坐下来，高兴地欣赏自己购买的商品。刘阿姨得知别的团一位阿姨买的也是牡丹花景泰蓝花瓶，开始与之攀谈起来。

刘阿姨找到地陪张和平，说："小张啊，你看那个团的阿姨买的景泰蓝花瓶和我的差不多，甚至更好，才800元，而我的1900元，这是怎么回事？"张和平说："因为工艺、材质不同，价格会有差异。款式是仿明的还是仿清的，紫铜胎质的厚薄纯正不同、掐丝是否细致、颜色过渡是否自然、釉面色彩的亮晦都会使价格不同。我们去的景泰蓝厂是正规的国有企业，不会有虚假。"张和平顺便问那个阿姨从哪个店买的，是否有小票。阿姨说："商店名字还记得，小票忘记放哪里了，反正今天买的珍珠、玉器、景泰蓝都是刷卡的。"

刘阿姨执意要退货，张和平说："退货没有问题，您最好先买了那个便宜的再退这个。明天我们去的景点离那个阿姨去的购物店不远，您早早就去，我们在景区会合。"次日刘阿姨打车去了那个购物店，很快就回来了，并在景区找到团队。刘阿姨说："那个团的老大姐买的花瓶是 2800 元，售货员说老大姐的妹妹买的楠花款花瓶 800 元，的确是老大姐刷卡付款的，她只记得 800 这个数了。"团友问刘阿姨："你买得贵吗？"刘阿姨笑着说："别哪壶不开提哪壶。"

【解析】无条件满足游客的退货要求，并积极协助。沉稳冷静地处理退货问题，会使游客心服口服。可见，带领旅游团在定点商店购买物品会避免许多麻烦。

4. 要求购买文物、古玩

（1）讲清政府规定。中国政府禁止出境珍贵文物及其他禁止出境的文物。珍贵文物是指国家馆藏一、二、三级文物；其他禁止出境的文物，指有损国家荣誉、有碍民族团结、在政治上有不良影响的文物；一般文物是指 1795 年（乾隆六十年）以后的，可以在文物商店出售的文物。导游应向入境游客说明中国文物出境必须经过我国文物进出境审核机构的审核，1949 年（含）以前的各类艺术品、工艺美术品，1949 年以后的与重大事件或著名人物有关的代表性实物，已故现代著名书画家的作品、工艺美术家作品能否出境请查阅国家文物局网站，网站有名单，公布哪些大师的作品不允许出境，不要盲目听信商店的推销。

如游客详细询问文物、艺术品可以出境的界定标准，导游可请其查看 2007 年 7 月 13 日颁布的《文物进出境审核管理办法》（中华人民共和国文化部令第 42 号）。

（2）介绍出境程序。导游应向入境游客介绍携带文物、重要艺术品出关出境的程序：经审核允许出境的文物，由文物进出境审核机构标明文物出境标识，发放文物出境许可证。海关查验文物出境标识后，凭文物出境许可证放行。

在正规的文物商店购买文物、古玩前，应询问该商品是否已经取得文物出境许可证。如果在地摊、古玩市场购买到真正的文物、古玩，能否出境，游客要自己到文物进出境审核机构鉴定并取得出境许可证。

5. 要求代购商品

（1）婉言回绝。旅游团内某游客如因生病、有事不能参加旅游活动，请地陪代为购买某商品，地陪要以没有审美眼光等借口婉言回绝。

如果当时买不到游客想要的商品，游客恳切要求导游在旅游结束后代为购买，一般应婉拒。导游如果推脱不掉游客的请求或不怕麻烦愿意提供帮助，应向地接社汇报，经地接社同意后可接受委托，但手续要完备。

（2）履行手续。导游员必须请游客留下书面委托，写清楚所要物品的款式花色、价格、数量以及钱款并提醒游客，如果代购的商品不合心意，不负责退换。

需注意的是导游不替游客垫付货款的不足部分。导游员购得商品后，应将物品、发票、余款一并交与游客，并将复印件交旅行社保管以备查用。

三、娱乐服务

我国经济高速发展带动了文化的繁荣，文化兴邦已经成为全国人民的共识，许多城市推出重大战略举措：建立文化创意园（基地），打造荟萃中外文化精华、展示先进文化成果的示范性平台——核心演艺区，形成演艺与旅游、商业、餐饮、票务、广告、传媒、金融等多种业态融合发展。

杭州的宋城是率先打造的，每晚都有抛绣球选婿、秦香莲拦轿喊冤等情景剧，宋城内仿佛真是几百年前的汴梁。开封打造了清明上河图游览园，再现大宋朝的繁华。西安有"大唐贵妃"节目，临潼有"华清池"豪华演绎。丽江的"丽水金沙"演绎西南各少数民族风情。北京每晚有"功夫传奇"、三场杂技、多场堂会、相声、北京之夜、梨园京剧、厅堂版昆曲《牡丹亭》等节目。呼和浩特有《千古马颂》，演绎马背民族开放包容、坚忍不拔的民族精神。桂林、北海、昆明、西双版纳、普洱市、成都、重庆、沈阳、吉林、哈尔滨、武夷山、福州……几乎每一个旅游城市都有自己的文艺名片。可以说各个城市都有自己的拿手戏，自己的绝招真功夫。

娱乐活动是一种精神享受、一种文化熏陶，是旅游者融入当地历史、文化的积极方式。一些旅游者对于文化娱乐的兴趣甚至超过了欣赏景观、品尝风味。

各省市以及旅游胜地都有众多的一流艺术院团、一流演出剧场，每天晚间的文艺演出、娱乐活动精彩纷呈，这些文娱节目已经成为旅游文化的重要组成部分。

（一）积极推广文化娱乐节目

导游不仅要先看文娱节目，而且要理解其中的看点，只有懂得艺术才能绘声绘色地宣传。切忌游客问起来，含含糊糊莫衷一是。

（二）旅行社的娱乐安排

自费的文娱节目，组团旅行社一般会在行程中标注出来，地陪会积极宣传推荐。

旅游市场提供的文娱活动以晚间演出为主，如富有民族特色的大型歌舞、戏曲、杂技、厅堂版昆曲、功夫传奇、评书、评弹、大型魔术、相声、堂会、马戏等。为避免重复，导游员应了解旅游团在上一站曾经观看的文娱节目。

为游客安排文明、健康、具有当地特色的文娱活动；安排符合旅游团文化情趣的节目；如果是自费观看演出，导游员应按照旅行社的规定票价收取费用。

 情景再现

杂技演出导游词

各位游客朋友们：

说到杂技，亦作"杂伎"，杂是指节目丰富多彩，技乃技艺。过去称为马戏，因为有驯兽和魔术，现在杂技专指演员靠自己身体技巧完成一系列高难度动作的表演性节目，如表演柔术（软功）、口技，顶碗、走钢丝、变戏法、舞狮子等技艺。

约在新石器时代，中国的杂技就已经萌芽。中国最早的杂技节目是《飞去来器》，用硬木片削制成十字形猎具，以这种旋转前进的武器打击飞禽走兽。不同的十字交叉，在风力的影响下能够飞出去又回来，后来就成了氏族盛会中的表演节目。

戏曲的祖师爷是唐明皇，杂技的祖师爷是齐国公子孟尝君。公元前298年，孟尝君到秦国后被软禁，后欲逃归，托人向秦王宠妃求情，宠妃索要白狐裘，但是孟尝君已经把带来的白狐裘献给了秦王。有个门客善缩身之术，从狗洞爬进王宫偷出白狐裘，妃子得了白狐裘，劝说秦王放了孟尝君。

孟尝君刚走秦王就后悔，派兵追杀。

孟尝君逃到秦国边关，鸡鸣才开边关大门，追兵将至，危在旦夕。门客中有位口技家，在关键时刻，他的几声惟妙惟肖的鸡叫，引得全城鸡鸣，守关人以为到了开关时刻，便打开城门，孟尝君得以逃离。因此，杂技界奉孟尝君为祖师爷。

中国古代杂技已经出神入化。周穆王时有个化人，就是幻人，能自由出入于水火，随意穿墙入壁、悬空不坠，这是幻术节目。钟离春在齐宣王的宴饮中故意炫绝技吸引齐宣王，说"窃常喜隐"，说完就不见身影了，即今日的"大变活人"。

北京每晚有五六个大型剧场演出杂技，今天晚上我们观看的杂技是中国杂技团有限公司演出的，前身是中国杂技团，是我国第一个国家级杂技艺术表演团体，也是第一个代表新中国出访的艺术表演团体。演员们都是俊俏的青少年，个个身怀绝技，整台节目精彩纷呈，灯光布景奇幻莫测，时间为90分钟，希望大家尽情欣赏。

（三）文艺演出服务中的细节

（1）掌握娱乐场所的电话、演出时间、门市票价、团体票价。

（2）根据游客的欣赏心理，宣传娱乐节目，不可勉强推销。

（3）剧场座位分 VIP 贵宾区、池座区、廊座区、后排区、楼上、楼下，不同座位区票价不同。

（4）收取费用后及时落实观赏场次。在同一座位区内先来坐前排，因此不要晚到，争取最佳座位。

（5）根据演出时间，安排好游客就餐。

（6）安排好不观看演出的个别游客（人数不过半不得集体前往）。

（7）讲清剧场有关规定，如不准录像、摄影、录音，不得使用闪光灯拍照，国家大剧院观看演出不准带照相机、水、打火机、书包（背包），不要与同伴谈话聊天影响他人等。另外，提醒不要将戏票二维条码折损或涂画。

（8）始终陪伴游客观看节目，临场积极提高游客兴奋情绪。

（9）宣传中国传统文化。

（10）不得带领旅游团、游客去观看非正规演出。

（四）娱乐方面游客的个别要求

1. 要求更换、取消文娱活动

凡在计划内注明有文娱节目的旅游团，一般情况下，地陪应按计划准时带游客到指定娱乐场所观看文艺演出。如果游客提出更换、取消活动，地陪了解原因后，应立即向地接社汇报，由地接社决定如何处理。如果全团部分游客提出更换尽可能调换，如无法更换，地陪要向游客耐心解释，并说明票已订好，不能退换，请其谅解。

2. 座位要求

旅游团要求前排座位，导游应说明旅游团的席位在规定的区域内是谁先到谁先坐，若想坐前排位置必须提前到达，最好观看第一场演出（第二场演出时许多团在排队等候）。剧场最佳的观看席位是 VIP 贵宾席区，价格较贵，需要提前预订。旅游演出在黄金周可能订不上票，坐不到好席位，需要提前向游客说明并请其谅解。

3. 全团要求自费观看其他演出

看戏、看节目特别容易精神兴奋，看完一场节目可能全团或团内大多数游客意犹未尽，希望自费接着观看其他节目。地陪应向地接社汇报，地接社向游客报价（戏票票价、旅游车费、司机导游服务费），游客同意后，地陪收取费用。请司机先送多数看戏的游客去剧场，然后抓紧时间将少数不看演出的游客送回宾馆休息。

4. 少数游客要求自费观看其他演出

少数游客要求自费观看其他演出节目，地陪可以推荐著名剧院、院团的演出，帮助网上预订戏票，并指导如何打车。导游没有义务陪同，但应提醒游客注意安全，早点回宾馆。

5. 个别游客要求导游陪同参加娱乐活动

有的游客要求导游陪同歌厅唱歌、打扑克牌、打麻将等娱乐活动，虽无歹意，但是导游既无义务又不适宜，婉言回绝，以有事要办等借口离开，不与之纠缠。

任何场合下，导游都不得参加有赌博性质的娱乐活动，并应及时劝阻、制止游客赌博。

四、自由活动

每个人都是个性化的人，很多游客到了异国他乡都希望有一定的自由活动时间，以便能够走进当地市民的生活。凡是高档旅游团都有自由活动的时间，凡是青年游客居多的旅游团都希望留有自由活动时间。有的游客性格比较孤僻，无论在参观游览时还是购物活动中均喜欢自由活动。

（一）在旅游景点要求自由活动

允许游客在景区内自由活动的条件是景区内不太拥挤，游客自由活动后能在指定地点会合。

地陪应清晰告知本团的游览路线、集合时间、地点、停车场位置，希望其准时会合。

导游一定要叮嘱游客注意人身、财物安全。

地陪做好游客可能走失的预备方案，告知如果迷路走失，请不要惊慌乱走，应及时给导游打电话，在原地等待导游前来。若实在难以与旅游团会合，经导游同意后方可打车直接回酒店。

（二）晚间要求自由活动导游要告知游客

不去偏远地区，不涉足复杂场所，最好不单独外出，和团友结伴而行。

外出不携带贵重物品，不多带现金。保管好随身携带的身份证、护照、银行卡、手机。

记住交通路线以免迷路。

不要太晚回到酒店，注意人身安全。

（三）在游览期间要求一天以上自由活动

问清游客离开团队自由活动的原因，以及自由活动的大概时间。

请其写下自由活动期间"安全责任自负"的文字。未享受的综合服务费是否退费、如何退费，由组团社处理。

叮嘱其注意人身和财物安全。

请其保持与导游及团友的通信联系。

（四）劝阻个别游客自由活动的情况

一般以下列理由劝阻个别游客不要自由活动：①即将离开本站前；②社会治安不理想；③无法保证游客安全的活动；④游客去情况复杂的场所，或者去与陌生人见面。

五、游客伤、病的处理

游客在旅游期间若出现受伤、生病等情况，不仅自己着急，亲属担忧，而且导游也操心。一般由全陪进行处理，地陪以继续带领旅游团完成旅游行程为主要任务，但要做好以下工作：

（一）医院就诊

由其家属（或团友）、全陪陪同伤病游客打车（严重时呼叫救护车）去二甲以上医院就诊，最好去三甲医院诊治。

（二）汇报地接社

游客生病受伤较重，地陪应立即向地接社汇报，地接社向组团社通报，由组团社联系其家人。在其家人未到之前，病者团中又无亲友，究竟是由全陪还是地接社派人陪护，一般由两社协商决定。病者医疗费用不足，则由其家属通过银行或者 ATM 机给其汇款。陪同人员一定要为病者保存好收费收据、病历、诊断书，以便向保险公司索赔。

（三）遵照医嘱

游客患一般性伤病是在宾馆休息，还是随团旅游，请遵照医嘱。而是否需要亲属或团友、全陪陪伴，由游客决定。

（四）经费问题

未随团旅游，景点门票、餐费、缆车、文娱节目等未享受的经费退与不退、如何退费，按照组团社与地接社协商的意见办理。

（五）前去探望

地陪每天下团后，应到游客房间（病房）探视。同时尽可能地提供生活帮助，如旅游团在宾馆用餐，尽量安排病号饭。

任务七　地陪送站服务

旅游团（者）结束本地参观游览活动后，地陪应使游客顺利安全离站，遗留问题得到及时妥善的处理。

送站服务是导游工作的尾声，地陪应善始善终，对接待过程中曾发生的不愉快的事情，应尽量做好弥补工作；要想方设法把自己的服务工作推向高潮，使整个旅游过程在游客心目中留下深刻的印象。

地陪送站服务的工作主要内容见图 3-3。

图 3-3　地陪送站服务流程

一、服务准备

（一）核实、确认离站交通票据

旅游团离开本地的前一天，地陪应核实旅游团离开的机（车、船）票，要核对团名、代号、人数、去向、航班（车次、船次）、起飞（开车、起航）时间（做到计划时间、时刻表时间、票面时间、问询时间"四核实"）、在哪个机场（车站、码头）启程等事项；如果航班（车次、船次）和时间有变更，应当问清旅行社工作人员是否已通知下一站，以免造成下一站漏接。

若系乘飞机离境的旅游团，地陪应提醒或协助领队提前 72 小时确认机票。

 案例分析

好心险些误机

导游员李红是一位老导游了，这次要送一个美国旅游团乘坐第二天早上 9 点的航班回国。送团的前一天晚上美国游客才从西安飞回北京，入住时已经是夜里 12 点了。李红知道国际航班要提前两个小时到机场，但是出于好心想让疲惫的客人多休息一些时间，就决定第二天早上 7 点出发。她想，路上用半个小时，提前一个半小时到机场办登机手续应该来得及，自己以前多次送过这个航班的游客，也没迟到过。这时司机提醒李红，七点出发是不是晚了些。李红十分有把握地说："没事儿！"结果第二天当李红把游客带到机场候机大厅一看，大厅里摩肩

接踵，挤得水泄不通，等到李红把游客送进去时，已经接近 8 点了。

美国旅游团返回后投诉我方把游客送晚了，说害得他们差点就没赶上飞机。原来，该美国航空公司已改为提前三个小时到一个半小时办理登机手续，当天游客来到柜台办理登记手续时，柜台已经停办，结果李红费了好大的力气，才让他们登上飞机。这次经历让美国游客备感焦虑，虽然有惊无险，但是难免会让他们心生不满。

【解析】导游员送机前一定要做到"四核实"：——核实计划时间、时刻表时间、票面时间、问询机场（车站、码头）所知的时间是否一致，以及有无其他方面的变化。导游员不能犯经验主义错误，李红虽然是好心想让劳累的游客多休息，但没有按照导游规范工作，没想到险些误机。如果她事先能打一个电话去机场询问一下，那么就不会出现游客险些误机的事情，也就不会遭到投诉了。

（二）商定出行李时间

如团队有大件行李托运，地陪应在该团离开本地前一天与全陪或领队商量好出行李时间，并通知游客和饭店行李房，同时要向游客讲清托运行李的具体规定和注意事项，提醒游客不要将护照、身份证及贵重物品放在托运行李内，托运的行李必须包装完善、锁扣完好、捆扎牢固，并能承受一定的压力；无禁止托运的物品等。出行李时，地陪应与全陪、领队、行李员一起清点，最后在饭店行李交接单上签字。

（三）商定出发时间

一般由地陪与司机商定出发时间（因司机比较了解行车线路情况），但为了安排得合理和尊重起见，还应及时与领队、全陪商议，确定后应及时通知游客。

如该团乘早班机（火车或轮船），出发的时间很早，地陪应与领队、全陪商定叫早和用早餐的时间，并通知游客；如果该团需要将早餐时间提前，地陪应通知餐厅提前安排；如无法在饭店餐厅内用早餐，地陪要及时做好相应的准备工作，并向游客说明情况。

（四）协助饭店结清与游客有关的账目

地陪应及时提醒、督促游客尽早与饭店结清与其有关的各种账目（如洗衣费、长途电话费、房间酒水及饮料费等），若游客损坏了客房设备，地陪应协助饭店妥善处理。同时地陪应及时通知饭店有关部门旅游团的离店时间，提醒其及时与游客结清账目。

（五）及时归还证件

一般情况下地陪不应保管旅游团的旅行证件，用完后应立即归还游客或领队。在离站前一天，地陪要检查自己的物品，看是否有保留游客的证件、票据等，若有应立即归还，当面点清。

（六）温馨提醒

提醒游客备好旅行证件、行李申报单和贵重物品、古玩等的购物发票，且要随身携带，而不要放在托运的行李中。

建议游客出发前一天晚上收拾好行李，把身份证件及重要票据放在随身小包里。同时，说明机场、车站对于携带行李及随身物品的规定。

如果乘火车，提醒游客提前备好自己喜爱的餐饮。

请游客在用早餐时把房卡交到前台，以便顺利查房、退房。

（七）内部结账

送站前一天或当天旅游结束前与司机、全陪结清有关账目，并请他们签字。

重点旅游团多次加酒水，或有其他的超额消费，如果组团社答应承担费用，地陪应将具体费用告知全陪，以免双方结账时发生麻烦。全陪最好拍摄下费用明细单，便于向组团社汇报。

 案例分析

旅游车费给我了吗

导游王海与司机李师傅接了个中转团，地接社电话通知王海给李师傅结车费。在景点停车场，王海把车费给了李师傅，正赶上游客纷纷上车，忙乱间王海就忘了让李师傅写收条。报账时，他替李师傅写了张收条。

一个多月后李师傅和旅行社结账，旅行社说那个中转团车费结了，李师傅才想起有个中转团，他问："这团的车费能结吗？"旅行社说："导游送机时给你了，你看这收条。"李师傅说："这是我写的吗？"王海来电话再三说明情况，李师傅说接团太多真的回忆不起来了，但既然说给了就是给了，反正也就一千元。结果，双方很尴尬。

【解析】导游一般不替旅行社结车费，如果代结一定要先请司机写下收条，看清内容，再付车费。按照行业的习惯做法，一定要在全部完成行程后再付司机车费。

二、离店服务

（一）办理退房手续

在团队将离开所下榻的饭店时，送团当天导游要提前用完早餐，以便做好退房工作。地陪要到总台办理退房手续：收齐房间的钥匙、交到总台，核对用房情况，无误后按规定结账签字；无特殊情况，应在中午 12：00 以前退房。同时要提醒游客带好个人物品和旅游证件，询问游客是否已与饭店结清账目。司机师傅若已经到达酒店，请师傅打开行李箱，帮助游客把行李放在行李箱中。

酒店查房后会把客人的遗忘物品标注上房间号，及时交给游客，时间仓促可以在旅游车上统发。地陪在全陪协助下，力争快速做好退房工作。

（二）集中交运行李

旅游团离开饭店前，地陪要按事先商定好的时间与饭店行李员办好行李交接手续。具体做法是：先将本团游客要托运的行李收齐、集中，然后地陪与领队、全陪共同清点行李的件数（其中包括全陪托运的行李），检查行李是否捆扎、上锁有无破损等；在每件行李上加贴行李封条，最后与饭店行李员办好行李签字交接手续。

（三）集合登车

办理好所有离店手续后，地陪应照顾游客上车入座，然后要仔细清点人数。全体到齐后，要再一次请游客清点一下随身携带物品，并询问其是否将证件收好。此时，地陪最需要强调的是，提醒游客勿将物品落在饭店里，如无遗漏则请司机开车离开饭店。

三、送行服务

如果说首站途中讲解是地陪首次亮相，那么，送站的讲解是地陪的最后一次"表演"。同演戏一样，这最后一次的"表演"应是一场压轴戏。通过最后的讲解，地陪要让游客对自己所在的地区或城市产生一种留恋之情，加深游客不虚此行的感受。

送站服务主要由以下几部分内容组成：

（一）回顾行程

在去机场（车站、码头）的途中，地陪应对旅游团在本地的行程包括食、宿、行、游、购、娱等各方面做一个概要性的回顾，目的是加深游客对这次旅游经历的体验。讲解内容则可视途中距离远近而定。

（二）致欢送辞

在临近机场（车站、码头）时，应真情实意地致欢送辞。欢送辞的内容主要包括以下五个方面：

1. 感谢语

回顾旅游活动，对领队、全陪、游客和司机的合作分别表示谢意。

2. 惜别语

表达友谊和惜别之情。

3. 征求意见语

向游客诚恳地征询意见和建议。

4. 致歉语

对行程中有不尽如人意之处，请求原谅，并向游客表示真诚的歉意。

5. 祝愿语

期望再次相逢，表达美好的祝愿。

 情景再现

欢送辞

时间如白驹过隙，短暂的内蒙古之行即将结束了，今天鸿雁就要把大家送回温暖的家了，心中有些许不舍，但天下没有不散的筵席，但愿我们还有再见的机会。

我想几天的草原观光下来，热情好客、能歌善舞的牧民们，一定让诸位体味了无限的激情；原汁原味、润滑爽口的奶制品，也一定令您饱尝了蒙古族"白食"的绵软；而那闪烁的繁星、皎洁的明月、广袤的草场、成群的牛羊，更是让各位走进了一片"天苍苍，野茫茫，风吹草低见牛羊"的绿色世界。相信在各位朋友的生命中，从此将增添一段新的记忆，那就是内蒙古的草原之行。但愿它留给大家的印象是难忘而美好的。

承蒙各位朋友对我工作的支持，我感到此次接待工作非常顺利，心情也非常高兴，在此，我代表内蒙古旅行社向大家表示衷心的感谢。如果我们的服务有不周之处，一方面请大家多多包涵，另一方面还望大家提出来，以便我们不断改进，提高服务质量。

中国有句古话，叫"两山不能相遇，两人总能相逢"，我期盼着在不久的将来，在内蒙古或者是你们那里能和大家相会，我期盼着，再见各位。

（三）请游客签好意见单

意见单是衡量接待质量和导游服务质量的重要依据，务必按照地接社要求，请游客以及全陪如实填写。散客拼团必须由每组游客或每个家庭的代表填写。报账时，将意见单全部交回社里。

致完欢送辞后，地陪可将《游客意见反馈表》发给游客，请其填写，在游客填写完毕后如数收回，妥善保留。

游客意见反馈表

尊敬的游客：

感谢您参加我社组织的旅游活动，为进一步提高我社导游服务质量，提升企业良好信誉，为广大游客提供更周到的服务，请您真实填写下表，以便我社及时了解情况、改进服务，谢谢合作！

旅行社质量监督电话：×××　　旅游投诉电话：12301

×××旅行社

团队编号		团号		目的地		
旅游时间		出游形式	散客□　　团队□			
内容＼评价	好	较好	一般	差	内容＼评价	是	否
游程安排					是否签订旅游合同		
用餐质量					是否有被强迫购物或自费项目		
住宿安排					是否有景点遗漏现象		
车辆车况					导游有否索要小费和私拿回扣		
导游服务					导游（领队）是否佩戴导游证（领队证）		
司机服务					旅游过程中是否有安全提示		
总体评价					是否会再次选择本社旅游		
意见建议							

全陪导游（领队）签名：　　　　　　地接导游签名：

（四）提前到达送站地点

地陪带旅游团到达机场（车站、码头）必须留出充裕的时间，具体要求是：出境航班提前3小时；国内航班提前2小时；乘火车提前1小时。

旅游车到达机场（车站、码头）后，地陪要提醒游客带齐随身的行李物品，照顾游客下车。待全团游客下车后，地陪要再检查车内有无遗漏的物品。

（五）办理离站手续

目前大多数旅游团都是行李随旅行车同载。下车后，地陪应请游客拿取各自的行李，带领游客进入机场（车站、码头）的大厅等候；同时应协助全陪或领队办理相关手续。然后将票据交给全陪或领队，并请其当面清点核实。

如有专门的行李车运送行李，在到达后，地陪应迅速与旅行社行李员取得联系，将其交来的交通票据和行李托运单或行李卡逐一点清、核实后，交给全陪或领队，并请其当面清点核实。

送国内航班（火车、轮船），地陪应协助办理离站手续；送出境旅游团，地陪应向领队或游客介绍办理出境手续的程序，将旅游团送往隔离区。

当游客进入安检口或隔离区时，地陪应与游客告别；如乘坐汽车离开，地陪应等交通工具启动后方可离开。

四、善后工作

工作内容：处理遗留问题—结账、归还物品—总结工作。

旅游团结束在本地的游程离开后，地陪还应做好总结、善后工作。

（一）处理遗留问题

下团后，地陪应妥善、认真处理好旅游团的遗留问题，如委托代办托运转交物品等；按有关规定办理旅游团（者）临行托办的事项；必要时应向旅行社领导请示。

（二）结账、归还物品

地陪应按旅行社的具体要求并在规定的时间内，填写清楚有关接待和财务结算表格，连同保留的各种单据、接待计划、活动日程表等按规定上交有关人员并到财务部结清账目。

地陪下团后应将向旅行社借的某些物品，如社旗、扩音器等经检查无损后及时归还，办清手续。

（三）总结工作

导游员应养成每次下团后总结本次出团工作的良好习惯。认真填写《导游日志》（见表3-8），实事求是地汇报接团经过，尤其是突发事件。如有旅游投诉，需认真填写《旅游投诉记录单》（见表3-9），并请旅行社总经理给予意见与指示。这样既利于导游员业务水平的提高，又有利于旅行社及时掌握情况，发现不足，以便不断提高接待质量。其中以下几点需要给予特别注意：

（1）由于自身原因导致接团中出现问题的，要认真思考，积极调整，总结提高。

（2）涉及相关接待单位，如餐厅、饭店、车队等方面的意见，地陪应主动说明真实情况，由旅行社有关部门向这些单位转达游客的意见或谢意。

（3）涉及一些严重或意见较大的问题时，地陪应写出书面材料，内容要翔实，尽量引用原话，以便旅行社有关部门和相关单位进行交涉。

（4）若发生重大事故，应实事求是地写出事故报告，及时向接待社和组团社汇报。

 案例分析

表 3-8　导游日志

出团日期		团号		
人数		目的地		
带团小结	（带团主要情况、存在问题及改进方向）			
计调 初审意见	（团队操作情况、存在问题及改进方向）			
总经理 审核意见	（总体评价）			

表 3-9　旅游投诉记录单

投诉者姓名		联系电话	
投诉收到时间		出游地点	
投诉受理时间		出游时间	
投诉 主要 内容			
处理 结果			
旅行社总经理 意　见			
经办人		日期	

模块四

全陪导游服务规程

任务要求

1. 掌握全陪导游带团规程
2. 掌握全陪导游服务技巧

案例导入

有先见之明的全陪

10月2日，全陪小陈带领50名来自湖北省各地的散客赴成都，第一天住成都市酒店双人标间相安无事；第二天，全团分二辆车赴九寨沟，由于成都方面的原因，造成游览车晚点到达饭店，客人意见很大，好不容易全陪小陈进行劝服工作，客人才勉强同意上车。10点出发，晚12：00抵九寨沟，安排的住宿又不太满意，客人大多数来自家庭，情侣、夫妻居多，而房间大多不是双人间，客人要求换房，这本不是过分的要求；可当时九寨沟可以说是"人满为患"，房间相当紧张。

全陪小陈了解了以上情况后，马上做客人的工作。首先，她告诉客人，房间确实不尽如人意；然后解释，确实没有房间，三星级的地铺都卖到了300元/人；最后，退一步说，客人如果还是一定要自己去找房间的话，先不要退房，把行李放到房间去，等找到更好的房间，再退也不迟。客人觉得小陈说的也对，就听从全陪的安排，出去逛了一圈回来。说道：果真没有房间了，并说如果他们刚才退了房，现在只怕没有房间住，非常感谢全陪小陈的明智之举。

全陪导游员，简称"全陪"，是受组团社委派，代表组团社自始至终参与旅游团整个旅程的活动，负责旅游团空间移动中各环节的衔接，监督接待计划的实施，协调领队、地陪、司机等旅游接待人员之间的关系，严格按照接待计划和导游服务规范向旅游者提供旅游行程中的各项服务。全陪处于旅游团导游服务集体的中心，要积极参与、支持地陪的导游服务工作，同时也有自己独自完成的任务。全程导游服务的任务是保证旅游团的各项旅游活动按计划顺利、安全地实施。

任务一　全陪准备工作

准备工作是做好全陪服务的重要环节之一。全陪的工作时间长，与游客和领队相处的时间长，途经多个省市，工作内容较为繁杂。因此，在服务前做好充分细致的准备工作，是全陪导游服务工作的重要环节和保障之一。

一、业务准备

（一）全陪接受任务

旅行社一般提前几天或者提前更长的时间与导游确认全陪任务，以便整团购买大交通票据（飞机、火车、轮船），全陪必须将正确的身份证号、姓名发信息报告给该团计调。

（二）熟悉旅游团情况

为了更有效地、有针对性地做好接待工作，全陪比地陪要更详细、更深入了解旅游团。有这样一个说法：糊里糊涂上团，稀里哗啦下团。全陪不了解游客，游客就不理解全陪。因此，全陪在拿到旅行社下达的旅游团队接待计划书后，注意掌握该团重点游客情况和该团的特点。

1. 了解游客情况

了解旅游团组成人员的情况：人数、国别（民族）、性别、年龄结构、生活地区（市、县）、职业、工作或学习情况、有无宗教信仰、餐饮爱好、当地禁忌。

2. 了解带团领导

听取该团外联人员或旅行社领导对接待方面的要求及注意事项的介绍，请组团社计调介绍该团队的带团领导及联系人的电话，以便尽快、更多地了解旅游团的要求。

3. 了解此行目的

请组团社计调介绍，或者通过该团领导介绍，了解该团队此次旅游的主要兴趣点或者主要目的。比如冬季旅游团到哈尔滨大部分游客是看冰雕的，有的旅游团到呼伦贝尔草原主要目的是看呼伦贝尔草原的，"十一"黄金周到额济纳旗大部分游客是看胡杨林的，全陪工作的重点就是满足旅游团的主要目的。

（三）熟悉接待计划

全陪在拿到旅行社下达的旅游团队接待计划书后，必须熟悉该团的相关情况，注意掌握该团重点游客情况和该团的特点。

核实各站飞机、火车、轮船抵达、驶离的时间及接团、送团安排；核实各站交通票据的落实情况。

掌握旅游行程中各地接社的接待计划、活动安排；掌握旅游行程中各地接社对关键性的参观游览项目、特殊活动是否安排好；例如，恰逢国庆黄金周，十月一日当天能否保证买上泰山的缆车票？为避免排大队，旅游团早上几点钟到达缆车站为宜？黄山是从前山进还是从后山进？是在黄山山上住宿还是山下住宿？

组团社可能为旅游团安排了风味餐、娱乐节目、特殊参观游览项目、联欢会等，全陪要了解旅游团各项活动的细节。

掌握接待标准，核实各地下榻酒店的等级是否符合接团计划。酒店属于硬件，在整个旅游接待中明显具有等级色彩，住宿酒店是游客评品整个旅游行程的一个重要指标。如果游客看酒店低于标准或者位置偏僻，整个行程都不会很顺利。全陪如果没有住过该酒店，必须上网查看，因为游客在机场、火车上有可能问到住宿情况。另外，要掌握旅游行程中各地的餐标、游客餐饮方面的特殊要求，如游客在饮食上有无禁忌和特别要求等情况。

二、知识准备

知识准备俗称"做功课"，全陪的知识准备应该是非常综合的，包罗万象也不足以应付旅游中的各种问题。所以，全陪的知识准备就显得更现实、更必要。

（一）了解客源国（地）概况

导游要了解、充实客源国（地）的相关知识，历史、民族、经济、文化、社会体制、重要历史人物以及日常礼节、禁忌风俗、饮食习惯等，以便向游客提供有针对性的服务。

（二）了解旅游目的地

1. 根据旅游团的不同类型和实际需要准备相关知识

了解各旅游目的地的历史沿革、民风民俗、文化结构、主要节日、旅游景区、日常礼仪等大概情况，以应对游客的问询；同时还应了解游客所在地的上述情况，以便能进行相互比较，和游客有更多的沟通和互动。

2. 沿途各站的相关知识

如全陪对该团所经各站不太熟悉，一定要提前准备各站的基本知识，如名胜古迹、景区主要景观、市容民情、风俗习惯、餐饮习惯等。

三、物质准备

如同地陪上团前一样进行物质准备，但是由于全陪是离开居住地，就更需要做好物质准备。下面对不同于地陪的物质准备进行介绍。

（一）证件和票据

全陪需带齐带团过程中所需的旅行证件，如身份证、导游证等。

必要的票据和物品，如旅游团接待计划书、分房表、旅游宣传资料行李封条、旅行社社徽、全陪日志、名片、社旗、个人用品等。

结算单据和费用，如团队结算通知单或支票、备用金等。

行程中的交通票据，如果是机票，全陪应拿到电子客票单并认真清点，仔细核对飞机起飞时间和乘机机场，以免造成误机，同时核对团员名字有无写错。

（二）个人物品

足够换洗的衣服、雨伞、手机及充电器、移动电源（充电宝不可托运，可以随身携带）、电源接线板（有时酒店电源插孔少，两个人无法同时充电），常用药物、救急药物（云南白药、创可贴、红景天，如进入森林草原需带抗蛇毒药物、防蚊虫药物），茶叶、洗漱洗浴用品、剃须刀等个人卫生用品，一两副扑克牌供游客娱乐等。

（三）可取现金的银行卡及零用钱

旅游团所有行程内的活动一般都由地陪付款结账，但是也有需要另付现金的情况，通常由组团社通知地接社，地接社通知地陪代付，全陪签字。如果组团社交给全陪相关费用，全陪最好用银联卡在当地取现，以保证财产安全。另外，全陪也要准备一点零用钱，以备不时之需。

四、心理准备

（一）准备吃苦

1.经受旅途劳顿

导游必须能够习惯飞机、火车、轮船、长途大巴的颠簸旅行。不晕机、不晕车、不晕船，坐下、躺下就能睡觉，或荤或素、饭冷菜凉都不在乎，这是全陪应有的素质，也是练出来的本事。

2.经受身体不适

经受水土不服、餐饮不适、突患疾病、休息不好的考验。

3.经受旅游旺季时"连团"的考验

旅游旺季"一导难求"，特别是具有综合知识、综合经验的、合格的全陪更为缺少。有时候都不能随团回来，得继续在旅游目的地当全陪。可以说，全国各地就是全陪的家。

（二）忍受挑剔、误解，甚至被投诉

1. 游客百般挑剔，依然微笑服务

旅游团中总有"事儿妈"，家里、外头几乎没有一件事是他（她）满意的，任何一件事他都会挑毛病，在旅游团中真是比总统都难伺候。全陪不能与其计较，更不能因其责难而耿耿于怀，要胸怀宽大、永远微笑。

 案例分析

鸡蛋里面挑骨头的游客

张大叔的儿子给他报团参加某旅行社组织的"皇都经典五日游"，乘 K180 次列车。张大叔问全陪为何不坐动车或高铁。全陪说："乘 K180 次列车，大家睡一夜，6：36 就到北京西客站了，然后可以开始全天的行程。动车、高铁都要中午才到北京，耽搁行程，而且也贵不少。"张大叔说："你们旅行社就知道自己赚钱，谁不知道动车、高铁跟飞机一样，舒服着哩。"

下榻酒店，张大叔的房间号是 1773，他说："导游你为何安排我住在'要凄凄惨'的房间里？"全陪回答："大叔，房号是挨着发的，真不是故意的。""你的意思我是天生倒霉？把你的房间给我换换。"全陪把自己和一位大哥的房间 1541 房卡给了张大叔，张大叔更气急败坏了："导游，你成心气死我，这房号不是'要我死了'的意思吗？"旅游团都笑坏了，大家让张大叔在全团中挑个房间。

第二天早餐时，餐厅服务员请张大叔和同屋住的大叔出示房卡。张大叔忘记拿下来了，他问服务员："这是餐厅的规定吗？你们为啥不写出公示？连早餐 158 元不含 15% 服务费都挂牌公示，我就不拿房卡！要拿你给我拿去。"全陪赶过来说："大叔我陪您上楼去拿吧，咱们要支持餐厅服务员的工作。"张大叔说："全陪你小子的胳膊肘往外拐，向着这个姑娘说话。"

【解析】游客在选择旅行社时往往以价格为标准，但是旅途开始后，游客对于旅游的要求却是理想化、高档化。

个别游客认为，施压后导游就能够接受自己的要求和希望。因此，导游对这些不能够正确认识旅游的游客要多做解释工作。

2. 当好出气筒

旅游途中遇到不顺利，游客总是想发泄一下，只有朝全陪撒气。全陪要忍耐

担待，大度宽容，不要急于分辨是非。通常事后，游客会明白责任不在导游员，有时还会以不同方式表示歉意。

五、出团说明会（国内团）

比较大型的旅游团，特别是某系统、某单位的旅游团（学习考察团、休假团等）行前都要开说明会，介绍行程及注意事项，一般由组团社的全陪进行说明。出团说明会是全陪在旅游团面前第一次正式亮相，游客在观察全陪的言行举止，在听他的说明讲解，最后在头脑中做出对他的评品。

全陪在出团说明会的介绍内容：

（一）介绍自己

感谢各位对旅行社的信任和支持，介绍自己，希望得到每一位游客的大力支持。有事问询、联系，请拨打全陪×××的手机153××××××××。

（二）介绍大交通情况

强调出发的日期、航班、航行时间（火车车次及行车时间），出发时的集合时间、地点，点名方式，以及如何在集合地点登车。

介绍到机场后如何换登机牌、托运行李，提示有的航空公司、机场可以提前在网上订座，游客可以自己选座位（一般飞机起飞前24个小时才能够在网上选座）。

（三）介绍行程

介绍住宿安排酒店概况（是否有一次性洗浴用品）、餐饮安排及标准。介绍游览的主要景点风光，购物、娱乐等活动的大致安排。介绍当地的民风民俗。根据当地气温携带相应衣物，尊重当地民风民俗，安全第一。另外，现场回答游客的提问。

（四）商定分房名单

请游客自由组合并确定房间类型（大床、双标）。

（五）发放行程单、出团通知单、纪念品

全陪需要将出团前的所有资料印制成纸质资料发放给旅游者，主要包括：团队的行程单、出团通知单及一些旅游过程中的注意事项，以备游客查阅或进一步了解行程。如若旅行社为旅游团准备的统一的纪念品，如旅游帽、旅行包等，也在出团说明会上给游客发放。

任务二　全程陪同服务

准备工作是做好全陪服务的重要环节之一。全陪的工作时间长，与游客和领队相处的时间长，途经多个省市，工作内容较为繁杂。因此，在服务前做好充分、细致的准备工作，是全陪导游服务工作的重要环节和保障之一。

全陪导游（国内团）服务工作内容见图 4-1。

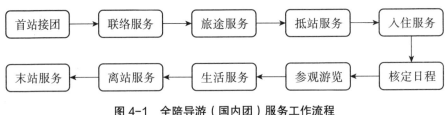

图 4-1　全陪导游（国内团）服务工作流程

全程陪同（入境团）服务工作内容见图 4-2。

图 4-2　全陪导游（入境团）服务工作流程

一、首站接团

首站接团服务要使旅游团抵达后能立即得到热情友好的接待，让游客有宾至如归的感觉。

（一）迎接旅游团（国内团）

接团前，全陪应向旅行社了解本团接待工作的详细安排情况。

与送团（送往机场）司机落实集合地点和集合时间。

全陪接团当天，应提前 30 分钟到集合地点。

接到旅游团后，全陪应与游客尽快核实有关情况，做好以下工作：问候全团游客；对实到人数、行李件数如有人数变化与计划不符，应尽快与组团社联系。

引导游客登车。

（二）致欢迎辞（国内团）

在首站，全陪应代表组团社和个人向旅游团致欢迎辞，内容应包括：表示欢迎、自我介绍，提供热情服务的真诚愿望、预祝旅行顺利等。

由于全陪在整个旅游过程中较少向游客讲解，所以要重视首站的介绍。致完欢迎辞后，全陪要向全团游客简明扼要地介绍行程，对于住宿、交通等方面的情况适当让游客有所了解；还要向游客说明行程中应该注意的问题和一些具体的要求，以求团队旅途顺利、愉快。这种介绍有利于赢取游客对全陪的信任。

 **情景再现**

全陪的自我介绍

各位团友，大家好！欢迎大家参加我们内蒙古旅行社组织的这次海南双飞5天团。我是这次行程的全陪导游，在出团说明会已经和大家见过了，大家可以叫我鸿雁。今天我们开始旅行。

首先最重要的一件事，请大家拿出身份证，顺便检查一下有效期，特别是临时身份证，它的有效期特别短，要看一看回来那天会不会过期，然后把身份证交给我，我要核对身份证和机票上的名单是否相符，等一会儿到机场由我用这些身份证给大家办理登机手续，然后连同登机卡一起发还大家。在这儿顺便说一下，身份证一定要保管好，而且请随身携带，不要放入大的行李箱中，以免匆忙中被托运了，人就上不了飞机了。像我们这次去海南要是没了身份证就只能游泳回来啦！

作为大家的全陪，我的职责主要是照顾大家这几天的食、住、行、游、购，解决旅途中遇到的麻烦，尽我最大努力维护大家利益，务求使大家在这一次的旅途中过得轻松愉快，我的任务就是要让大家玩得开心愉快，但同时我非常需要在座各位的合作和支持。

俗话说："百年修得同船渡"，我觉得也可以说"百年修得同车行"，现在我们大家一起坐在这里，一起度过这几天的旅程，我觉得是好有缘分的，所以我希望在这几天的行程中，我们能够相处得愉快，同时也祝愿大家旅游愉快，玩得开心！

全陪介绍行程

这是我们公司赠送给大家的纪念品，有旅行袋、帽、团徽。公司发这个旅行袋的意思是祝愿大家"代代平安，满载而归"，大家回程时一般都会买些当地土特产带回来，这个袋到时就有大用处了。现在有的人如果本身带的包较小放不下去，可以打开公司这个大袋，把自己的小袋放进去，就还是一个袋，不会多出行

李来了。

还有呢,希望大家佩戴好这个团徽,因为等会儿到了机场,人比较多,流动性大,大家戴了团徽以后,就能够互相认识,并且知道都是来自同一个地方,那样就不容易找不到人了,是不是?而且到了旅游景点进门时,验票员看见这个团徽就知道是我们团队的,没有戴的就会被拦住查票,所以请大家佩戴好它,并且不要遗失了。

另外这个团徽背后印有我们公司的总机电话号码,当您遇到什么问题可以及时打电话求助。下面,我就来讲一讲大家最关心的行程,看看我们都要去哪些好玩的地方。我们这次是游览海南岛,它是我国的第二大岛。

在这五天里,我们将环游半个海南岛,我们是沿着东线海滨出发,直到最南端的三亚市,然后从中线山区回来,各种类型的景观都能看到。海南岛的西部由于还没有开发好,所以现在还没有安排进常规旅游线路中。

今天是第一天,我们现在从呼和浩特白塔机场乘坐飞机,去海口(顺便说一下起飞的航班是几点的)。当天我们会参观海瑞墓、五公祠。对了,我在这里出一个题目,回程时我会搞一个抢答比赛噢,第一个答对的游客有神秘礼物啊!听好了,我的第一个题目是:"五公祠里供奉的是哪五公?",大家记得在参观五公祠的时候好好听地陪讲解啊!

第二天我们会沿着东线进发,参观灵山鹿场,游览万泉河,接着去有"海南第一山"之称的东山岭,然后到达兴隆温泉,这里是一个热带农场,有可可、咖啡、胡椒、椰青等许多热带农作物,既可参观又可品尝,还可以泡温泉,怎么样,吸引人吧?

第三天到达三亚市,我们会游览鹿回头,这里有一个美丽的传说,讲一只梅花鹿怎么变成了一位大美女的,到当地由我们的地陪跟大家讲,这又是一个抢答题目噢,大家到时可要仔细听啊!

第四天我们去美丽的大东海、天涯海角、亚龙湾,然后会沿着中线山区返程,路上我们会参观黎苗村寨,知道海南岛的少女怎么表达爱意吗?就是用力掐那个被看中的男孩子啊!到时我们要看看咱团里的哪位靓仔会被掐得青一块紫一块啦!

第五天,在路上远眺五指山,大家都知道孙悟空被如来佛压在了五指山下,就在我们海南岛啊!俗话说"不识庐山真面目,只缘身在此山中",要想知道五指山的真面目,就要远眺,看是不是像五个手指。最后我们返回海口,乘飞机飞回广州。

全陪介绍相关事项

讲了这么多东西，大家记住了吗，记不住也没关系，到时我和地陪每天早上都会重复预报当天的节目的。我们大家出来旅游，当然是为了玩得开心。接下来我分成食、住、行、游、购、娱六个方面来讲可能会比较清楚。

首先，在食的方面，在中国的最南端有一个美丽的旅游城市——海南，海南最为著名的四大美食为：文昌鸡、加积鸭、和乐蟹和东山羊，我们本次行程中都会给大家安排，我们可以尝尝海南的羊和我们内蒙古的羊有什么区别。另外海南地区由于气温的原因普遍美食都会比较清淡，所以也希望我们大家做好心理准备。

在住的方面呢，我们公司为大家安排的全都是三星级或以上酒店，一般来说条件还是较好的，不过偶尔也会有些问题，比如说遇上旅游旺季或节假日，有时大家不能分到同一层楼啊，有时房间里的东西不齐全啊等。

有问题的时候大家可以向我提出，我会根据具体情况处理好，总之，我们一定会尽全力维护好大家的利益，这是我们的职责所在。

另外还有些问题要注意一下，到了酒店会有行李员来帮忙搬行李，一般来说这些服务是要给小费的，如果你的行李并不太多，可以不要行李员搬运行李。

如果请他们搬了就要给小费，这是一种礼貌，一间房的行李给5~10元也就差不多了。还有，房间冰箱里的饮料、酒柜中的各种酒，一般都是要另收费的，而且通常较贵，大家要看清价目单再取用。

在行的方面，每到达一个景点大家下车时，都要记清楚我们的车牌号码（一般记住最后三位就可以了），以及大概停放的位置，因为许多旅游车型是一样的，光靠记车的外形较难找车。另外大家一定要在规定时间准时返回，不要让一两个人影响全团的活动。迟到的游客要罚唱歌，要是总迟到，还要罚款给大家加菜啊！

回到车上时请大家不要争座位，我不会固定第一天的座位从此不变，因为有些老人走路慢，上车较晚，会坐得较后，但她们常常会晕车，所以请年轻人照顾一下。我们大家都来自同一个城市，出门在外，要注意互相团结，互相帮助，同时在外面的表现要给我们的家乡争光，不要给家乡抹黑。

在购物方面，因为旅游购物是旅游胜地的一大收入来源，所以那儿常是政府指定的购物地方，希望可以理解。

同时旅游购物对于我们旅游者也是很重要的，有些专门集中的特产购物点也给我们带来了一些方便，所以大家不妨去看看，中意的就买，不中意的就不买。

海南的特产大家都知道，珍珠是最出名的啦，俗话说"西珠不如东珠，东珠不如南珠"，这南珠就是指的海南岛直到广西合浦一带的珍珠啦。

现在说说晚间活动的事，我们国内团一般不安排集体的晚间活动，多是留给大家自由逛街，但我还是要提醒大家一些注意事项。晚上大家出去逛，要记清楚酒店的名称或者带上酒店的火柴、笔等有标志名称的东西。如果有人迷失路了，叫一辆的士，告诉他酒店名称就可以将您安全送达酒店了。

好了，等过一段时间，我们就会到达机场。下车以后我会举起这面导游旗，请大家跟我进入候机大厅，然后我去办理登机手续，大家可以自由活动一段时间，去一下洗手间，不过要听清集合时间，一定要准时回来集合，这是很重要的，并且注意保管好自己的行李物品。

等我办完手续后，我会把登机牌、机票、身份证、保险一起发给大家，大家先不要收进包里，因为马上检关的时候都要用到，所以请拿在手上。

（三）迎接旅游团（入境团）

入境团的全陪是从旅游团一入境就开始全程陪同，所以要到机场迎接旅游团。

1. 与地陪迎接团队

接团当天，全陪要提前与地陪联系，应提前30分钟到迎接地点与地陪一起迎接入境旅游团。境外团抵达国内机场后，全陪要与领队联系，问候领队与旅游团。

2. 核实情况

接到旅游团后，全陪应与领队尽快核实有关情况，做好以下工作：问候全团游客；向领队做自我介绍（可交换名片）并核对实到人数、行李件数，如有人数变化，与计划不符，应尽快与组团社联系。

3. 协助领队和地陪向行李员交接行李

如若旅游团地接社派行李员统一交运行李到酒店，全陪导游应协助领队和地陪向行李员交运行李，并协助清点核对行李数量。

4. 首站服务

（1）地陪在前，导引旅游团登车，前往景点或酒店。全陪与领队照顾全团安全。

（2）地陪进行沿途导游讲解服务。

5. 核实机票、签证

（1）接到入境旅游团的第一天核实行程后，全陪就要和领队核实回国的返程机票、核实从境外购买的国内旅途机票。

（2）核实全团游客签证的有效期，尤其是不在团体签证名单上游客的签证有效期，以免引起不必要的麻烦。

 情景再现

迎接美国旅游团

（全陪：鸿雁　　领队：Michael）

鸿雁：对不起，请问您是美国洛杉矶旅行社的 Michael 先生吗？

Michael：是的。

鸿雁：我叫鸿雁，是内蒙古旅行社的导游员。

Michael：你好，鸿雁女士。

鸿雁：您好，欢迎来到内蒙古。

Michael：谢谢！

鸿雁：Michael 先生，这个旅行团的所有人都来了吗？

Michael：只有一个没来。由于突发事件，Ethan 来不及打提前通知就取消了旅行计划。

鸿雁：没关系，那我们安排房间时得进行一些小小的调整。

Michael：给你添麻烦了，实在对不起。

鸿雁：没什么。那我们先去检查一下行李，然后让我们旅游团的人上车，您说好吗，Michael 先生？

Michael：就叫我 Michael 吧！我们去吧。哦，多好的天气啊，天好蓝！

鸿雁：8 月是内蒙古最好的季节。

……

（四）致欢迎辞（入境团）

在首站，全陪应代表组团社和个人向旅游团致欢迎辞，内容应包括：表示欢迎、自我介绍、介绍地陪、提供热情服务的真诚愿望、预祝旅行顺利等。

 情景再现

"欢迎到中国来"的欢迎辞

女士们、先生们：

你们好！

首先请允许我代表内蒙古旅行社以及我的同事们，欢迎你们来到我们的国家——中国，欢迎你们来到我们美丽的城市呼和浩特！我是你们这次中国之行的全程导游员，叫鸿雁。这位是王导，是大家在呼和浩特游玩期间的地陪导游员。我们非常荣幸能有机会为大家服务，并衷心祝愿你们的中国之行玩儿得开心！下面有请王导给大家介绍呼和浩特的有关情况（大家鼓掌）。

二、入住饭店服务

旅游团进入所下榻的饭店后，全陪应与地陪一起协助领队办好有关住店手续。

（一）全陪的工作

备好分房名单，收齐身份证件，交给饭店前台，前台复印或网上传递给公安部门后及时退还给游客。

分发房间钥匙前强调叫早、早餐时间或者再次活动的集合时间。同时，提醒游客注意入房后检查房间设备及洗漱、洗浴用品。

提醒游客外出时注意人身安全、财物安全。

告知旅游团全陪的房间号，以便有事联系。

照料行李进客房。

与地陪一起巡房。

再次与前台核实叫早时间。

入境旅游团到饭店后，一般由地陪配合领队办理入住饭店手续。

 案例分析

大堂内不见了张大爷的书包

北京某街道办事处的居委会主任旅游团105人从兴隆来到三亚一家四星级酒店，因为是旅游旺季，吃完午餐房间也没有整理出来。正在这时又来了两个旅游团，酒店大堂内人头攒动，于是有的居委会主任就到酒店内的商铺去看土特产。

前台人员把房间凑齐了，分发房卡后电梯繁忙、行李员劳碌。

地陪和全陪王海正在研究下午行程时，张大爷慌里慌张地来找他们，说他的一个手提包不见了，里面有一个数码相机，海口、博鳌、兴隆拍摄的照片都在里面。全陪王海赶紧请带队领导帮助他在团内寻找，并问是否有人帮他拿进了房间。地陪又与行李员联系，行李员说没有往房间送过一个黑色小书包。而且，各组组长说他们小组的人都未曾见到张大爷的书包。

张大爷急得满头大汗。全陪王海给他买了瓶冰矿泉水，请他坐下回忆。"张大爷您都去哪里了？"张大爷再三说哪里也没有去。王海想了想，跟行李员说："咱们就把大堂内所有场所搜寻一遍吧！"结果，在男洗手间坐便器的水箱盖上发现了那个书包。张大爷一见书包就笑了，说上厕所时听见别的主任喊分房就赶紧出来了，一急就把这个包忘了个干净。

全陪、行李员请张大爷查看，一件东西都不少。行李员笑嘻嘻地说："还有更玄乎的事哪，一个领队把装护照的书包也放在马桶水箱盖上了，比您更着急。大爷，下次去洗手间把书包交给我看管吧，免费的。"

【解析】游客丢了东西，让其冷静回忆线索，然后赶快寻找。分发房卡前，再次提醒游客携带好行李、物品。

（二）地陪离饭店后全陪的工作

1. 不随便外出

全陪必须坚守岗位，在游客、领队（带团领导）有事需要全陪帮助时，可以及时找到全陪。全陪不应在晚饭后外出会友、饮酒。否则万一有事，全陪如果不能立刻出现或者醉醺醺的，就是严重失职。

2. 每晚酒店内巡视

每天晚间应在大堂、楼层中巡视一两次，观察本团人员有无需要帮助的事情。有的客人也希望能有闲暇时间与全陪聊聊天，询问后面的行程。

3. 24 小时都处于工作状态

虽然当日全部活动结束，全陪仍要做好处理各种临时出现问题的思想准备。万一有突发紧急情况，全陪要立即处理，并迅速与地陪联系，地陪不得以"家远、打不到出租车"为由而不到现场。如果地陪拖延时间不积极前往，全陪要立即向组团社、地接社反映。

4. 注意安全住宿

研学游学生旅游团，老师一般在 22：00 ~ 23：00 查房。查房之后，有的学生便开始在楼层过道内、电梯处追逐打闹，影响别的客人休息。酒店的视频监控马上可以看到，酒店会给全陪打电话，请他劝阻学生们。

有的游客深夜带回"非本酒店住宿人员"，酒店发现后或通知全陪，或由保安制止该游客的不良行为。

5. 在自己房间好好休息，准备次日行程

全陪要保持手机畅通，及时充电，且不管谁打来电话都要接听。

查询天气预报，以便提醒游客增减衣服。收看当地新闻，以了解当地情况。

三、核定活动行程

全陪应分别与领队、地陪核对商定日程，以免游览过程中出现差错，造成不必要的误会和经济损失。一般以组团社的接待计划为依据，尽量避免大的改动；小的变动（如不需要增加费用，调换上午、下午的行程安排等）可主随客便；而对无法满足的要求，要详细解释。如遇到难以解决的问题（如领队提些对计划有较大变动的提议、全陪手中的计划与领队或地陪手中的计划不符等情况）应立即反馈给组团社，并使领队得到及时的答复。详细日程商定后请领队向全团宣布。全陪同领队、地陪商定日程不仅是一种礼貌，而且非常必要。

 情景再现

全陪和领队商谈日程

全陪：晚上好！请进。

领队：晚上好。现在所有的人都已经安顿下来，我们可以谈谈日程安排了。

全陪：当然。我和你住同一层楼，这样便于我招呼游客们。

领队：去年这个时候，我带来一个度假团队，我们合作得很好。每个人都玩得很开心。

全陪：我相信今年我们会配合得更好。这次是一个VIP团队，我们会把一切都安排得更完美。

领队：对。我们团队有32个成员，其中有10对夫妻，6位单身男性和6位单身女性。他们都受过良好的教育，都是职业人士。其中有2位大学教授，2位职业作家，还有4位新闻记者。

全陪：是的，我也事先了解了这些情况。我保证他们都会受到很好的照顾。特别是那4位记者，他们能为两国人民之间的理解和交流作出很大的贡献。

领队：这个旅游团主要是学术研究团。比起游览和购物，他们更愿意多接触人，更多地了解普通人，以及他们的生活方式和中国古老的文明。具体来说，他们很关心一些像妇女、孩子等情况和社会福利等社会问题。

全陪：可以理解。实际上，我已经安排了去拜访一些普通的中国家庭，还安排了同一些普通工人的交谈等活动。这是我做的日程安排，请您看看，是否有需要调整的地方？

 案例分析

取消了晨泳海嬉

某团来到宁波，全陪与地陪晚间核对行程，基本都对，只是地陪的行程中第三天有"普陀山千步沙早晨五点晨泳海嬉"的活动。从普陀山千步沙宾馆步行几分钟就到海滩，海水温热、沙白细软、海滩平坦，晨泳海嬉非常吸引人，但是潮汐和海水是无法控制的，万一出事旅行社承担不起责任。地陪认为应该没有任何问题，但全陪很谨慎，请组团社与地接社商议如何处理。两社决定为安全起见，决定住宿普陀山时，不再让地陪、全陪组织游客晨泳海嬉了。

【解析】旅游团所有的行程安排必须以安全为第一考量，不能存在侥幸心理，万一发生问题将后悔莫及。

四、参观游览活动

（一）全陪的作用

1. 协助地陪购票

帮助地陪统计好旅游团内各种优惠票人数（老年人、学生、残疾人、军人）及成人票人数。同时，收齐、保管好购买优惠景点门票所需的证件。

2. 协助地陪进景区验票

帮助理好队伍，地陪交验门票后，全陪站在验票处查看本团人员，免得外人混入，全陪最后进入景区。

3. 担负保卫工作

地陪在前面带领旅游团游览、讲解，全陪在队尾断后，担负起全团的保卫工作。

4. 提醒注意安全

在游览期间，不断提醒游客注意安全，这是全陪工作的重心。例如，在景区不要去招惹猴群，漂流时检查座椅是否稳固，骑大象在森林里游逛时要坐好，在野生动物园听从工作人员指挥等。

5. 关照特殊人员

在游览期间，全陪负责关照特殊人员，如等待、寻找、搀扶个别游客。

6. 把握旅游活动的节奏

全陪要把握整个旅游团的游览节奏，不快不慢。特别是当游客兴趣很大、逗

留不前时，全陪要协助地陪催促游客前往下一景点。

全陪要把握整个旅游团的日程节奏，不能某一天从凌晨忙到黑天，某一天空闲，要避免行程松紧失当。

 案例分析

全陪就要全程陪同

全陪小王陪同一个40人的老年团去北京，按照该团的计划，第一天游览了故宫、天坛和景山。第二天是游览长城和定陵，到达八达岭长城后，由于他来过长城多次，此次又是连续带团，觉得有点累，于是他决定留在下面而没有随团上长城。他这样做有什么不妥吗？

【解析】作为一名称职的全陪，应做好以下工作：

（1）在景点游览过程中，全陪要随时留意游客的举动，防止走失和意外事故的发生。

（2）随时帮助游客解决游览过程中所出现的一些问题。

（3）协助地陪，活跃和融洽团队气氛。

总之，没有特殊原因，导游员要始终与游客在一起。而小刘因为个人原因而没有和游客在一起，也就不可能算是尽此职责，有违一名全陪人员的基本职业规范。

（二）与地陪合作

1. 依靠而不依赖

地陪承担地接各项事宜，全陪要依靠地陪完成各项工作。有的全陪偷懒，接待工作全由地陪做，自己和游客一起游山玩水，尽情享受旅游之乐。这种依赖思想是错误的，全陪有自己的任务，要配合地陪的工作。

2. 协作而不替代

全陪要与地陪协作，但是积极工作有个"度"，不能喧宾夺主。有的地陪可能从各方面来说不如全陪，但是旅游中必须发挥地陪的作用，全陪不可替代地陪的工作。

 案例分析

贵社下次别派他来了

2005年，某社有系列团到遵义、贵阳参观游览。第二个团由该社的一位优秀导游柳涛担任全陪。在从贵阳开往遵义的旅游车上，地陪王晶向大家介绍了主要行程，然后就请大家在车上观看路旁风光。全陪柳涛走到车前，开始滔滔不绝地给大家讲解红军如何北上长征，并模仿毛主席、朱总司令、周总理的口音，赢来了一阵阵掌声。地陪王晶很佩服这位知识丰富、才艺出众的全陪大哥。

次日到黄果树瀑布、天星桥景区游览，地陪在车上大致介绍了风光特色。柳涛又拿过话筒讲起了世界三大瀑布：尼亚加拉瀑布（位于加拿大与美国交界处的尼亚加拉河上）、维多利亚瀑布（位于非洲赞比亚与津巴布韦接壤处）、伊瓜苏瀑布（位于阿根廷和巴西边界上的伊瓜苏河）。中国三大瀑布：黄果树瀑布、黄河壶口瀑布、镜泊湖吊水楼瀑布。

柳涛谈兴大发："兴义有个贞丰双乳峰景区，女人看了脸红，男人看了心跳，当地布依族称为'圣母峰'。在天星桥石头山的半山腰间，有一溶洞叫天星洞，洞内钟乳石色彩斑斓，赤、植、黄、绿、青、蓝、紫七色俱全……"

从黄果树回贵阳的路上，他又讲起了玉文化。两天来弄得地陪大失光彩，旅游车上就全听柳涛大侃特侃了。

事后地接社给组团社打电话：求贵社下个团千万别派该导游来了。

【解析】全陪本意是为客人热情服务，但是分寸过了等于抢风头。全陪的水平超过地陪很正常，但应当注意如何与地陪协作，且必须让地陪在台前唱主角。

3. 坚持而不固执

如果接待条件不够标准，全陪提出改进，必须马上见诸行动，全陪坚持原则是对的，但有时候客观条件不允许，就应适当变化、活络处理。

4. 补台绝不拆台

地陪有些做得不够，全陪要悄悄提醒。但是有的地陪自以为是，不接受意见。如果情况严重全陪应向组团社汇报，组团社向地接社提出意见。不论何种情况全陪都不可以公开与地陪闹矛盾、发生冲突，更不可以请游客评判是非。

在关键时刻，全陪不能让地陪出丑；相反要积极补台，因为地陪出丑就是旅游团的失误，旅游团是组团社的，而不是地陪的。

五、生活服务

在其他服务环节上，表面看全陪与地陪的工作相似，实际上工作重点不同。

（一）餐饮服务

全陪在就餐时应做好以下工作：①照料游客就桌入席。②查看菜肴质量。③听取游客意见。

（二）购物服务

组织旅游团听取购物店讲解、参观商品制作工艺、参观商品展示。

游客购物时，应游客要求为其参谋、帮助挑选。

安排不购物的游客在适当地方休息。

（三）娱乐活动

协助地陪宣传娱乐节目，协调娱乐活动，做到不重复，文明健康。

陪同旅游团观看节目、参加行程内的娱乐活动。

安排不参加娱乐活动的游客休息。

（四）自由活动

1.游客在景区、景点自由活动

（1）关注游客的人身、财物安全。

（2）游客走失要及时寻找。

2.游客晚间要求自由活动

（1）告知游客注意事项。

（2）请游客回到酒店后给全陪报个平安。

3.游览期间要求一天以上自由活动

（1）了解该游客要求自由活动的原因，并向组团社计调汇报。

（2）保持与游客的通信联系。

六、离站服务

（一）落实、核实交通票据

离站前全陪应做好旅游团乘坐交通工具前的有关工作及上下站之间的衔接工作。

（1）提前提醒地陪再次核实旅游团离开本地的交通票据以及离开的准确时间。如离开的时间有变化，全陪要迅速通知下一站接待社，若离开时间紧迫，则督促地陪通知。

（2）离开前，要向旅游者讲清航空（铁路、水路）有关行李托运和手提行李的规定，并帮助有困难的旅游者捆扎行李，请旅游者将行李上锁。

（二）交接行李

协助领队和地陪清点行李，与行李员办理交接手续。到达机场（车站、码头）后，应与地陪交接交通票据和行李托运单，点清、核实后妥善保存。

（三）提醒游客做好返程准备

请游客提前收拾整理好行李，把身份证件备好。向游客介绍登机时可以随身携带物品的规定，以及托运行李的注意事项。

（四）与地陪工作交接

送站前一天或当天旅游结束前与地陪进行工作交接，结清有关账目，并签字确认。全陪最好拍摄下费用明细单，便于向组团社汇报。

1. 做好地接各项旅游费用的签字、结算工作

各项活动中若有临时增加的费用，需地陪签字，全陪将签了字的费用明细单照相发给组团社。

2. 如实给地陪填写意见书

送站前，全陪导游应如实认真地为地陪导游填写意见书，根据带团真实情况，给予公正的评价。

3. 询问地陪当地机场是否有电子值机

是否实名制托运，因为实名制托运必须游客亲自办理。如乘火车，询问地陪火车站是否能够给旅游团提供方便（统一验票检票）。

（五）协助饭店与游客结清账目

与地陪一起协助饭店和游客结清账目（洗衣费、长途话费，消费了需付费的酒、物品等的费用）。若游客损坏了客房设备，协助饭店妥善处理赔偿事宜。

（六）协助地陪做好离饭店工作

协助地陪做好退房、上行李、早餐服务、登车等工作。

（七）前往机场、车站（登机、进站）

登车前往机场、车站前，提醒游客确认已随身携带身份证件。如果是全陪代为保管身份证件，一定要在办完入住手续后，核对清晰，封袋保存，乘车送机前再次查看是否携带，切不可到了机场再核查。

（八）告别感谢

离站前，要与地陪、旅游车司机话别，对他们的热情工作表示感谢。

（九）办理登机、登车手续，带领旅游团登机、登车

1. 乘飞机

迅速为旅游团换登机牌、托运行李，带领游客通过安检。如果团队人数很多，最好安排游客在两三个值机柜台分别办理登机手续。

提醒游客通过安检后要注意查看登机牌上（最上面或右下角）的重要提示："登机闸口起飞前 10（15）分钟时关闭。"提醒游客不要到离登机口太远的地方购物或休息。有的游客认为反正我换了登机牌，反正我过了安检，我不登机，机场要广播找我。机场已经尽了提醒职责，不管何种原因只要误了登机，责任一律由旅客自负。

2. 如乘火车

进入候车大厅后立即向值班站长提出请其安排旅游团提前进站。

（十）航班延误

进入候机厅后，如遇旅游团所乘航班延误或取消的情况时，全陪应立即向机场有关方面进行确认。当航班延误或取消的消息得到民航部门的证实后，全陪应主动与相关航空公司联系，协同航空公司安排好旅游者的餐饮或住宿问题。

（十一）处理旅游团、游客对于返程交通的个别要求

旅游团有时会提出更换旅游中以及最后返程交通工具的要求。长线旅游接连游览几个城市，有时游览两个城市后游客觉得很疲劳，会提出全团由硬卧改乘飞机的要求。

1. 全团提出更换交通工具

旅游团有时会提出更换返程交通工具的要求，如旅游团提出将返程卧铺改为飞机，地陪、全陪分别向本社汇报，按照两社达成的意见向旅游团宣布。旅游团补足交通综合差价（承担退票损失、补足飞机票款、送机的超公里车费），组团社通知地接社进行安排

2. 个别游客要求提高舱位、卧铺级别

有的游客要求将其返程机票由经济舱升为公务舱、头等舱；硬卧票改为软卧票；动车二等车厢改为头等车厢。如航空公司有舱位、铁路部门有票，补足差价后，为其办理。

3. 个别游客要求更换火车车次、航班

因为天气原因，或者列车开车时刻、飞机起飞时间原因，甚至由于飞机机型、火车速度等原因，游客提出更换火车车次、航班的要求。这些要求第一，变更了旅游合同关于返程交通的约定，第二，如果变更航班、车次就属于提前结束或延迟旅游活动。

旅游团的火车票大多是卧铺车票，更换车次等于退票，再购票会产生经济损失。旅游团飞机票为优惠价团体票，航空公司不予更换飞机航班。

游客如一定要更换航班、火车车次，由组团社决定，地接社协助办理，一切更换费用及损失由游客自理。

4. 飞机起飞前选座

飞机起飞前 24 小时内游客可以通过航空公司的网上值机、客服电话（免费）登录微信，自己选座位。选座后航空公司会给选座游客的手机发信息，再次告知所选座位。

七、联络服务

全陪要做好各站间的联络工作，架起联络沟通的桥梁，具体表现如下：

做好领队与地陪、游客与地陪之间的联络、协调工作。

做好旅游线路上各站间，特别是上、下站之间的联络工作；若实际行程和计划有出入时，全陪要及时通知下一站。

抵达下一站后，全陪要主动把团队的有关信息（如前几站的活动情况、团员的个性等）告知地陪，以便地陪能采取更有效、主动的方法，提供更好的服务。

八、旅途服务

在向下一站旅途中，无论乘坐何种交通工具，全陪都应提醒游客注意人身和财产安全，安排好旅途中的生活，努力使游客感到旅行充实、轻松愉快。具体来看，全陪在途中服务应做好以下工作：

积极争取民航、铁路、航运等部门工作人员的支持，共同做好途中的安全保卫工作和生活服务工作。做好途中的食、宿、娱工作。如乘火车（或轮船）途中需要就餐时，上车（或船）后，全陪应尽快找餐车（或餐厅）负责人联系，按该团餐饮标准为游客订餐。如该团有餐饮方面的特殊要求或禁忌，应提前向负责人说明。旅游团中若有晕机（车、船）的游客，全陪要给予特别关照；游客突患重病，全陪应立即采取措施，并争取司机、乘务人员的协助。做好与游客的沟通工作（如通过交谈联络感情等）。

九、抵站服务

所乘交通工具即将抵达下一站时，全陪应提醒游客整理带齐个人的随身物品，下机（车船）时注意安全。下飞机后，凭行李票领取行李，如发现游客行李丢失和损坏，要立即与机场有关部门联系处理，并做好游客的安抚工作。出港（出站）后，全陪应举社旗走在游客的前面，以便尽快同接该团的地陪取得联系；如无地陪迎接，全陪应立即与地接社取得联系，告知具体情况。向地陪介绍领队和旅游团情况，并将该团计划外的有关要求转告地陪。组织游客登上旅游车，提醒其注意安全并负责清点人数。

任务三　全陪末站服务

末站服务是指旅游团离开最后一站时全陪应做好的有关工作。它是全陪整个服务工作的最后一个环节，全陪应本着有始有终的精神，使旅游者如期顺利离站，并给他们留下美好的印象。

一、国内团队末站服务

在抵达客源地全陪带领游客下飞机后，从机场到原集合地点沿路，全陪导游工作内容如下：

（一）征求意见

向游客征求团队对此次行程的意见和建议，并填写《团队服务质量反馈表》。

（二）致欢送辞

全陪的欢送辞一般是在回到出发地的机场，即将散团前进行的，内容可以和欢迎辞相互对应，内容大致包含五个部分：①回顾与感谢；②表达友谊和惜别之情；③道歉及征求意见；④期待重逢；⑤祝愿。

二、送入境旅游团返程

入境旅游团结束在我国的旅游时，全陪、地陪要做好送站工作。

（一）提醒工作

当旅行结束时，全陪要提醒游客带好自己的物品和证件。

（二）征求意见

向领队和游客征求团队对此次行程的意见和建议，并填写《团队服务质量反馈表》。

（三）致欢送辞

在离开最后一站前一天的晚上，全陪应与旅游团话别，致欢送辞。主要内容有以下几方面：

第一，简明扼要地回顾全程中的主要活动，表示与旅游者共同度过了一段愉快的旅行生活，对全团给予的合作表示感谢。

第二，欢迎他们再次光临，对领队游客给予的合作和支持表示感谢，并欢迎再次光临。

第三，征求旅游者对整个接待工作的意见和建议。途中，如旅游者蒙受了损失或发生过不愉快的事，要再次表示歉意，以求得旅游者的谅解或予以弥补。

第四，提醒他们离店前捆扎好（锁好）托运行李，带好自己的随身物品和证件。若是入境旅游团要随身带好护照、海关申报单、购买文物和贵重中药材的发票，以备出境时海关查验，并向他们介绍如何办理出境手续。

情景再现

全陪的欢送辞

女士们、先生们：

经过几天的观光游览，你们即将离开中国，借此机会我代表我们旅行社和在座的各位中国同事，向各位亲爱的朋友表示感谢，向你们道别。

谢谢大家的耐心和友善，这使我的工作变得更加容易，也使我更多地了解了你们的国家和人民。你们中有的人教我学英语，有的人给我介绍你们的文化和生活方式，这些都将使我成为一个更好的导游员。还有各位的合作和理解使我们整个旅途特别愉快，在此我衷心地感谢大家。

几天以前，我们还互不相识。而今天，我们却以朋友的身份相互告别。我将永远珍藏与大家共度的美好时光。我相信越来越多的交往会使我们两国人民走得越来越近，进一步地拉近两国的友好关系。

旅游业在中国还是一个年轻的、不断发展的行业。我们一直致力于改进我们的旅游服务质量。下次你们来中国，一切将变得更好。我们期待着能再次见到你们。

祝大家返程旅途愉快！早日和家人团聚。我再次衷心地感谢大家。祝大家旅途顺利！

（四）送站服务

入境旅游团的送站服务类似国内旅游团，旅游团要乘坐国际航班，必须提前3个小时或在航空公司规定时间抵达机场。导游要按下列程序协助入境旅游团返程。

国际航班乘机流程：通过海关—办理登机手续—卫生检疫—边防检查—接受安检—候机登机。

1.过海关

有物品申报走红色通道，办理海关手续；没有物品申报走绿色通道。

2.办理登机手续

凭本人有效护照、签证到相应值机柜台办理乘机手续（换取登机牌、行李托运）。

3.卫生检疫

如果出境旅游团前往或途经的国家（地区）为传染病流行疫区，或者欲前往的国家（地区）对国际旅游预防接种有明确要求，都需要提前办理黄皮书。在关口的卫生检疫柜台，应接受卫生检疫人员的黄皮书检查。

特殊时期的卫生检疫，在 2003 年非典型肺炎（SARS）出现后，中国各关口出入境都增加了自动测量游客体温的设备，设立了体温筛查制度。游客的体温如果超出规定，将被要求复查并说明理由。之后，相继出现了禽流感病毒（H5N1、H7N1、H7N2、H7N3、H7N7、H9N2 和 H7N9）。如若在疫情暴发期内，出入境要进行卫生检疫，要求旅游者填写《中华人民共和国出入境检验检疫出入境健康申明卡》，并将其与黄皮书一同交给卫生检疫柜台。

4. 边防检查

外国游客交验有效护照、签证、出境登记卡出境。

5. 安检

将登机牌、有效护照证件交给安全检查员查验。随身物品须经 X 光机检查，游客须从探测门通过，安检员进行人工检测。导游员在安检口与游客握手道别。

6. 候机、登机

按照登机牌显示的登机口到相应候机区休息候机、登机。

三、善后工作

（一）处理遗留问题

旅游团离境后，全陪应根据旅行社领导的指示，认真处理好旅游团的遗留问题，办理好旅游者的委托事项，提供尽可能的延伸服务。

（二）填写"全陪日志"

全陪应认真、如实地填写"全陪日志"或撰写旅游行政部门（或组团社）所要求的资料。"全陪日志"的内容包括：旅游团的基本情况，旅游日程安排及旅程中的交通运输情况，各地接待质量（包括旅游者对行、游、住、食、购、娱等方面的满意程度），发生的问题及事故的处理经过，旅游者的反映及改进意见等。

（三）按财务规定，尽快结清该团账目

全陪导游要按照所在旅行社财务报账规定，在规定时间按流程填写清楚有关接待和财务结算表格，连同单据、活动日程表等进行办理后期账目结算。

（四）归还在组团社所借物品

带团结束后，全陪导游应及时归还向组团旅行社所借所有物品，如导游旗等。

（五）做好总结反思工作

全陪带团到祖国的大江南北参观游览，见识颇多，又同各种各样的领队、地陪打交道，每送走一个旅游团，应及时总结带团的经验体会，找出不足，不断提高全陪导游服务的水平、不断完善自我。若有重大情况发生或有影响到旅行社以后团队操作的隐患问题，应及时向领导汇报。

海外领队服务规程

任务要求

1. 掌握海外领队带团规程
2. 掌握海外领队服务技巧

案例导入

罗马西班牙广场的"艳遇"

西班牙广场是意大利罗马最有特色的广场，周围有许多著名建筑，其中梵蒂冈传信部大楼和西班牙宫最漂亮。宫前有一处"破船喷泉"，水从船里潺潺流出，总是吸引着大量的游人。

2000 年，北京一旅游团赴欧洲 8 国游，第二站就是意大利罗马。当旅游车快到西班牙广场时，当地导游向旅游团讲解注意事项：

"西班牙广场游人很多，周边的路口也较多。大家一定要记住我们的车号和集合上车的时间，特别要注意保管好自己的随身物品，广场上经常有些吉普赛女郎在跳舞，趁机偷走你的钱包。"

当全体团员下车后，领队与其他两位客人走在队尾，并与大多数团员拉开了距离。就在这 3 位沿着广场东侧的人行道前往"破船喷泉"时，在行走的人流中突然迎面来了 4 位吉普赛女郎，她们边走边舞，靠拢过来。

3 人因在车上听了导游讲的注意事项，思想上有所防备。果然，这几位吉普赛女郎一边舞一边向 3 位团员的身上乱摸，并把手伸向一位团员的上衣口袋。3 人见状，赶紧躲闪，领队喊了声"快跑"，大家迅速跑开了。

出境旅游是我国三大旅游类型之一，也是我国公民出外旅游的重要渠道。2018 年上半年出境游人次达到了 7131 万人次，比 2017 年同期的 6203 万人次增长 15%，需要大量为之提供服务的人员，即领队。

海外领队，又称出境旅游领队，简称"领队"。2016年11月7日，全国人大常委会通过了"关于修订《中华人民共和国旅游法》等十二部法律的决定，将《旅游法》第三十九条修改为'从事领队业务，应当取得导游证，具有相应的学历、语言能力和旅游从业经历，并与委派其从事领队业务的取得出境旅游业务经营许可的旅行社订立劳动合同'。"领队既是旅游团的领导和代言人，又是其服务人员、游客合法权益的维护者和文明旅游的引导者，在派出方旅行社（组团社，即经国务院旅游行政管理部门批准，依法取得出境旅游经营资格的旅行社）和旅游目的地国家（地区）接待方旅行社之间以及游客与导游人员之间起着桥梁作用。

任务一　领队准备工作

根据《中国公民出国旅游管理办法》和《旅行社出境旅游服务规范》，领队在带团出境前应做好的准备工作主要有：听取出境旅游团队计调人员关于该团情况的介绍和移交有关材料，熟悉旅游接待计划，进行必要的物质准备和知识准备以及开好旅游团出境前的说明会。

一、领队接受任务

（一）领取接待任务

听取旅行社计调人员介绍团队情况并接收其移交的出团资料。领队在接到带团工作任务后，首先就要与旅行社的计调取得联系，听取计调对此团队的详尽介绍。内容一般包括：团队构成的大致情况、团内重点团员的情况、团队的完整行程、团队的特殊安排和特别要求、行前说明会的安排。

（二）领取相关资料

计调在向领队进行团队情况介绍的同时，应向领队移交该团的各种资料。这些资料包括：团队名单表、出入境登记卡、海关申报单、旅游证件、旅游签证/签注、交通票据、接待计划书、联络通讯录等。出入境登记卡、海关申报单可在出境的当天，直接到边检、海关柜台前领取。

此外，还应接受《出境旅游行程表》和《中国公民出国旅游团队名单表》（以下简称《名单表》），如表5-1所示。

《出境旅游行程表》要求清楚明了，处处为游客着想，以方便游客为主要原则，由领队在行前说明会上发给游客。其内容应列明：旅游线路、时间、景点；交通工具的安排；食宿标准档次；购物、娱乐安排及自费项目；组团社和接团社的联系人和联络方式；遇到紧急情况的应急联络方式。

　　《名单表》由国务院旅游行政管理部门统一印制。游客和领队首次出境或再次出境，都应当填写在《名单表》中。按照规定经审核后的《名单表》不得再增添人员。《名单表》一式四联分为出境边防检查专用联、入境边防检查专用联、旅游行政部门审验专用联和旅行社自留专用联。

 知识链接

表5-1　中国公民出国旅游团队名单表

组团社序号：　　　　　　团队编号：　　　　年份：

领队姓名：　　　　　　　领队证号：　　　　编号：

序号	姓名		性别	出生日期	出生地	护照号码	发证机关及日期
	中文	汉语拼音					
领队							
1							
2							
3							
4							
5							
6							
7							
8							
9							
10							
11							
12							

年　　月　　日由　　口岸出境	总人数：（男　　人，女　　人）
年　　月　　日由　　口岸入境	

授权人签字 组团社盖章	旅游行政管理部门 审验章	边防检查站 加注（实际出境　人）　出境验讫章

旅游线路：

组团社名称：　　　　　　联络人员姓名及电话：

接待社名称：　　　　　　联络人员姓名及电话：

中华人民共和国文化与旅游部印制

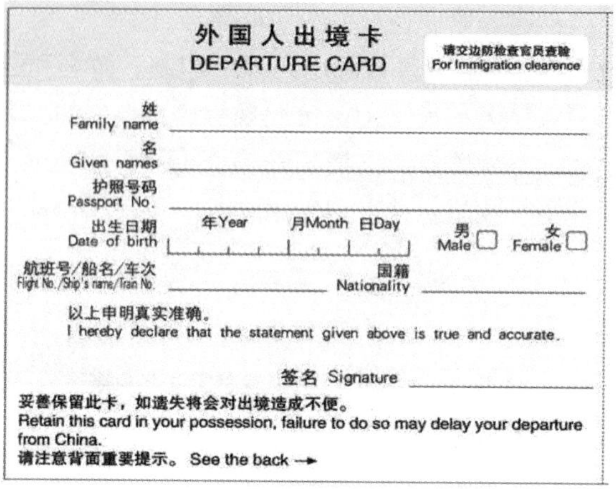
外国人出境卡
DEPARTURE CARD
请交边防检查官员查验
For Immigration clearence

姓 Family name
名 Given names
护照号码 Passport No.
出生日期 Date of birth 年Year 月Month 日Day
男 Male 女 Female
航班号/船名/车次 Flight No./Ship's name/Train No.
国籍 Nationality
以上申明真实准确。
I hereby declare that the statement given above is true and accurate.
签名 Signature
妥善保留此卡，如遗失将会对出境造成不便。
Retain this card in your possession, failure to do so may delay your departure from China.
请注意背面重要提示。 See the back →

图 5-1　出境登记卡

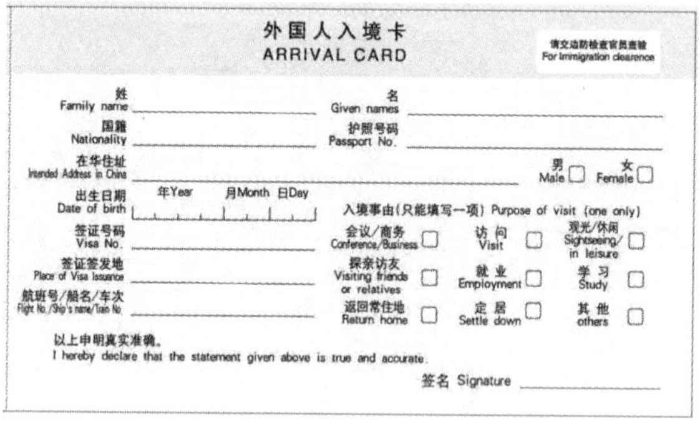
外国人入境卡
ARRIVAL CARD
请交边防检查官员查验
For Immigration clearence

姓 Family name
名 Given names
国籍 Nationality
护照号码 Passport No.
在华住址 Intended Address in China
男 Male 女 Female
出生日期 Date of birth 年Year 月Month 日Day
入境事由(只能填写一项) Purpose of visit (one only)
签证号码 Visa No.
会议/商务 Conference/Business
访问 Visit
观光/休闲 Sightseeing/in leisure
签证签发地 Place of Visa Issuance
探亲访友 Visiting friends or relatives
就业 Employment
学习 Study
航班号/船名/车次 Flight No./Ship's name/Train No.
返回常住地 Return home
定居 Settle down
其他 others
以上申明真实准确。
I hereby declare that the statement given above is true and accurate.
签名 Signature

图 5-2　入境登记卡

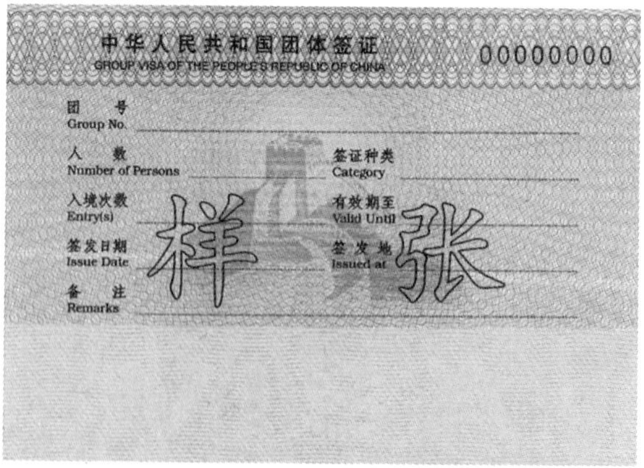
中华人民共和国团体签证
GROUP VISA OF THE PEOPLE'S REPUBLIC OF CHINA
00000000
团号 Group No.
人数 Number of Persons
签证种类 Category
入境次数 Entry(s)
有效期至 Valid Until
签发日期 Issue Date
签发地 Issued at
备注 Remarks
样张

图 5-3　中华人民共和国团体签证

图 5-4 往来港澳签注

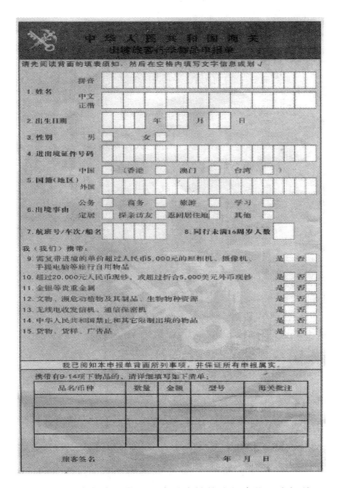

图 5-5 中华人民共和国海关出境旅客行李物品申报单

（三）熟悉团队信息

领队对所要带领的团队的档案信息需要认真熟悉和查看。查看信息有利于领队快速地熟悉团队构成情况，以便对游客提供针对性的服务。查阅信息一般要了解：旅游团的名称（或团号）和人数；旅游团成员的姓名、性别、年龄、职业、宗教信仰、饮食禁忌、生活习惯等；团内较有影响的成员、需要特殊照顾对象和知名人士的情况。

（四）熟悉旅游行程接待计划

领队对组团社拟发给游客的旅行行程及与境外接待社确认的接待计划书要认真阅读，对每天的行程要熟悉到能够复述。对旅游行程接待计划应掌握的要点有：旅游团抵离各地的时间及所乘用的交通工具；旅游行程计划当中所列的全部参观游览项目；行程中下榻的各地饭店的名称；全部行程中的文娱节目安排、用餐安排等事项。

1. 了解情况

领队在带团出发前要了解和熟悉旅游团的基本情况，如出游的国家或地区、入境口岸和旅游线路；掌握旅游目的地国家或地区接待社的社名、联系人、联系电话和传真。

2. 掌握资料

掌握旅游团有关详细资料，如团员名单、性别、职业、年龄段、特殊成员和特殊要求，旅行日程、交通工具、下榻饭店和旅游团报价。

3. 做好核对工作

（1）检查旅游者护照、机票，全团卫生防疫注射情况和客人交费情况。如发现问题，应及时报告组团社。

（2）核对旅游目的地国家或地区接待社的日程安排是否与组团社旅游计划一致。若发现问题应及时报告组团社，让组团社与有关接待社交涉。

（五）查验全团成员的证件、签证及机票

具体要求如下：对护照，重点检查姓名、护照号码、签发地、签发日期、有效期等内容；对签证重点检查签发日期、截止日期、签证号码等内容；对机票，重点检查姓名、日期、航班号等内容；在所有的项目检查中，姓名是最重要的检查项目，游客护照上的姓名应当与签证和机票上面的姓名完全一致。签证和国际机票上的姓名，通常用英文（或汉语拼音）填写，要特别注意查看是否有字母拼写错误。如发现错误，应立即与计调联系，迅速加以解决。

为方便出团时护照清点、发放及游客点名时的便利，领队还需对团队游客的护照进行排序，然后在每本护照的封面页上贴不干胶贴签，上面写上编号和姓

名，编号应与团队名单表上的顺序一致，以方便工作，并要求游客熟悉自己的团队编号，在通关、办理登机等手续排队时做到有条不紊。

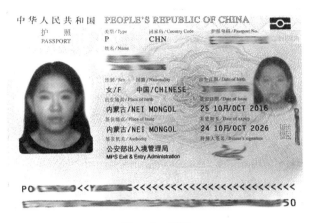

图 5-6　护照

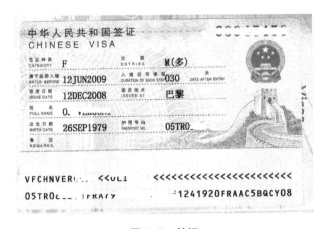

图 5-7　签证

二、召开出境前说明会

旅游团出境前，组织全体游客召开出境旅游说明会，是出境游十分重要的程序。行前说明会通常在团队正式出发前一周左右召开。在说明会上，领队要将有关事项告知每一位游客；同时借此机会达到领队与游客、游客与游客相互认识的目的，以便于以后团队组织工作的顺利开展。

（一）出国说明会流程

1. 经理做重要讲话

经理介绍领队及团队总的行程安排及重大注意事项，感谢客人对本旅行社的信任，表明旅行社热忱服务的态度。

2. 领队致欢迎辞

欢迎辞的主要内容是对游客表示欢迎和感谢；自我介绍；表达自己真诚服务的愿望；预祝游客旅游顺利。

3. 领队作行程说明

向旅游团发放行程表，按行程表内容逐一介绍目的地国家（地区）的基本情况，特殊的法律制度和礼节礼貌、风俗习惯，并可穿插播放介绍旅游目的国（地区）概况的风光片。同时说明哪些属于自费项目，告知所经城市及集合时间和地点。

（二）出国说明会的内容

参照《旅行社出境旅游规范》，其内容一般包括：重申出境旅游的有关注意事项以及外汇兑换事项与手续等；发放并重点解读根据《旅游产品计划说明书》（以下简称《说明书》）细化的《行程须知》；发放团队标识和《游客旅游服务评价表》。

1. 情况说明

翔实说明各种由于不可抗力/不可控制因素导致组团社不能（完全）履行约定的情况，以取得旅游者的谅解。其中，《行程须知》除细化并如实补充告知《说明书》中交通工具的营运编号（如飞机航班号等）和集合出发的时间、地点以及住宿的饭店名称外，还应列明：①前往的旅游目的地国家或地区的相关法律法规知识和有关重要规定、风俗习惯及安全避险措施；②境外收取小费的惯例及支付标准；③组团社和接团社的联系人和联络方式；④遇到紧急情况的应急联络方式（包括我驻外使领馆的应急联络方式）。

2. 行前说明会还应向游客宣布境外饭店住房名单

按照团队旅游的通常情况，游客在境外的住房为双人标准间；如果有游客对同住游客有异议，领队应及时与游客商议并进行调整，争取让游客满意。宣布分房表安排时，可能出现的情况：游客付费预订的是单人间，却被分成标准间，领队需马上与计调联系给予更正；游客提出加床要求，旅行社应满足其要求，并收取加床费。

3. 事项注意

最后，行前说明会可告知游客的其他事项包括：①特别强调出发时间、集合地点；②对游客提出团结互助、礼貌友善、支持领队工作的希望；③强调文明旅游，对以往中国游客受非议的不文明习惯进行点评；④对旅游目的地的天气状况进行介绍，对游客行装进行建议。

（三）行前说明会领队要注意的问题

1. 领队

领队务必要参加行前说明会，不能以任何理由推托。在参加或主持行前说明会时还需注意体现出领队的精神风貌；以礼貌语言亮相；着重强调时间；告知游客自己的手机号码；记录每位游客的手机号码，必要时建微信群方便带团管理与联络。

2. 游客

对于因故未能前来参加说明会的游客，领队要打电话与其联络沟通，一定要让每一位游客都知道行前说明会的内容，避免耽搁行程、出现纠纷。

 案例分析

如何开好行前说明会

某出境旅行社组织了全省共计 30 名游客前往境外旅游。该国际旅行社的行前会操作模式是，由领队自己召集，并按照《旅行社出境旅游服务质量》的要求操作。由于领队经常带旅游团出境，自认为经验丰富，不需要专门召开行前说明会，而且全省游客都是各自赶往机场集中，领队决定在机场统一进行说明会，给游客讲解有关事项，并发放相关资料。最后 5 名游客到达机场后，领队又因为忙于办理登机手续，一直没有机会给他们具体讲解有关事宜，直到旅游团抵达境外后，领队才给这 5 名游客发放行程计划表，并匆忙向他们交代了几句。

黄先生是第一次出国旅游，加之行前说明会过于简单，无意中冒犯了当地习俗，遭到当地居民的指责。黄先生回国后，要求该国际旅行社赔礼道歉，并赔偿其精神损失。

【解析】出境旅游必须召开行前说明会，这既是《旅行社出境旅游服务规范》的要求，也是由出境旅游的特殊性所决定的。召开行前说明会应注意：①讲解的内容必须规范；②尽可能召集所有的游客都参加行前说明会；③行前说明会应达到降低游客期望的目的。

案例中出现的冒犯当地习俗，直接的原因就是领队没有开好行前说明会。该游客提出的赔偿请求是否合乎法律的规定暂且不说，领队的行前会开得不够理想，这一点是肯定的。如果领队已经将所有的事宜告知游客，即使发生上述状

况，也应当由游客自己承担责任，而事实上领队并没有这样做，因而应由领队承担相应的责任。

三、物质准备

领队的行装，主要由带团必备物品、工作辅助用品以及个人生活用品组成。

（一）出团所需的证件、机票及业务资料

行装当中领队一定要携带全团游客及自己的旅行证件。领队一般在出发前务必把全团成员的护照、机票进行复印，并在出团时与正本分开随身携带。旅游行程中，领队应对护照精心保管，不能出任何差错。仅在机场临近办理登机手续或出入境手续时才能发给游客。旅游团持团队旅游签证或去免签证的国家或地区时，领队必须携带《名单表》。此外，领队还应该携带《出境旅游行程表》、分房名单、境外旅行社联络方式、领队证、领队名片、领队旗等。

（二）开展工作的辅助物品

辅助物品一般用于应对所要抵达的国家的各项状况，如旅游书籍、旅游地图等，通信联络工具和紧急救助电话，一些小的礼品，用以融洽与境外工作人员的人际关系或摆脱各种纠缠。这些辅助用品和资料，对于领队完成任务，可以提供质量上的保证。

（三）个人的生活必需品

领队的穿着是领队精神面貌的体现，领队的穿着应该比照白领等职业人士的要求，既要有一套正式服装或职业服装，也要多准备一些休闲类服装。

准备的常用药品，包括感冒药、肠胃药、消炎药、风油精、乘晕宁、创可贴等。

其他的生活必需品及杂品，如牙具、拖鞋、太阳镜、笔记本、笔、计算器、小面额外币现金等。

任务二 出境入境服务

在出境旅游中，出入境服务是指领队带领旅游者从客源国出境、到旅游目的地国入境的服务以及目的地国家（或地区）离境服务和归国入境服务。

一、办理中国出境手续

旅游团出境时，领队应提前告知通关的手续，并向旅游者发放通关时应向口

岸的边检、移民机关出示、提交的旅游证件和通关资料（如出入境登记卡、海关申报单等），引导团队游客依次通关。

由于旅游者往往在充满兴奋、好奇的同时也存在着紧张和担心甚至恐惧的心理，领队作为组团社的代表，要理解旅游者的这种心情，在客人得意忘形时，要适当地提醒其应注意的事项，而当客人紧张得不知所措或忧心忡忡时，应耐心细致地予以关心和体贴，切忌出现急躁情绪。与此同时，要注意察言观色，做好协助配合工作，使旅游团充满着团结友好的气氛。

办理中国出境手续工作内容见图5-8。

图5-8　中国出境手续流程

（一）团队集合

1. 提前到达、清点人数

领队应当至少提前10分钟到达集合地点，并直立竖起组团社的领队旗，以便游客容易发现，将手机始终开启，随时准备接听游客打来的电话。

领队与游客会合后，应拿出全团的《名单表》，为已经抵达的游客画钩签到，集中清点人数。

2. 介绍出关程序

在全体游客到齐后，领队应进行一个简短的讲话。讲话的内容主要是告知游客办理海关申报手续、登机手续、边防检查手续等的步骤，并希望全体游客配合。

（二）办理海关手续

1. 了解中国海关的各项规定

领队应了解并向全团游客介绍中国海关的各项规定，包括红色通道与绿色通道；中国海关部分限制进出境物品；中国海关部分禁止出境物品；《中华人民共和国海关进/出境旅客行李物品申报单》的具体内容和填写要求。

2. 领队带游客办理海关申报

按照规定，海关验放入出境旅客行李物品，以自用合理数量为原则。游客出境，携带须向海关申报的物品，应在申报台前，向海关递交《中华人民共和国海关进/出境旅客行李物品申报单》（2005年7月1日起开始适用，如图5-5所示），按规定如实申报其行李物品，报海关办理物品出境手续。

因此，领队在带领团队游客经过中国海关时，应做好下列工作：

（1）告知游客中国海关禁止携带出境的物品。

（2）请携带无须向海关申报物品的游客从绿色通道穿过海关柜台，进入等候区。

（3）领队带领携带有向海关申报物品的游客从红色通道到海关柜台交验本人护照，经海关人员对申报物品进行实物检验后，盖章准予放行。经海关验核签章的申报单证，应妥善保管，以便回国入境时海关查验。

（三）办理乘机手续

《旅行社出境旅游服务规范》要求："领队应积极为旅游团队办理乘机和行李托运的有关手续，并依次引导团队登机。"

1. 告知游客航空公司的各项规定

领队应清楚航空公司对乘机旅客行李的规定，并告知游客。在办理乘机手续之前，对一些可能出现的问题再次提醒游客，如水果刀等不能放在手提行李中、贵重物品不要放在托运行李中等。

2. 集体办理乘机手续

一般来说，领队应事先收齐全团所有游客的护照，到所搭乘航空公司的值机柜台前交验全部护照，办理乘机手续。领队应要求游客配合将拟托运的行李在值机柜台前按顺序排列，以方便托运清点。为保证托运行李的准确，领队应做到两次清点：在办理托运前将要托运的行李件数清点一遍，在航空公司值机员将要托运的行李系上行李牌后，进行再次清点。

在托运行李的过程中，领队应要求有行李托运的游客在旁边协助，在看到自己的行李进入行李传送带后方可退后等待。

在办理完乘机手续后，领队需要认真清点航空公司值机员交还的物品，包括护照、登机牌和行李票。

集体办理完乘机手续后，领队要将证件、登机牌逐一发还给每位游客；不能委托其他游客代为转发，并提醒游客妥善保管。全团的行李票由领队保管存放，不再发给游客，但应告知游客。

（四）通过卫生检疫

如果出境旅游团前往或途经的国家为传染病流行疫区，或者欲前往的国家对国际旅行预防接种有明确要求的，都需要提前办理黄皮书。

领队带领游客在关口的卫生检疫柜台前，应接受卫检工作人员的黄皮书查验。如游客未办理黄皮书，应按照卫生检疫的要求，现场补办手续。

图 5-9　国际预防接种证书（黄皮书）

（五）边防检查及登机安检

1. 接受边防出境检查

过边检时，领队可带领游客排队按顺序接受边防出境检查。游客须出示本人护照（含有效签证）、登机牌，边检人员对护照、签证验毕，在护照上加盖出入境验讫章后将护照和登机牌交还旅客，完成边检手续。

如是团体签证或去免签国家，领队应出示《名单表》、导游证和团体签证。所有游客必须按照名单顺序排队，逐一通过边防检查。

旅游团队在过边防检查时，领队始终应走在前面，第一个办妥手续，然后到里面游客可以看到的地方站立，等候游客。对完成边防检查的游客，可先指引他们继续前去进行登机前的安全检查。

2. 过安检、候机、登机

游客会通过安全门，经过磁性探测器近身检查或搜身，随身物品通过红外线透视仪器检查或全部物品打开检查。在完成了安检手续后，领队应带领游客到登机牌上标明的登机闸口候机厅等候登机。

 案例分析

领队带团通过安检为什么受阻

2007 年"五一"黄金周期间，领队 M 先生带着一个"澳洲七日游"的旅游团一行 32 人，乘航班从上海飞悉尼，在上海通过海关检查时受阻：领队 M 先生新买的一支牙膏和一瓶头发定型水被海关没收，一位患风湿病的老人拿了七瓶医院熬制的液体中药，也不能随身携带上机。

牙膏和定型水被没收，领队无话可说。而老太太急得要哭了："我不想出门旅游，花钱大多，我女儿一定让我去澳大利亚，说那边风景好、人少、气候好，对我身体有好处，我有痛风病，临出发前，特地去医院看病，让医生开了七瓶中药，每天服用一瓶，一日三次，这样走路时膝关节就不会痛……"海关人员请老人出示医院处方或病历以及医院证明，老人拿不出上述证明，无论怎么说情都无效，老人家由于着急，情绪失控，哭喊着说花了 1 万多元一定要上机。最后，海关检察官找到领队，让他通过让机场包装行李服务处，将其中六瓶中药用坚硬的材料包装好，再与办理托运行李柜台的工作人员商量，将托运的行李找出来，把包装好的中药包在行李里，重新托运。老太太则随身携带一瓶中药登机。

【解析】这件麻烦事的发生，主要责任在领队。依据民航总局 2007 年 3 月 17 日发布《中国民航总局关于限制携带液态物品乘坐民航飞机的公告》（以下简称《公告》），全国民航   于 2007 年 5 月 1 日起遵照公告内容实施新的液态物品检查规定。《公告》中规定"乘坐国际、地区航班的旅客要将随身携带的液体物品（包括液体、凝胶、气溶胶、膏状物）盛放在容积不超过 100 毫升的容器内。对于容器超过 100 毫升的容器，即便该容器未装满液体，也不允许随身携带，应办理托运"。

在本案例中，领队在讲解时显然未强调遵守法令的重要性。

二、办理国外入境手续

旅游团抵达目的地国家或地区机场后，必须办理一系列的入境手续，其顺序大致与我国出境时的检查顺序相反。在带领全团办理入境手续之前，领队要清点一下旅游团人数，叮嘱他们集中等待，不要走散。

办理中国入境手续工作内容如图 5-10 所示。

图 5-10　中国入境手续流程

（一）通过卫生检疫

请游客拿出黄皮书，接受检查。有的国家还要求入境者填写一份健康申报单，此时领队应给予旅游者必要的帮助。

（二）办理入境手续

带领旅游者在移民局入境检查柜台前排队等候，告诉旅游者不要对着检查人员拍照，不要大声喧哗。接受检查时，向入境检查人员交上护照、签证、机票和入境卡（有的入境官还要求出示当地国家旅行社的接待计划或行程表），入境官经审验无误后，在护照上盖上入境章，并将护照、机票退还。这时，应向入境官道一声"谢谢"。

如果旅游团持的是团体签证，则需到指定的柜台办理入境手续。此时，领队应走在旅游团的最前面，以便将团体签证交上，并准备回答入境官的提问，领队回答问题时应从实回答。

如果旅游团个别游客是落地签证，要通往专门的落地签证处进行办理。

（三）认领托运行李

入境手续办完后，领队应带头并引领旅游者到航空公司托运行李领取处（传送带上）认领各自的行李。如果有的旅游者发现自己托运的行李被摔坏或被遗失，领队要协助其持行李牌与机场行李部门交涉。如确认遗失了，需填写行李报失单，交由航空公司解决。领队应记下机场行李部服务人员的姓名与电话，以便日后查询。如果行李被摔坏，领队要协助旅游者请机场行李部门或航空公司代表开具书面证明，证明损坏或遗失是航空公司的原因引起的，以便日后向保险公司索赔。行李领出后，领队应清点行李件数无误后，再带领他们前往海关处通关。

（四）办理入境海关手续

由于世界各国的海关对入境旅客所携物品、货币、烟酒等及其限量有不同的规定，领队在带团出境前需从有关国家驻华使馆网页上查询清楚，并告知旅游者，以免入境时出现麻烦。

在带领旅游者通关之前，领队应告知他们逐一通关后在海关那边等候，不要走散，因为国外机场很复杂，且迷失难以寻找。在通关前，领队要协助游客填写好海关申报单，然后持申报单接受海关检查。一般情况下，海关口头询问旅客带

导游业务与典型案例

了什么东西，然而有的海关人员要对行李进行开箱检查，甚至搜身。领队要告诉旅游者应立即配合检查，不要与之争执。当海关人员示意通过时，应立即带着自己的行李离开检查柜台。

三、与接团导游人员接洽

在办完上述手续后，领队应举起社旗，带领游客到候机楼出口与前来迎接的境外接待社导游人员接洽。首先向对方作自我介绍，互换名片，对对方的手机号码进行确认，并立即将其输入自己的手机中备用，然后向对方就接团工作进行交流。通报旅游团实到人数和旅游团概况，转达旅游者的要求、意见和建议，并与对方约定商谈旅游团整个行程的时间。内容包括：①旅游团实到人数和旅游团概况；②转达旅游者的要求、意见和建议；③问清是否由机场直接去下榻饭店；④机场与饭店的距离和行驶时间；⑤与导游员谈商定旅游团整个行程的时间。

在带领旅游团离开机场、上车之前，领队要清点旅游团人数和行李件数，并请旅游者带好托运行李和随身行李，然后率全团成员跟随目的地接导游上车。

任务三　境外旅游服务

游客初次踏入异国他乡的土地，一切都感到非常新鲜，具有强烈的好奇心和求知欲，期望旅游活动丰富多彩，出游的目标能够圆满实现。领队作为客源国组团社的代表和旅游团的代言人，要切实地维护游客的合法权益，协助和监督目的地国家（地区）接待社履行旅游计划。与此同时，领队还应积极协助当地导游，为旅游者提供必要的帮助和服务。在境外旅游期间领队服务往往要通过与当地导游员的配合一道完成。旅游计划中所涉及的食、宿、行、游、购、娱各项要素的实现，都需要在以当地导游员为主、领队为辅的合作过程中进行。

境外旅游服务工作内容如图 5-11 所示。

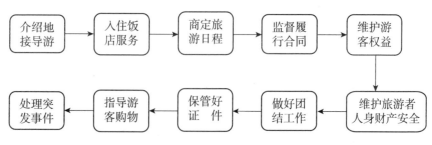

图 5-11　领队境外旅游服务流程

一、介绍地接导游

领队是一个出境旅游团队的核心，因此，团队运行程序中所有环节的衔接，都应由领队来做。旅游团抵达任何城市的时候，最先讲话的都应该是领队，这有助于消除游客在异国他乡的陌生感。然后，领队将地接社的导游员介绍给游客。

二、入住饭店服务

《旅行社出境旅游服务规范》要求："入住饭店时，领队应向当地导游员提供团队住宿分房方案，并协助导游员办好入店手续。"其具体工作如下：①抵达饭店后为游客办理入住手续并分配房间。②针对中国游客的特点对饭店的设施（如付费服务、可能发生的问题等）进行特别介绍。③宣布自己的房间号，协助游客解决入住后的有关问题。④将饭店的房卡分发给每位游客。⑤领队应通知全团成员，并提醒他们记住下榻饭店的名称、特征等，以防走失。

三、商定日程

旅游团客人安排好后，领队要尽快与当地导游人员商量计划的行程。商定日程时，首先要把组团社的意图、特别提及的问题，如团中老年人多，个别游客用餐要求等告知当地导游人员，以方便其提前做好安排。在商定日程时，领队要仔细核对双方手中计划行程的内容。遇有地陪导游员修改日程时，应坚持"可以调整顺序不可减少项目"的原则，必要时报告国内组团社，如有争议得不到解决，应与国内组团社联系。地陪导游员推荐自费项目时要征求全体旅游团成员的意见。

四、监督履行合同

在目的地国家（地区）旅游期间，领队应督促地接社和导游人员按照组团社与旅游者所签订旅游合同约定的内容和标准提供服务。在注意与他们保持良好关系的同时，有责任和义务协助和督促接待社及其导游人员履行旅游合同，并转达游客的意见、要求和建议。若发现接待社或地陪导游人员存在不履行合同的情况，要代表旅游团进行交涉，维护游客的合法权益。

五、维护游客权益

出境旅游领队应自觉维护国家利益和民族尊严，并提醒旅游者抵制任何有损国家利益和民族尊严的言行，维护旅游者的合法权益。游览中，如果导游员或司机提出无理要求，或者有随意增加自费项目、延长购物时间或增加购物次数降低

服务标准等侵害游客利益的情况，领队应及时与导游员交涉，维护游客的合法权益，必要时向接待社投诉并向国内组团社报告。

六、维护旅游者人身财产安全

在目的地旅游期间，领队要经常提醒全团成员注意自身及财物安全，做好有关防备工作，预防事故的发生。带领旅游者在境外旅行、游览过程中，领队应当就可能危及旅游者人身安全的情况，向旅游者做出真实说明和明确警示，并按照组团社的要求采取有效措施，防止危害的发生。

七、做好团结工作

领队应维护旅游团内部的团结，协调好游客之间、游客与当地导游员之间、游客与司机之间的关系，妥善处理各种矛盾。如果有司机刁难旅游者，领队要向当地导游人员反映；如果旅游团成员同当地导游人员发生了矛盾，领队应出面斡旋，努力消除矛盾；若当地全陪和地陪之间产生了矛盾，不利于旅游活动的顺利进行，领队可适当地进行调解，切忌厚此薄彼，更不应联合一方反对另一方；若有的导游人员不合作，私自增加自费项目或减少计划的旅游项目，领队首先要进行劝说，若劝说无效，可直接向当地接待社经理反映，必要时还可直接向国内组团社反映；若旅游团成员之间出现了矛盾，领队要做好双方的工作，不能视而不见，更不得在团员中间搬弄是非，应该使发生的问题能得到及时处理。

八、保管好证件

首先，在旅途中，最好将游客的护照和签证集中保管，便于工作，努力避免游客在国外滞留不归；其次，保管好全团机票（现基本为电子客票）和各国入境卡；最后，提醒游客保管好自己的海关申报单等。

九、指导游客购物

购物前领队应告诉游客购物退税的规定，提前向游客介绍一些国家退税的规定，提醒游客索要发票。购物时领队要提醒游客注意商品的质量和价格，谨防假货或以次充好。

十、处理突发事件

对于发生旅游者在境外伤亡、病故事件，领队必须及时报告我国驻所在国使领馆和组团社，并通知死者家属前来处理。在处理（抢救经过报告、死亡诊断证明书、死亡公证、遗物和遗嘱的处理、遗体火化等）时，必须有死者亲属、我国驻所在国使领馆人员、领队、接待社人员、当地导游人员、当地有关部门代表在场。

对于发生旅游者在境外滞留不归的事件，领队应当及时向组团社和我国驻所在国领事馆报告，寻求帮助。

任务四　领队末期工作

领队工作要有始有终，在境外旅游服务结束之后，领队的末期工作主要是旅游团旅游活动后离开目的地国家到回国后的善后工作。

领队末期主要工作内容如图 5-12 所示。

图 5-12　领队末期工作流程

一、离店前的工作

（一）核对离境交通票据

在离境前一天，甚至前两天，要与当地导游人员逐项核对离境机票的内容，如旅游团名称、团号、前往目的地、航班等。

（二）商定叫早、出行李时间

如旅游团乘早班飞机离境，领队要同当地导游人员商定叫早时间、出行李时间以及早餐安排，商量时要考虑到旅游团成员中的老年人、小孩和妇女行动较慢的情况，在时间上要留有余地。

（三）离店提醒事项

离店前，要提醒全团旅游者结清饭店账目；告知旅游者叫早时间、出行李时间和早餐时间，提前整理好自己的行李物品，并协助他们捆扎好行李；提醒旅游者将护照、身份证、机票、钱包等物品随身带上，不要放在托运行李中；对托运行李进行集中清点，与当地导游人员和接待社行李员一起办好交接手续；协助旅游者办理离店手续，提醒他们将房间钥匙交送饭店前台。

离店上车后，领队要再次提示旅游者检查自己的随身物品是否都带上了，房间钥匙有没有交到前台。

（四）表示感谢

离开目的地国家（地区）前，领队应代表组团社和旅游团向接待社的导游人员表示感谢。如对方有需要配合填写的表格（如服务质量反馈表），领队应积极协助填写。

二、境外离境手续

在旅游车往机场行驶途中，领队要将全团护照和机票收齐，以备到机场时办理乘机手续，或根据旅行社的协议交与目的地国导游人员办理。

（一）进行行李托运

领队带领旅游者将托运行李放在传送带上进行检查，在安检人员贴上"已安检"封口贴纸后，再带领他们及其行李到航空公司柜台前办理乘机手续，并对行李件数进行清点，待机场行李员给托运行李系上行李牌后，要再次清点并与行李员核实，点清行李件数单据，并将小费付给行李员。

（二）领取登机牌

在航空公司柜台工作人员前，领队应主动报告乘机人数，并将全团护照和机票送上，领取登机牌。拿回航空公司工作人员递交的护照、机票和登机牌后，领队要一一点清，然后带领旅游者离开柜台。

（三）分发护照、机票和登机牌

在分发之前，领队要向全团旅游者介绍离境手续的办理，讲清所乘航班、登机时间和登机门，以避免旅游者在办完出境手续进行自由购物时忘了时间而误机。提醒旅游者不要让陌生人帮助携带其物品。再将护照、机票和登机牌分发给游客。

（四）购买出境机场税

通常机场税包含在所购机票中，但是有些国家的国际机场现不包含在机票中，此时，领队需要代旅游者购买机场税，买好后再将机场税分发给游客。

（五）补填出境卡

许多国家的入境卡与出境卡都是张纸，入境时，移民局官员把入境卡撕下，而把出境卡订在或夹在护照里交给旅客，出境时若旅客遗失了出境卡，就需补填一份。持团体签证的旅游团，则无须填写出境卡。

（六）与目的地国家（地区）导游人员告别

在进入离境区域前，领队应率领全团旅游者向目的地国家导游人员告别，对其工作表示感谢。

（七）办理离境手续

领队带领全团旅游者到出境检查柜台前排队，依次递上护照、机票和登机牌，接受检查。如查验无误，检查官将在护照上盖上离境印章或在签证处盖上"已使用"字样，然后将所有物品交还旅客，离境手续即算办完。

（八）办理海关手续

由于各国对旅客出境时所携物品有不同的限制，在旅游团离境前领队应在目的地国家驻华使馆网站查询，或询问当地导游人员，了解该国旅客出境所携物品的规定，并告知旅游者，以便出境时申报。如旅游者携带了目的地国家海关规定限制的物品离境，领队应协助其填写海关申报单，并同海关官员交涉。无申报物品的旅游者则走过海关柜台即可。

（九）办理购物退税手续

欧洲、澳洲的许多国家，都对旅游者购物有退税规定，但是不同国家的机场在办理退税手续的程序上不完全相同，有的是先办理乘机手续，有的则是先办理海关退税。对此，领队必须先向机场查询，弄清楚后再转告旅游者。

带领办理购物退税的旅游者到海关退税处出示申请退税的商品和发票，待海关人员在免税购物支票上盖章后，再持该支票到离境处的退税柜台取回退还的外币。

（十）引领旅游者登机

领队要收听机场广播，或向机场咨询台询问，或从电脑屏幕上查询所乘航班的登机闸口是否改变，然后告知旅游者，带领他们到登机闸口等候。

对于要在机场商店购物的旅游者，领队要叮嘱他们收听机场广播中提示的登机时间，尽早赶至登机闸口，以免误机。

登机前，领队应赶到登机闸口，清点人数，对未到旅游者要及早联系，使之赶上登机时间。

三、归国入境服务

（一）接受检验检疫

领队带领旅游者至"中国检验检疫"柜台前，交上在返程飞机上填好的《入境健康检疫申明卡》，如无意外，即可通过检验检疫。

（二）接受入境边防检查

领队带领游客排队在边检柜台前，逐一将护照和登机牌交给边检人员。经其核准后在护照上盖上入境验讫章，并退还旅游者，旅游者即可入境。

（三）领取托运行李

领队在带领旅游者至行李转盘处之前，应将行李牌发给每位旅游者，由其各自认领自己的行李，以便走出行李厅时交与服务人员查验。若有旅游者行李遗失，领队应协助其与机场行李值班室联系，寻找或办理赔偿事宜。

（四）接受海关检查

领队应事先向旅游者说明我国海关禁止携带入境的物品和允许入境但需要申报检疫的物品，以便旅游者心中有数。由旅游者自行将行李推至海关柜台前，交上在返程飞机上填好的海关申报单和出示出境时填有带出旅行自用物品名称和数量的申报单，接受 X 光检测机检查。

四、散团服务工作

（一）带领旅游团安全回国

根据事先确定的行程计划，团队回国后，领队在散团前应提请游客注意有关事项，包括清点行李物品、注意安全等；了解游客离团后的去向，有的团队在深圳、北京、上海等口岸入境后即散团，对返家交通有困难或不清楚的游客，领队应尽可能予以帮助。如果旅行社安排有旅行车接送客人到某一地点，领队则需陪同旅游者到指定地点后再与他们分手告别，并对旅游者的合作表示感谢。

（二）诚恳征求游客的意见

旅游团回到出发地后，领队应代表组团社与游客告别，向游客致欢送辞，感谢其在整个旅游行程中对自己工作的支持和配合，并诚恳征求游客的意见和建议。在散团前，领队应充分利用时间让游客填写《旅游服务质量评价表》，回国后及时上交组团社。处理好送别旅游团后的遗留问题，如游客委托事项、可能的投诉等。

五、善后后续工作

根据《旅行社出境旅游服务质量》，旅游者回到国内后，领队还需做好以下工作。

（一）整理陪团记录

陪团记录是领队陪同旅游团的原始记录，回国后领队要按要求整理好，以备有关部门查询了解。

（二）填写"领队日志"

"领队日志"是领队率团出境旅游的总结报告。它对组团社了解游客需求、发现接待问题、了解接待国旅游发展水平和境外接待社合作情况，从而总结经验、改进服务水平具有重要意义。"领队日志"包括的主要内容如下：

1. 旅游过程概况

旅游团名称、出入境时间、游客人数、目的地国家（地区）和途经国家（地区）各站点、接待社名称及全陪和地陪导游人员姓名，以及领队所做的主要工作。

2. 游客概况

游客性别、年龄、职业、来自何地等，旅游中的表现，对旅游活动（包括组团社、接待社和其导游人员）的意见和建议。

3. 接待方情况

全陪、地陪导游人员的素质和服务水平，落实旅游合同情况，接待设施情况，接待中存在的主要问题。

4. 我方与接待方的合作情况

领队要将与接待方导游合作情况进行如实汇报。例如，团内发生过的一些事情总结，包括团队游客过生日、游客之间、导游与游客之间是否有冲突、行李丢失等，只要是领队认为有必要进行汇报的问题，或在旅行中发生的较重要的事件，都应该以书面报告的形式进行详细记录，以备日后查阅。

5. 旅游过程中发生的主要事故与问题

产生原因、处理经过、处理结果、游客反映、应吸取的教训等。

6. 总结与建议

领队接团工作总结，应当包括领队本人对所带领的出境旅游团的认识、对目的地国家的讲解要点以及对改进线路产品的一些建议。总结经验，对于提高领队认知水平和业务能力增长十分重要。领队在总结中提出对线路产品的建议，也可以使领队的业务水平得到很好的提升。

（三）归还所借物品

归还出境前在组团社所借的物品，在物品管理部门的物品归还单上签字；并与组团社财务部门结清所借钱款。

167

技能篇
强化导游服务技能

　　导游服务技能是指导游人员运用所掌握的知识和经验为游客服务的方式和能力。导游人员通过不断的学习和实践，知识的广度和深度会不断延伸，经验会越来越丰富，服务能力也会越来越强。

　　导游服务技能包括：人际交往技能、组织协调技能、带团技能、宣传技能、运用语言技能、导游讲解技能、保卫游客安全技能等。本篇将导游服务技能整合为导游讲解艺术、导游带团技能和导游应变技能三大部分，从导游职业能力入手，主要介绍在导游服务过程中，熟练掌握运用导游各项技能，为游客提供热情周到的导游服务，使旅游者的旅游活动安全、顺利地进行。

模块六

导游讲解艺术

任务要求

1. 掌握导游语言艺术与技巧
2. 掌握导游讲解技能
3. 掌握导游辞撰写方法

案例导入

一次满足游客兴趣的讲解

导游员周某带领一个美国旅游团到被誉为"奇秀甲江南"的豫园游览。在经过豫园旅游商城时，游客们对这儿古色古香的建筑甚为赞叹。当他们来到"九曲桥"上时，面对桥下的荷花，曲曲折折的桥梁和周围的民族建筑，更加兴奋不已，不少人举起了相机。周某见他们对这儿很感兴趣，便就"九曲桥"中"九"的含义、周围的建筑特点和中国一些民间风俗向他们进行讲解。这时突然从商城那边传来了清脆的唢呐声，只见4名穿着民族服装的人抬着一顶花轿，随着唢呐声翩翩起舞，轿中的人乐个不停。该团游客立时被这种情景所吸引，纷纷转身观看，有些游客还情不自禁地走上前去拍照，周某意识到游客的注意力已经发生了转移，如果再继续讲下去，效果将会更差，于是巧妙地进行了应对。

导游员需要口齿伶俐，具有广博的知识，熟悉导游业务，了解有关旅游景区的资料，有良好的职业道德。有人认为只要具备了这些条件，就能成为一个优秀的导游员，就能做好导游工作了。这样的认识是不全面的。

这些条件只是基础，并不意味着一定产生良好的导游效果。导游员只有根据游客的不同情况，灵活地使用导游资料，运用导游艺术和技巧，才能使导游内容生动而又富有生命力。犹如有了齐全的原料，还要厨师高超的烹饪技术，才能做出美味的菜肴一样。

导游是靠语言吃饭的，"祖国山河美，全靠导游一张嘴。""看景不如听景。"导游讲解在导游工作中占有极为重要的地位。

任务一　导游语言技能

导游语言一般是指导游人员与旅游者交流思想、表达感情、指导游览、进行讲解、传播文化时使用的一种具有丰富表达力、生动形象的口头语言。

语言是导游人员最重要的基本功之一，是导游服务最重要的工具。

导游服务工作要求导游人员具有比较扎实的语言功底，要求导游人员在与旅游者交流时、讲解时，语言表达力求正确、得体，要在"达意"和"舒服"上下功夫，在"美"上做文章。导游语言得体、优美不仅仅反映了自己的语言水平，也是对旅游者的尊重。

一、导游语言及其要求

（一）导游语言

导游语言从狭义的角度上看，是导游人员与旅游交流思想感情、指导游览、进行讲解、传播文化而使用的一种具有丰富表达力，生动形象的口头语言。从广义的角度讲，导游语言是导游人员在导游服务过程中必须熟练掌握和运用的所有含有一定意义并能引起互动的一种符号。

（二）导游语言的四原则

1. 正确恰当

语言、语调、语法、用词恰当正确，多用敬语和谦语。内容要有根有据，正确无误。切忌信口开河，任意夸大（忌用世界第一、中国最大等）。

2. 清楚易懂

简洁明了，表达清楚，层次分明，逻辑性强。浅白易懂，按口语化要求，缩短句子或句中停顿，改变书面用词和句式。

3. 生动形象

在语言准确清楚的前提下，要鲜明、生动、形象，言之有神，切忌死板、老套，平铺直叙。语言要流畅，用词要恰当。运用好修辞方法，来美化自己的语言，做到有声有色，活灵活现。多使用形象化的语言，增加趣味性。

4. 风趣幽默

借题（景或事）发挥，用夸张、比喻、讽刺、双关等语言，使导游语言锦上添花。活跃气氛，忘掉忧愁，缓解气氛。

（三）导游语言要做到"八有"

1. 言之有物

内容充实，有说服力，不讲空话套话。

2. 言之有理

摆事实，讲道理，以理服人。

3. 言之有据

有根有据，不胡编乱造，弄虚作假。

4. 言之有情

语言友好，富有人性味，对游客亲切、温暖。

5. 言之有礼

语言文雅，谦虚敬人，礼貌待人。

6. 言之有神

语言形象，声音传神，引人入胜。

7. 言之有趣

说话生动、幽默、风趣。

8. 言之有喻

适当比喻，生动易懂，印象深刻。

（四）不良的口语习惯

1. 含混不清

讲解内容胸有成竹，才能有条不紊地讲解，用词贴切。如对事物理解不全面，望文生义，讲起来言语不清，使人易产生误解。还有的导游员说话含糊，主要是对讲解的内容不熟悉，缺乏自信心，讲解时常用"大概、好像、可能"之类的模糊语言，游客肯定不会满意。要使用准确、肯定的词语，才能赢得游客的信任。

2. 啰唆

反反复复、颠来倒去，生怕游客听不懂，动机是好的，听者不耐烦。有的人想用哗众取宠的语言吸引人，故意用琐碎的语言铺垫，使人感到假门假式，令人生厌。话说啰唆的人，语言实质内容少，就像海蜇皮，看起来很大一块，放在开水中一烫就剩下一点点。

3. 艰涩难懂

口头语与书面语不同，如果导游人员在讲解时机械地背诵导游辞，或用诘屈聱牙的装饰语、倒装句、专用术语或用艰涩、冷僻的词语，游客听不进去，而且也无法理解消化。

造成口语艰涩难懂的原因，除了导游人员工作态度外，不懂口语特性也是主要原因之一。口语同书面语比较，有自己的特点：①口语有声，声音有轻有重，有快有慢，抑扬顿挫，丰富多变。声音能很好地表情达意。②口语除语言之外，还有面部表情、手势、姿势等态势语言辅助，帮助表达。③口语因其语言环境不同，可大量简略，不必每句话都主谓齐全。加长修饰词，反而会造成听觉上的困难，不便于语言表达。

4. 不良的习惯语

忌口头禅，如这个、那个、可能、嗯、差不多、结果呢、反正、呃哪等。

二、导游语言艺术与技巧

（一）态势语言艺术与技巧

导游讲解并不是单纯动口就可以圆满完成的，必须用态势语言来辅助导游讲解，如果把站姿、眼神、表情、手势处理得恰到好处，就会增加讲解的效果和魅力。

1. 站姿

站姿显示风度。讲解时，要挺胸立腰，端正庄重。在车上，要站立讲解，面向游客，可适当倚靠。实地导游，一般不要边走边讲，讲解时停止行走。上身要稳，不可摇摆，烦躁不安。

2. 目光

导游讲解是导游员与游客之间一种面对面的互动，可以进行"视觉交往"。

一是目光的连接。目光要与游客接触，不可低头或翻着眼睛讲，但也不要死盯着一个人讲。

二是目光的移动。讲解一个景物时，首先用目光把游客的目光引过去，然后再收回目光，继续投向游客。

三是目光的分配。目光要注意统摄全部听讲游客。

四是眼球转动。视线转移，面孔应同时转移，不能只是眼球转动。头不转只有眼球转动令人生厌。

3. 表情

目光是表情的一个方面，这里主要讲解具体表情。

一是要有灵敏感。面部表情随着讲解内容变化而变化，比较迅速、敏捷地反映内心情感。

二是要有鲜明感。内容明快、沉重、快乐、愤怒，都要有表情。

三是要有真实感。表情要真诚，不要虚情假意，故作姿态会引起反感。

四是要有分寸感。要掌握好度，既不要缺乏表情，又不能有过分夸张的表演，矫揉造作。

4. 手势

（1）情感手势。表现情感的形象化、具体化手势。

（2）指示手势。指示具体讲解对象。

（3）象形手势。模拟物体大小、形状等。

（二）创造声音表情的技巧

人的音质是天生的，很难改变。但运用声音的技巧，却是每个人都可以达到的。创造声音表情就是调动语言技巧的综合能力。

1. 掌握语调

任何语言都要用抑扬顿挫、起伏多变的声调和语调来表现和传达自己的情感。

导游语言更要善于利用语调的变化。语调平平的讲解，可以听懂，但听起来缺乏生气，味如嚼蜡。在讲解中，高潮时，音色应洪亮些、圆润些；低潮时，音色应深沉些、平稳些。

2. 调节音量

音量是声音的强弱、大小。要根据游客多少和导游地点、场合调节音量。游客多，室外讲解音量应大些；否则音量应小些。也要根据讲解内容调节音量。主要信息的关键词应加大音量，强调主要语义；先抑后扬，造成一种气氛，增强感染力。

3. 控制语速

（1）用一种速度。像背书一样，不仅缺乏感情色彩，而且使人乏味，令人昏昏欲睡。

（2）放慢语速。需要特别强调的事情；想引起游客注意的事情；严肃的事情；容易引起厌恶感或误解的事情；数字、人名、地名、人物对话等。

（3）加快语速。众所周知的事情；不太重要的事情；故事进入高潮时。

语速一般是每分钟200字为宜。老年游客可以放慢一些，以听清为准。

4. 注意停顿

（1）生理停顿。主要缓气、换气的停顿。

（2）语调停顿。一句话说完，一个意思完成后要停顿。

（3）心理停顿。是为了使讲解收到心理上的反应效果，突然故意把话头中止，沉默下来，给游客留一点独立思考余地或自由活动时间，或留一点悬念，卖一个关子，引起游客注意。

例如，"这里现仍然保留用人祭祀河神的仪式，每年都要把一个长得十分漂亮的姑娘投入河中"。这时导游员故意停顿，引起人们的惊诧。停一会儿才说："不过，现在的姑娘是用塑料制作的。"

停顿可以使语言流畅而有节奏，收到"大珠小珠落玉盘"的效果。

（三）运用修辞的技巧

在导游语言中，恰当地运用修辞，可以使导游语言鲜明生动，具有吸引力和感染力，更趋艺术化。并提高幽默层次，成为真正意义上的幽默，而不是沦为一般性的诙谐和滑稽。

1. 比喻

就是用相似的事情打比方。可以达到：

（1）使抽象变得形象，如姑娘唱歌像百灵鸟的声音。

（2）使人物形象鲜明，如她亭亭玉立，像一株吐艳的荷花。

（3）使景物形象化，如远望千岛湖，像一只银盘，千座山峰就像盘中的青螺。

（4）使想象更加丰富，如天鹅起则如晴天飞雪，落则如素锦铺地。

比喻要注意就熟喻生，就近喻远。力求新颖，不落俗套。

2. 夸张

是在客观事实真实的基础上，对事物进行夸大或缩小，即巧妙刻意地言过其实。

夸张不同于吹牛，要以客观实际为基础，给人以真实感，掌握分寸。其奥妙在于，不是真实胜似真实，要明显，能一眼看出。例如，"唱戏吼起来，是陕西十大怪之一，讲的是秦腔的真嗓音演唱，保持原始、豪放、粗犷的特点。唱秦腔要具备三个条件：一是舞台要结实，以免震垮了；二是演员身体要好，以免累病了；三是观众胆子要大，以免吓坏了。"

再如，"三亚南山一带人均寿命居全国之首，现存百岁老人达百人之多。有一则笑话形容寿命之长：说有一位作家到南山深入生活，见到一位阿婆扎着小辫，感到新鲜，就问：'您这么大年纪还扎小辫，是否南山有这样的习俗？'阿婆回答：'我年纪大吗，还不到70呢。小辫是我妈给梳的，她喜欢。'作家问：'你妈呢？''我妈上山给我爷爷送饭去了。''您爷爷在山上干吗？''放羊呢'。"

还如，"吐鲁番热，过去县太爷坐在水缸中办公，物理降温。达坂城风大，男人的胡子向一个方向歪，风刮的；树木朝一边长，风刮的；小学生上学为防止被风刮跑，书包装满石头。"

还有一些名句夸张：怀里乾坤大，茶中日月长。一处开花满坡香，一家煮饭

四邻香。

3. 引用

引用名人名言、典故、寓言、谚语、诗句文章，能使导游辞生动活泼，丰富多彩，增强说服力。如"大漠孤烟直，长河落日圆。""天苍苍，野茫茫，风吹草低见牛羊。""落霞与孤鹜齐飞，秋水共长天一色。"

4. 对比

将不同事物或同一事物不同方面放在一起对照比较。例如，云南石林和内蒙古赤峰阿斯哈图石林比较，巴林鸡血石同昌化鸡血石的区别，赤峰面积同韩国基本相同。

5. 换算

把抽象的数字换成具体可感知的事物。

例如，故宫的房子9999间，一个小孩从呱呱坠地开始，每晚住一间，一个轮回下来，他已成27岁的小伙子了。

赤峰有多大，9万多平方公里，等于韩国的面积，和浙江省差不多。

一顿饭一头牛，一辆车一栋楼。

6. 双关

利用词语多音或多义的条件，使一语同时有表里两层意思，并以里层意思为表意重点。有谐音、谐意两种。

清朝时，一天和珅（当时和珅为尚书）和一名御史，到纪家看望纪晓岚（当时纪晓岚为侍郎），和珅看见纪晓岚非常喜欢的一条狗，想了想，指着狗说："是狼（意为侍郎）是狗？"御史不明白，纪晓岚马上悟出是在骂自己，接口说："分辨很简单，只看尾巴就行，上竖（意为尚书）是狗，下垂是狼。"随即他又说："是狼（意为侍郎）只吃肉，是狗则遇肉吃肉，遇屎（意为御史）吃屎！"

再如，铜钱上雕蝙蝠表示福（蝠）到眼前，喜上眉（梅）梢，竹报平（瓶）安等。

7. 移时

对词语进行时间变异，把古汉语现代化或把现代语古代化。

例如，文殊为大智菩萨，专司佛的智力；普贤为大行菩萨，专司弘扬佛法。用现在的话说，就是文殊重理论，普贤重实践。

再如，前朝后寝，就是前边是办公之所，后面是宿舍。

8. 异语

即非汉语普通话，包括汉语方言和外族词语。对异语解释既可弄清原意，也反映地方特色或异域情调。

雪顿节："雪"藏语为酸奶，"顿"藏语为奉献，即奉献酸奶的节。

香格里拉：藏语为"老朋友，您来了"，英语为"世外桃源"。

还有阿斯哈图、昭乌达、克什克腾、巴林等。

9. 异称

从不同角度对同一对象予以不同的称谓，可增强感性色彩，联想丰富，予以深刻的启示作用。

例如，赤峰—乌兰哈达，玉米—棒子，土豆—山药蛋。

10. 溯名

对一些名称的成因或来源进行解释、说明。

千山——千朵莲花山，香港——出口莞香的港口，克什克腾——亲军卫队，阿鲁科尔沁——岭后弓箭手，赤峰——红山，其甘——酸马奶。

东莞——在广州东边，因盛产莞草而得名。莞草编席子，十分凉爽，当地人都铺莞草子，并出口东南亚。广东学生到北京读书，不带褥子，只带一条席子，大冬天在床板上只铺一条席子。校领导检查时，一看差点落泪，赶紧叫学生处补助一床褥子，过几天一看，褥子铺上了，上面还铺一条席子。

11. 数概

把有关内容，用数字概括出来。即把分列的各个项目用能反映其特色的词语另以概括，再标上跟分列项目相等的数字，从而构成一种临时性的节缩形式的修辞技巧。

特色和个性是旅游景观的生命，挖掘特色和个性是导游辞要表达的重要内容，也是其亮点。

如黄山四绝、西湖十景、四大名著、四大美女、文房四宝、东北三宝、关东三怪、赤峰三宝、赤峰三对、男儿三艺等。

12. 顺口溜

通过民间流传较广或现成的比较整齐押韵的段子，来简练地描述某种现象。

例如，"导游行业著名顺口溜"形容导游的工作辛苦：起得比鸡还早，干得比牛还多，跑得比狗还快，吃得比猪还差，挣得和民工差不多。

13. 笑话和奇闻轶事

导游要会讲笑话，但不要讲黄色笑话，否则有损形象，还会招来不必要的麻烦。笑话不要搞成一个节目，可穿插于一切活动中。

住酒店时，讲注意事项。例如，有一个人住酒店，为检查房间有无窃听器，把地毯翻遍，发现地板上有一个纽扣一样的东西，费了九牛二虎之力把它弄下来，只听楼下"轰隆"一声，有人大叫，电风扇掉下来了。

购物可穿插轻松话题。例如，小王同女友外出旅游，女友喜欢帽子，路过帽子店，试了20多种，选中一顶，一问多少钱，说不要钱，为什么？这是你刚才进来戴的那顶。

乘机、乘车旅游或等待时。例如，飞机上发口香糖让游客嚼，以减轻飞机起飞时耳朵的压力，乘务员问游客是否有效，有人回答有效，但不知怎样把口香糖从耳朵里拿出来。

有人打电话到出租车公司，问预定的到机场的车为什么还没来。接电话人说：对不起，不过先生你也别担心，飞机总是误点的。你说得对，因为我就是这班飞机的驾驶员。

就餐时有人说鸡不好吃。例如，一所小学，老师问学生用什么方法识别母鸡年纪，一位女生回答"用牙齿"，"但母鸡无牙呀"，"我有，如果鸡肉嫩，年龄就小；肉老，年龄就大"。

三、导游语言的幽默艺术

导游员要具备一定的条件，有一定的修养，但国际上的导游专家看了之后，却异口同声地说要加上一句"导游员一定要幽默"。看来导游员是否幽默已成为我国导游与国际导游的重大差距之一。

（一）什么是幽默

幽默是外来语，其定义有几百个。

《牛津英语词典》解释为：行为、谈吐、文章中足以使人逗乐、发笑或消遣的特点。

美国人心理学家特鲁·赫伯说：幽默是一种最有效、最有感染力、最有普遍意义的传递艺术。

黑格尔说：幽默是用聪慧、巧知使客观内容达到充分的主观表现。

"世界上最美的声音是笑声，最深奥的道理是哲理。幽默则是笑声与哲理的美妙结合，它能使人们从笑声中悟出哲理，在哲理的启示下发出会心的笑声。"这句话本身就富有哲理。

（二）幽默导游语言的作用

可以化腐朽为神奇，化压力为轻松，化沉闷为愉悦，化平淡为有趣，化冲突为和谐，化干戈为玉帛，具体如下：

1.融洽关系

导游员与游客大都初次接触，比较生疏。为了融洽关系，导游员应主动同游客接触，增加亲切感、信赖感。如果说一大堆客气话，会产生敬而远之的陌生感。而讲几句幽默风趣的话，则可收到良好的效果。例如，有一泰国导游，上车就痛说革命家史，说自己与车上中国游客同祖同根，曾祖父时下南洋，现已四代。虽说自己已加入泰国籍，娶泰国人做老婆，也算为国争光。但洋装虽然穿在身，可心依然是中国心，一下拉近了同游客的感情距离。

接着讲当地风土人情，说学几句泰国话方便出行。泰语夸小伙子帅，叫"老妈妈"；夸姑娘漂亮，叫"水晶晶"；大哥大姐叫"屁"，我姓洪，为了亲切，大家可叫我"洪屁"，或叫"屁"也行。又说车上有姓方的可叫"方屁"，姓马的可叫"马屁"。

这一段插科打诨、虚实难辨的神侃，大家笑得前仰后合，心理警戒线被冲破。

再如，西双版纳一导游，对上海旅客说自己的父亲是上海知识青年，后来返城了，自己就是"孽债"，一下子拉近了距离。

2. 调节情绪

幽默语言是一种兴奋剂，可以增添游兴，也可以调节游客不安、低落、冷淡的情绪。例如，游长江神女峰，导游员说神女一般羞见外国人，今天她被各位真诚的向往和纯洁的友谊所感动，特地出来和大家见面。上帝保佑，你们真幸运。如果看不见，就说她害羞，躲了起来。

再如，新疆导游这样说：前方就要到达王洛宾老先生歌中唱到的达坂城了，大家要仔细看达坂城的姑娘是不是两只眼睛真漂亮。看到姑娘了吗？没有，那一定是她们害羞躲起来了，或是被过往的游客娶走了。王老的歌是好，但当地维吾尔族同胞有意见，说王老把我们写得太傻了，姑娘嫁给你可以，还要把妹妹赔上，你们也太贪了。

一游客对住宿不满，说昨晚房间内老鼠打了一夜架。导游说：这么便宜的房间，你想看什么？看斗牛。

3. 摆脱困难

遇到使人局促、尴尬的困境，幽默会使人解脱。

如有一导游员在旅游团送别时，说我讲两句，结果讲了十分钟。一位客人半开玩笑说："你说讲两句，怎么讲这么久"。一时都很尴尬，导游员反应快，说开头一句，结尾一句，不是两句吗？

外国人问周恩来中国有多少钱？意思是笑中国穷。周总理回答说：十八元八角八分（为当时人民币面额之和）。还有人问，中国人走的路为什么称马路，回答：马克思主义的路。

4. 寓教于乐

在笑声中获得知识，受到教益。

一名导游员带团参观博物馆时，说：这个盒子里的化石已有两百万零九年了，有人欣喜地问："你为什么会如此清楚？"回答："我刚来时它已有两百万年了，我今年来了九年了。"

埃及导游介绍为什么建金字塔时说："一是法老要纪念自己的功绩，二是给当时的农民找份工作，三是为现在的埃及人找份工作。"

（三）幽默语言的技巧

1. 移花接木

把一种场合的词语转移到另一场合。再如，河南武侯祠导游辞：刘备大小也是个处级干部，还有个侄子在中央工作，诸葛亮草头百姓一个，就是有知识的农民，二次来见你都躲着不见，太过分了。张飞大怒，要烧草堂。你也太猛了，不怕诸葛亮给你小鞋穿。

2. 正题歪解

以轻松、调侃的态度，故意对一个问题主观臆断或歪曲解释。例如，在日文中有许多中国字和词，但发音方法和说法不一样。中国说千年仙鹤万年龟，日本说万年仙鹤千年龟；中国说贤妻良母，日本说良妻贤母；中国说和平，日本说平和，中国说政法大学，日本说法政大学。为什么呢？大概是日本留学生当年在中国学了词句之后，在乘船回国途中，由于船的颠簸使头脑产生混乱，记颠倒了。

3. 一语双关

利用词语多音或多义的条件，使一语同时有表里两层意思，并以里层意思为表意重点。

乾隆微服私访，刘墉、和珅同行。从北京出发，途中路过清河、沙河，晚上住沙河行宫。吃晚饭时边吃边聊天，刘墉问乾隆："皇上，我们今天过两条河，一条清河，一条沙河，你说哪条河深？"乾隆不假思索地回答："当然沙河深了。"刘墉马上说："传皇帝御旨，杀和珅。"吓得和珅尿了裤子，当场跪了下来，乾隆和刘墉大笑。

4. 借题发挥

为活跃气氛，增加情趣，故意把正经话说成俏皮话。如导游员提醒游客：不要忘记自己的行李，如果忘了我负责给你送到家去，不需感谢，只要报机票就行。

5. 模仿套用

泰国导游：各位先生们、女士们：大家好！我代表泰国政府欢迎大家。大家发愣时，他半认真半开玩笑地说，我现在做泰国总理的工作，只不过他在官方我在民间，而大家都是为了促进泰国与国际大家庭的交往与亲善。导游员有民间大使之称，旅游有如此伟大的社会意义，导游员有如此伟大的政治意义。

6.自我解嘲

当遇到无可奈何情况时，以乐观的态度自我解嘲，使人获得精神上的满足，有点阿Q精神。

例如，路道不好，坑坑洼洼，导游员说：请大家放松一下，汽车正在为大家做身体按摩运动，时间是十分钟，不另收费。

车晚点，游客报怨，导游讲一笑话：有一天，一位老乘客发现总晚点的列车正点到站，非常高兴，对列车员说今天终于不晚点了，值得祝贺。列车员说你拉倒吧，这是昨天的车。

（四）幽默禁忌

切忌取笑他人，当然可以取笑自己。

注意适宜。

幽默不要反复，好话说三遍，狗都不喜欢。

自己不可先笑。

不要预先交底。如我讲一个很好笑的笑话，大家一定会笑得肚子痛。

不要当喜剧演员或小丑。

不要一幽到底。

杜绝黄色幽默，提高幽默品位。

任务二　导游讲解技能

一、导游讲解的原则

（一）针对性原则

满足游客求知、求新的需要。到什么山，唱什么歌；见什么人，说什么话。游客有不同的旅游目的，文化修养、知识水平和审美情趣也不同，这就要求导游人员在导游语言运用、服务态度、讲解方法和技巧方面具有针对性。即按游客实际需要有的放矢，因人而异。不看对象的"八股式导游"，不会有好的效果。

1.了解游客动机和目的

是观光、度假、公出、访友、商务。

2. 了解游客的层次

专业性强的游客，要讲得深一些；一般的游客，要通俗一些，或穿插一些小故事。

3. 了解游客的地域

地域不同，文化背景、风俗、生活习惯、价值观也不同。不能拿接待北京人的方式接待上海人，不能拿接待中国人的方式接待外国人。

（二）计划性原则

按照游客需求、不同时间、不同地点等条件，有计划地安排导游讲解内容，目的性和科学性相结合。

（三）灵活性原则

灵活性就是因人而异，因时制宜，因地制宜。

1. 因人

不同审美情趣的游客。

2. 因时

四季更迭，时辰更替，因时而宜。

3. 因地

最佳观赏点会因季节不同而各异。

灵活性还在于能触景生情，随机应变。特别是沿途导游，不能千篇一律，要见物生情，讲解内容随手拈来，即成妙趣。见什么讲什么，见商场讲购物，见马路讲交通，见农田讲农业，见酒店讲旅游，见姑娘讲风情。

（四）趣味性原则

讲解过程中要合理地运用语言艺术和技巧，做到生动、形象、幽默、风趣，增加讲解的吸引力和感染力，才能使游客感到有意思。

二、导游讲解方法

导游讲解是一种艺术性很强的活动，同样的内容，以不同的形式和方法进行讲解，会收到不同的效果。

导游讲解方法有多种，以下是导游常用的讲解方法：

（一）简单叙述法

用准确、简洁的语言把景物介绍给游客。

（二）详细描绘法

用具体、形象、富有色彩的语言对景物进行描绘，使其细微的特点显现于游客的眼前。

（三）分段讲解法

对于内容较多的游览项目，先概括介绍一些全面情况后，再按游览对象的先后顺序逐一讲明。

（四）点面结合法

"点"是参观游览点，"面"是更加概括、广泛的情况。先面后点，以点带面。包括全程导游线路中游览点和面的关系，一个大的旅游景区中点和面的关系，一个看点引出全面情况。

（五）虚实结合法

"实"就是所谓的实景实物，客观存在的实体；"虚"就是与实体有关的传说、故事等。把二者结合，穿插讲解，以实为主，以虚为辅。

（六）内容升华法

对景点的讲解内容进行切合主题的挖掘引申、剖析内涵，使主题得以强调突出。

一是对景观中蕴含的特定理念、道理或情感进行发挥引申。使个性特征突出，游客认识提高。

二是对景观蕴含的深刻内涵或包含的典故进行深入分析或剖析，从而引起游客深入思考，给游客以深刻启迪。

（七）突出特点法

人们对"最"感兴趣，也喜欢追求"最"。适应这一心理，把游览项目中最显著的特点充分表达出来，抓住游客，引起游客兴趣。

（八）设置疑问法

就是通过设置技巧疑问句，突出重点，吸引游客，激发兴趣，渲染气氛，增强讲解效果的方法。包括：①设问，自问自答。②反问，无疑而问。③正问，推测问，多以语言"吧"收尾，答案就在问句中。无论是肯定，还是否定，没有必要回答。④奇问，无须回答，也无法回答问题。

（九）触景生情法

见到景色后，不是简单讲景色，而是引出话题，介绍事情，使游客不仅知其然，还知其所以然。如见到园林美景讲造园艺术，见到石林讲形成原因，见到蒙古包讲蒙古包构成、特点。

（十）名人效应法

讲解一个景点时，同与其有关的名人联系起来，利用名人效应扩大影响，增强讲解效果。

（十一）创新立意法

把大家熟悉的景点予以新的讲解，用创造性、新鲜的手段，将游客引入新的意境中去。例如，"青岛风光可分五个层次：碧海、金沙、绿树、蓝天、红瓦，很像音乐中的五线谱，勤劳的青岛人民犹如五线谱上的音符，通过自己的辛勤劳动，谱写出一曲曲动人的乐章。"

（十二）制造悬念法

利用游客想知道结果、了解来历的迫切心情，故意引而不发，卖关子，使其产生悬念，想听下回分解。

（十三）引导参与法

1.心理参与

导游员启示，指点游客去思考、判断、琢磨，最后自己找到答案。

2.行动参与

根据讲解内容，引导游客参与，让游客自己去做，体验讲解的内容。如大家洗洗手，摸摸狮子头，数一数多少台阶。

（十四）引用名句法

引用名言、名句、典故，言简意赅，且富于文采。

（十五）类似比较法

用游客熟悉的事物，来介绍或比喻所介绍的景物或事情，帮助游客理解和加深印象。

任务三　导游辞撰写

导游辞是导游讲解的脚本，它虽然是书面的文字，但却是为口头表达而写的，具有既区别于口头语，更区别于书面语的特质。好的导游辞应该比口头语显得文气，比书面语贴近生活，逻辑清楚，语言生动，客人听起来不感觉费力，不感觉导游在胡说八道，不感觉导游在卖弄文才，听后能得到一定的启示。导游讲解要遵守"正确、清楚、生动、灵活"四项原则，导游辞创作当然也应该体现这些原则的精神。

一、欢迎辞

欢迎辞是一场戏的序幕，一篇乐章的序曲，一部作品的序言，是给客人的第一印象。良好的开端就是成功的一半。

（一）欢迎辞的五大要素

规范的欢迎辞一般包含五大要素：

1. 表示欢迎

代表接待社、组团社表示欢迎。

2. 介绍人员

自己、司机或其他人员。

3. 预告节目

介绍城市（或地区）概况和当地的游览内容。

4. 表示态度

愿为大家服务，努力工作，确保大家满意。

5. 预祝成功

希望得到大家的支持与合作，努力使游览获得成功，祝大家愉快、健康。

欢迎辞切忌死板、沉闷，如果风趣，自然会缩短自己与游客之间的距离，使大家尽快相互熟悉起来，甚至成为朋友。

（二）如何称呼

1. 交际关系型

各位游客、各位朋友、各位来宾。

2. 套用尊称型

女士们、先生们、各位女士、各位先生。

3. 亲密关系型

各位朋友、老乡、同学、老师等。

4. 称呼的原则

一是要得体，符合游客身份、场合、气氛。二是要尊重游客，把握好分寸、尺度。三是要尽量采用通用称呼，适用范围广、弹性大，可做到游刃有余。

（三）寒暄

1. 问候型

你好！大家好！（久仰、幸会一般不用）

2. 攀认型

同乡，沾亲带故，或自己喜欢地方的人。

3. 关照语

请注意脚下！您需要休息一下吗？

4. 寒暄的要求

自然切题，建立认同感，调节气氛。

（四）自我介绍

1. 要求

坦然自信，友善诚恳。如果嗫嚅含糊，露出羞怯心理，或过度冷漠，会使人产生疑虑和不信任感，彼此之间产生隔阂。

（1）要注意繁简。一般包括姓名、籍贯、必要带团经历或年龄、兴趣、特长等。

（2）要掌握分寸。自我评价不宜使用"很、最、特别"等程度比较重要的词语，不能过度夸奖自己，也不能过度贬低自己。可采取自谦、自嘲、自识，巧妙张扬自己。

2. 方式

（1）自谦式。在介绍时采取低调姿态，巧妙谦虚，使游客不知不觉中接纳自己。比如"我叫×××，从×××学校毕业，正在努力学习做一名优秀的导游员"。"努力学做"给人一种积极的态度，使游客容易接受，即使导游中出一点小问题，也容易得到谅解。

（2）幽默调侃式。自我介绍幽默诙谐，妙语连珠。可以自嘲一下，于自我揶揄中露出一点自信、自得之意。既风趣又不夸张，给游客留下深刻印象。能够创造出融洽的气氛，缩短心理距离。例如，十分荣幸为各位导游，只是我的长相不太符合一个合格导游的标准。因为名人说过：导游是一个国家的脸面。大家看我这张脸能代表我们美丽的国家吗？

（3）自识式。把自己名字进行演绎发挥。例如，我叫张曲，张学友的张，弯弯曲曲的曲。但我是一个正直的人。为什么叫曲呢？因为小时爱唱歌曲。一会儿我也给大家唱一曲。

有一位导游员许萍，高僧曾用其名字题过一副对联：许是曾修胜善根，萍水相逢念佛缘。

（五）增加文采

用名句、谚语等增加文采。例如，有缘千里来相会；天下没有不散的筵席；百年修得同船渡；人唯求旧，物唯求新；有朋自远方来，不亦乐乎。

 情景再现

呼和浩特旅游欢迎辞

各位游客朋友（女士、先生、游客、团友、来宾、领导、同学等）：

大家好！欢迎大家来呼和浩特观光旅游。我叫刘祥，是××旅行社的导游员，和我国奥运冠军刘翔同名，只是我是吉祥的祥，我的最大心愿是给大家带来欢乐、带来吉祥。大家就叫我小刘好了。这位是司机小王，他的开车技术是很棒的。中国有句古话叫"有朋友自远方来，不亦乐乎"，这次能为大家导游，我感到十分高兴。但愿我的导游工作能使大家满意。

今天我们的游程是（介绍游程）。祝大家玩得尽兴，玩得开心。

二、欢送辞

欢送辞是导游接待工作的尾声，如果说欢迎辞留下的是第一印象，欢送辞留下的印象则是深刻、持久、终生难忘的。除文采外，更要讲究情深意切。

规范的欢送辞也有五个要素：

其一，表示惜别。要面色深沉，不可嬉皮笑脸。

其二，感谢合作。感谢游客在旅游中给予的支持、合作、帮助、谅解，没有这一切，难以保证旅游的成功。

其三，小结旅游。一起回忆，给游客归纳、总结之感。

其四，征求意见。告诉游客，我们知有不足，经大家帮助，下一次会更好。

其五，期盼重逢。是指要表达对游客的情谊和自己的热情，希望游客成为回头客，祝旅途愉快。

有一位从业 40 年的英文导游，有这样一段欢送辞："中国有句名言，'两山不能相遇，两人总能相逢'，我期盼不久的将来，我还会在中国，也可能在贵国相会。我期盼着再见，各位。"时至今日，仍会收到许多写着"来自一座山的问候"的贺卡。

 情景再现

呼和浩特旅游欢送辞

各位朋友，天下没有不散的筵席，我们在呼和浩特的游览就要结束了。在大家的协助和配合下，游览过程十分顺利，在此向诸位表示我由衷的谢意。我深知我的服务还有很多不够周到的地方，请大家多多谅解并提出宝贵意见，我今后的导游工作将会做得更好些。

这次我们游览了……由于时间关系，只看了呼和浩特的一小部分景区，其他景区只有等大家有机会再来时游览了。

中国有句古话说：物唯求新，人唯求旧。东西是新的好，朋友还是老的好。

我们这次是新知，下次再见面就是故交了。两山不能相遇，两人总能相逢，我们有幸这次相逢，深信将来还会有缘再相会，我盼望这一天。再见，各位，祝大家旅途愉快，身体健康，万事如意，谢谢。

三、导游辞

（一）人文景观导游辞

1. 人文景观及对导游辞的要求

人文景观主要包括建筑、文物、宗教寺庙类景观及地方概况、风土人情、风物特产、文化艺术等。

人文景观中包含大量的知识，导游辞就应该提供一定的知识信息，并且要求准确、严谨。人文景观导游辞一般以传递适量相关的知识为主要内容，绝不能绕过这些知识信息，只能是研究怎样更有效地传递这些知识。

但旅游不是学习，导游辞的信息量一定要适度，大致以游客不感到有负担和枯燥厌烦为好。

2. 人文景观导游辞的内容

（1）历史背景。何年何时所建，当时历史条件、社会状况。

（2）景点用途。为何而建。

（3）景点特色。独到之处，建筑结构，布局特点。

（4）景点地位。在国际国内的地位，是否为世界遗产、重点文物保护单位等。

（5）景点价值。历史价值、文物价值、旅游价值、欣赏价值。

（6）名人评论。名流评论如何，从这些评论中得到的启迪，以此加深对景点的理解。

3. 人文景观导游辞的讲解方式

在人文景观讲解中，首先要将历史背景、人物生活年代、发生事件等交代清楚。在游客对相关问题有了一定了解之后，再进行一些深入的发挥。

讲解中要遵循引发、融入、指点的基本思路。引导游客去感受、欣赏以致消化。要做到重点突出，个性鲜明。

表达方式主要有以下三种：

（1）本体阐释。对景观所蕴含的知识进行必要的、得体的解释。这是导游辞中出现频率最高的知识类型。在这种情况下，游览客体本身就是知识源点，要讲解这个客体，就必须涉及相关知识。如寺庙就要涉及宗教及建筑，文物古迹就要涉及历史、地理、文学、建筑、风土人情等。

（2）相关引证。就是适当援引与游览客体相关的史料、典故、诗文以及各种材料，更加广博，增加说服力。

（3）衍释发挥。对蕴含在人文景观中的神话传说、民间故事、历史故事、风土人情进行巧妙发挥，增加趣味性。

（二）自然景观导游辞

自然景观就是大自然赋予的景观。相比而言，内容就轻松多了，自由发挥的余地更大一些，可操作性更灵活一些。

讲解方式分为描述、相关引证、衍释发挥三种。

描述就是描绘、叙述。通过有效的描述，使游客既能清楚地把握景物的要点，又能展开无限的联想，加深对特定景物的了解。讲解要点是三分形象、七分想像，不想不像，越想越像。

相关引证、衍释发挥的要求与人文景观相同。对于人文和自然景观融为一体的，可灵活掌握。

（三）导游辞的针对性和灵活性

现场导游是导游员与游客面对面，同步进行的一种双向沟通交流活动。导游辞必须根据特定的交际环境中各种特定的需要进行调整、改变。

1. 导游对象不同

游客所具有的社会、文化、心理、语言、宗教方面的不同情况，要求对导游辞内容进行调整，并使用游客易于接受的表达方式进行讲解。

（1）社会文化背景。国家、地区、民族、风俗、年龄、性别、职业、宗教信仰、学历、教育程度、兴趣、旅游动机等，构成了游客复杂的社会文化背景。有针对性的讲解才能受到游客的欢迎。数字、手势、颜色、习惯等在各国、各地都不相同。

（2）心理背景。大多数游客共同心理是寻求"补偿""解脱"，最大限度地得到精神上的满足与享受，但从个性上又是不同的。掌握游客心理十分重要。

（3）职业背景。职业不同，使游客有不同的心理偏向。有一导游讲金鱼没有牙时，说吃糖太多，得了牙病，请外科医生大虾用钳子拔掉了，一直效果不错。但给一个美国团讲述时却招来了嘘声，原来这个团大多是美国牙医。

（4）语言背景。根据游客的语言背景，对交际语码进行灵活转换（外语、普通话、方言）。在导游中，如果导游员在表达中不时夹杂一点游客家乡话，可有效地营造亲切融洽的气氛，缩短与游客间的心理距离，得到游客高度认同。

2. 导游现场的主客观因素

（1）主观因素。根据游客反应情况，现场灵活地增加或删减。根据游客兴趣爱好不同，用游客容易理解、接受的讲解内容和语言表达方式。

（2）客观因素。游览时间长短不一，讲解内容可详可简。同一景点游览线路不同，导游辞也要调整。四季不同，气候和天气不同，导游辞也要不同。

3. 根据突发性情况灵活发挥

因地制宜，因时制宜，对一些突发性、消极性情况要善于随机应变，巧妙应对，灵活发挥，化腐朽为神奇，化消极为积极。如遇雨大家情绪低落，可说过去皇帝出行要清水泼地，现在天要为大家泼地，或贵人为我们带来及时雨。

（四）导游辞的结构

一篇完整的导游辞包括导言、总述、分述、结尾四部分。

1. 导言

即导入部分，一般先问候游客或评委，然后巧妙地导入要讲解的主题。常用导入方法有：

（1）直接导入。即开门见山，直接点出要讲解的主题，这种导入方法简单明了，缺点是缺少艺术性，难以给客人留下震撼。譬如，"各位游客大家好，今天我给大家讲解的是著名的都江堰水利工程"。必要时可以用一些震撼性的语言来加强导入效果。如"导游真不是人干的工作！"把人吓一跳，接着说："只有不畏艰苦、不计名利的人，才能干好导游工作！"原来不是一般人能干的，是优秀的人干的，这容易抓住听众。

（2）对比导入。讲出客人熟悉的景点，通过对比方式导入，既可说明本景点不同的特点，也可以借名出名。

 情景再现

新疆吐鲁番导游就采用了这样的导入方式：

"各位游客，大家都知道南京、武汉、重庆是中国的三大火炉，而在我们新疆有一个地方，它6~8月平均气温高出南京、武汉、重庆8~10度，当地人调侃地说，他们的县太爷是坐在水缸里办公的，当然这不过是个笑话，但在沙漠中做热疗，在石头上烙面饼，在沙窝中烤鸡蛋却并不是虚传，这个城市就是吐鲁番。"又如四川紫坪铺水库导游："各位游客，前面我们介绍了都江堰水利工程具有无坝引水、自动分洪、自动排沙、自动灌溉的特点，是人与自然完美结合的典范。可是大家想过没有，都江堰水利工程真的无比完美，就没有一点缺陷吗？其实，都江堰水利工程最大的优点是无坝引水，而最大的不足也是无坝引水。无坝引水导致都江堰毫无蓄水能力，夏天岷江水资源充沛，多余的水却通过外江或者飞沙堰白白流走；到了冬天枯水期，都江堰就会出现供水不足的现象。因此，我们有必要建造蓄水大坝，把夏天岷江丰富的水资源保存下来，以满足冬春枯水期工农业生产和城市生活用水需要，但这是都江堰水利工程无法解决的问题，这就是我们修建紫坪铺水利工程的初衷。现在映入我们眼帘的就是紫坪铺水利工程。"

（3）事件导入。即通过事件并强调景点与该事件的关系，借以突出景点的地位或影响，引起客人的重视。

 情景再现

这种事件应该是客人比较熟悉的，如少林寺导游：

"20世纪80年代，李连杰主演的电影《少林寺》风靡全球，在世界范围内掀起了一场功夫热，这不仅使李连杰一跃成为国际影星，也使河南登封少林寺一举成名，成为举世瞩目的少林功夫的发祥地。现在大家看到的就是有'中国第一古刹'之称的少林寺，它始建于……"

（4）名人名言导入。引用客人熟知的名人名言或古诗句，不仅增强导游辞的文采，还可以吸引客人的眼球，激发客人观赏的兴趣。

 情景再现

如苏州导游讲寒山寺："一说到寒山寺，大家肯定首先想到的是唐朝著名诗人张继的《枫桥夜泊》诗句——'姑苏城外寒山寺，夜半钟声到客船'"；成都导游讲到武侯祠，往往也会说："唐朝诗人杜甫《蜀相》诗云：'丞相祠堂何处寻，锦官城外柏森森'。现在大家看到的就是位于成都老南门外的武侯祠，不同的是，杜甫时的武侯祠在城外，而现在城市发展了，丞相祠堂已经在成都市内了"。

（5）提问导入。通过一两个客人感兴趣的问题来导入。

 情景再现

如导游讲解成都："有人说成都是一座来了就不想离开的城市，为什么不想离开呢？下面我就一一给大家介绍……"

2. 总述

介绍景点总体概况, 如位置、修建时间、历史沿革、景点由哪些部分组成、景点的特色和品位等。

 情景再现

世界反法西斯战争海拉尔纪念园

各位朋友大家好:

(自我介绍)我是×××, 是此次大家呼伦贝尔之行的导游员。来到呼伦贝尔, 大家第一印象应该是广阔无际的呼伦贝尔草原, 热情好客、能歌善舞的牧民们、成群的牛羊, 还有那片"天苍苍, 野茫茫, 风吹草低见牛羊"的绿色世界。而今天, 我要带大家参观游览的是世界反法西斯海拉尔纪念园, 会让您感受这里的另一番厚重沧桑的历史与坚贞不屈的气节。

世界反法西斯海拉尔纪念园位于海拉尔区北山, 为国家5A级战争主题公园, 是在原侵华日军海拉尔要塞遗址上建立的。当年日本人在北山的地下, 修建了日伪工事, 它是日本关东军17处要塞中规模最大、军事设备保存最完整的要塞, 被称为"东方马其诺"。

讲到这里, 大家不免要问, 当年日本侵略者为什么会在偏远的草原上修建如此规模庞大的军事工事呢? 多年来, 日本一直把苏联作为进攻的主要对象, "九一八"事变后, 日本的野心也不断暴露, 他们企图侵占中国东北作为他们南下进一步占领中国、进攻苏联的一个战略基地。海拉尔连通中、蒙、苏三国, 且"三面环山, 两水中流", 这种地形在军事上属于易守难攻之地, 可谓是军事咽喉要地。所以, 在1934年日本关东军决定在海拉尔构筑由五处主阵地和四处辅助阵地组成的海拉尔要塞。

现在, 我们来到的是侵华日军海拉尔要塞地下遗址。地下工事深达20米, 分五个区域形成严密的防御体系, 为东西走向, 由一条主干道和多条支干道连贯组成, 通道总长约4000余米, 总面积5000平方米, 均由钢筋混凝土浇筑而成, 总共有11个入口, 每个入口分别与地面部队集结地、火炮阵地、观察所等相通, 散布在地面的工事已全部被摧毁。

沿昏黄的灯光拾级而下, 日本关东军海拉尔地下要塞遗址如同一条时光隧道, 把我们拉回到80多年前的1934年。这一年是日本关东军修建工事的开始, 也是中国劳工苦难的开始。

如此庞大的要塞, 是由数万中国劳工的汗水和生命构筑的, 他们大多都是以

招工的名义骗来的。地下军事工事一天天地延伸，万人坑的白骨一天天地增多。工程完工后，日本关东军为了杀人灭口，将他们分期分批地杀害，埋在海拉尔河东岸的"万人坑"中。

用铁锹挖下去不到一尺的沙土，便露出一层层的白骨，各种形状扭曲绞结在一起，有的被粗铁丝从肩胛骨穿过，五六个人连在一起，面部着地，头插到白骨中；有的颅骨有弹洞；有的用铁丝捆绑，头部断裂；有的缺胳膊少腿，嘴形张开，像是被活埋、高声呼叫……其状之惨，令人目不忍睹。

各位游客，海拉尔要塞遗址已不再硝烟弥漫，海拉尔河仍在不停流淌，摆在我们面前的是中国人民不能忘记的血泪斑斑的历史，和日本关东军在中国东北犯下的滔天罪行。这些时刻提醒着我们铭记历史、勿忘国耻！

3. 分述

分述有两种方式：一种是描述景观概况，一般用在到达景点前；另一种是按顺序对景观逐一讲解，用在具体的讲解过程当中。

（1）描述景观概况。比较抽象，概括性很强，可以从不同方面对景观特色进行概括，抽象出几个方面并逐一介绍。

 情景再现

吐鲁番导游介绍城市概况："吐鲁番以'四最'名扬天下，您知道是哪'四最'吗？最低、最干、最热、最甜。最低是指什么？它是指吐鲁番盆地的低洼地——艾丁湖，低于海平面154米，是世界第二低洼地，仅次于中东死海；最干是指降水量最小，雨还未下到地面，就在半空中蒸发掉了……"

（2）按游览顺序对景观循序渐进式讲解。

 情景再现

都江堰

都江堰水利工程分为两大部分：由鱼嘴分水堤、飞沙堰溢洪道和宝瓶引水口组成水利工程的渠首部分；宝瓶口以下为灌溉渠道部分，它像密密麻麻的蛛网一样遍布四川盆地，为我们提供农业灌溉用水、城市生活用水和工业用水。都江堰渠首位置海拔720米，灌区川西平原的海拔只有500余米，都江堰水利工程就是利用这二百多米的落差，实现了自动灌溉的功能。

宝瓶引水口。现在各位看到的是渠首工程之一的宝瓶引水口。两千多年前，李冰采用"积薪烧岩"的原始方法，燃烧木材将岩石烧红发烫，再用江水浇泼，使岩石因热胀冷缩破裂，经八年开凿而成，形成了40多米长、20多米宽的豁口，因其形似瓶颈而得名"宝瓶口"，被凿开的山丘叫离堆。宝瓶口是内江水进入成都平原的咽喉，犹如瓶口一样，严格控制着进入成都平原的江水总量。坚固的砾岩使宝瓶口经历两千多年的冲刷以及多次地震（包括"5·12"大地震）破坏依然完好，确实不得不让我们感叹都江堰水利工程的神奇与伟大。

飞沙堰溢洪道。请大家看宝瓶口正对着的这个矮小河堤，这就是飞沙堰，是内江引水渠旁的泄洪道，它的主要作用是为内江泄洪排沙，即将进入内江多余的水重新排向外江，以保证内江灌溉渠道的安全，所以又叫减水河。飞沙堰的高度是2.15米，与宝瓶口"水则"十三划基本持平。飞沙堰不能太高，否则多余的水分流不出去，会造成进入宝瓶口的水超量，损坏灌溉渠道；太矮也不行，会加大飞沙堰泄水量，使宝瓶口进水不足，影响春灌。飞沙堰2.15米的高度，可以让宝瓶口达到最佳的进水量，超过这个高度的洪水，会自动从飞沙堰溢出，流回外江。这样，进入宝瓶口的水量基本恒定，保证了灌渠的安全。

鱼嘴分水堤。现在我们来到了分水堤的顶端，因形似鱼嘴而得名。鱼嘴迎着岷江的波涛，巧妙地将岷江水分为内外两江。外江是自然河道，其作用是在雨季排泄大量洪水，最后流往四川的乐山，在大佛的脚下与青衣江、大渡河三江汇合，构成长江的重要支流；内江是李冰率领老百姓开凿的人工河道，它把江水源源不断地送往成都平原用于农业灌溉。不知大家注意到没有，鱼嘴修筑在岷江出山口的自然弯道上，因为这可利用弯道环流的原理，自动调节内外江进水比例。请看弯道处内江河床低，外江河床高。春秋枯水季节，岷江水流量小，流速缓慢，水往低处流，因而江水主流进入内江，内江进水为六成，而外江进水只有四成，可确保灌区在春耕时节有足够的用水；洪水季节，江水不受弯道的制约，主流流向开阔的外江，外江进水六成，内江进水四成，可避免内江下游遭受洪水侵害。这就是"治水三字经"中总结的"分四六，平潦旱"。弯道的另一个好处是有效地解决了泥沙排放问题。由于沙石是沉积在江水的底层，在流经弯道时比重大，八成的沙石会流向内侧，进入外江，而表层的清水却可以不受约束地进入内江，所挟带的泥沙只有二成，这就自动实现了"二八排沙"的功能。当然，进入内江的二成泥沙如果沉积下来，时间长了也会抬高河床，破坏灌渠，因此对这部分泥沙也不可轻视，李冰是如何解决这个问题的呢？这就是岁修都江堰制度。

岁修都江堰。进入内江的泥沙在宝瓶口前受到回旋水流的顶托，流速减慢，除丰水季节，部分从飞沙堰流回外江外，大部分沉淀下来。只有将这部分泥沙清除，才能保证灌溉渠道的安全。从李冰开始，每年都派人维修都江堰，这就是著名的治水六字诀："深淘滩，低作堰"。"深淘滩"指每年深挖内江河床，防止泥沙淤积，堵塞、冲毁灌渠。深淘到什么程度呢？以露出江底作为标记的四根"卧铁"为准。"低作堰"的"堰"指起泄洪作用的飞沙堰。刚才讲过，堰不能太低，也不能太高，标准高度是 2.15 米。太低，内江水被排入外江，灌渠水量不够，影响农业生产；太高，内江进水量过大，起不到泄洪作用，有可能冲毁灌渠，引发洪灾。岁修都江堰首先得拦断河道，其工具就是杩槎和竹笼。杩槎是用圆木做成三角形支架，再用木梁、篾笆等相连成排，支架中间放上卵石，篾笆外倒上黏土，便构成一种简易的截流工具，它的作用相当于今天的水闸；竹笼是以竹子编织成长笼，笼内装卵石的壅水工程，它的作用是拦水、护堤，在都江堰建金刚堤和截流工程时均大量采用。每年岁修完成的时间是春灌之前（北宋起确定为每年的清明节），以保证农业灌溉用水。放水这一天当地要举行盛大的开水节，同时祭祀李冰。这一仪式已在 2006 年 6 月被国务院批准列入首批国家非物质文化遗产名录。可以说，岁修都江堰是都江堰水利工程至今仍然发挥作用的重要保证。循序渐进式讲解不像概括式讲解那么抽象，讲解内容形象生动、有血有肉；导游可以结合自己的知识结构选择讲解内容的多少和深浅，发挥的余地较大。导游只要把景点和背景知识讲好，即点、面结合得好，同样会十分精彩。

4. 结尾

导游辞在描述完景点的主体内容后，要结合所讲内容进行升化，即提炼出某个哲理、某种规律，使导游辞显得有内涵和品位。

 情景再现

成吉思汗陵正殿导游辞

亲爱的各位游客朋友们：大家好！

一首脍炙人口的《一代天骄》将你我带到华夏圣都鄂尔多斯，让我带您走进一代天骄——成吉思汗的陵寝，一同领略他为美丽富饶的鄂尔多斯留下的吉祥圣洁的宫殿，古老神秘的祭祀和灿烂独特的文化……

成吉思汗陵，前身为成吉思汗八白宫，是祭祀成吉思汗英灵的圣地、全体蒙古人的"总神祇"，是世界上唯一象征成吉思汗的陵寝。沿石阶而上，现在呈现于蓝天绿草之间巍然屹立的三座相连的大殿，就是成吉思汗陵旅游区最核心的景观——成吉思汗陵宫大殿。陵宫由四个殿、两个展厅组成，跨过这道门槛我们便

进入了陵宫正殿。

正殿高 24.18 米, 由雕有金色盘龙的八根柱子支撑, 像是金顶大帐, 又似皇宫殿堂。陵宫穹顶上的金色舞龙, 和支撑穹顶的八根金柱的金色盘龙, 气势宏大, 寓意着对成吉思汗"一龙坐天下""九龙系乾坤"蕴意。四殿当中共有大小金龙 1206 条, 寓意着成吉思汗在 1206 年的时候建立蒙古帝国, 统一蒙古高原。

在正殿中央供奉的就是伟人成吉思汗的汉白玉雕像, 高达 4.3 米, 他戎装端坐, 双眼远望, 神态威严, 充满了崛起于马背上的历史伟人震撼河山的恢宏气度。成吉思汗雕像背后是成吉思汗子孙三代共同打下的横跨亚欧的疆域版图, 象征着近 800 年前大蒙古帝国统率中亚和欧洲的显赫战绩。版图东起朝鲜半岛, 西至地中海沿岸, 北括俄罗斯, 南抵印度洋, 实际版图面积达到 3400 多万平方公里, 相当于现在中国国土面积的 3.5 倍。是直到现在为止, 世界上最大的疆域版图, 其中包括了 40 多个国家, 720 多个民族。

辽阔的版图把我们拉回到 800 多年前的 1206 年, 成吉思汗经过艰苦征战, 在斡难河源头的茫茫草原上树九旒白纛, 建立了蒙古王朝——大蒙古国。1225 年成吉思汗结束了震惊世界的第一次西征, 将新征服的领土分封给了三位皇子术赤、察合台、窝阔台, 而蒙古本土留给了他最小的儿子拖雷。1235 年, 由术赤的儿子拔都统率蒙古军第二次西征, 攻打没有完全占领的钦察、俄罗斯地区, 建立了"钦察汗国"; 1252 年, 由拖雷之子旭烈兀率蒙古军第三次西征, 攻占波斯, 忽必烈于 1264 年将他册封, 史称"伊尔汗国"。

这就是呈现于大家眼前的四大汗国。1260 年成吉思汗的孙子忽必烈建立元朝后, 又统一了中国本土, 成为中国历史上具最大版图的朝代。这就是 13 世纪形成的大蒙古国本土和所属四大汗国组成的大蒙古帝国。

各位游客, 展现在我们面前的这片庞大的版图, 浸透了英雄的鲜血, 留下了征战将士的足迹。这位被称为世界巨人的英雄所创立的传奇帝国, 开启了历史上新的一页; 他的开疆拓土、铁血金戈, 让历史从此生动而激荡。

任务四　全陪地陪导游讲解

一、全陪导游讲解

全陪是接触旅行团第一人。全陪不用讲景区景点、地方风土人情。那讲什么，讲解有无必要，要从全陪职责说起。

（一）全陪的职责

全陪负责旅游团在旅行过程中吃、住、行、游、购、娱等多方面事务性工作，维护游客利益，帮助游客圆满完成旅行活动。因此，要做到同游客建立良好的信任关系和友谊，就要为大家讲清旅途中的注意事项，特别是容易发生的问题。而这一切都要在到达旅游目的地之前完成，因为一旦到达目的地，就是地陪抓话筒，全陪就无机会讲了。

（二）讲解的地点及时间

从旅行社开车到机场或车站的路上讲，但这需要一定时间，路途近不能完成。提前在旅行社的门口或车站、机场某处集中讲。讲解时间最少半个小时。

（三）讲解内容及程序

1. 开场白，致欢迎辞

要给大家留下美好的第一印象，消除陌生感，为建立融洽关系打下良好的基础。

2. 介绍这次游览的路线

注意最好不要说是第一次去，这样容易失去信任，新手要先查找资料，了解这些地方的情况。向游客简要介绍目的地各景区的特色、风味特产等。

3. 讲吃、住、行、游、购、娱方方面面的注意事项

被称为"扫雷运动"，不要怕烦琐，要讲全面，少讲一个注意事项，就可能为后面的旅程埋下隐患。检查是否携带身份证、佩戴团徽等。

（1）吃。目的地饮食习惯口味，可以打下预防针，先把情况讲得坏坏的，到时候没这么差，客人就会感到满意了。可以介绍一下当地的风味小吃，但要讲注意事项。

（2）住。房间安排情况，行李员小费、房间饮料收费、物品保管、收费电视、安全、骚扰电话等。

（3）行。记住车号，按时返回，行车注意事项。

（4）购。当地特产，购物习俗，注意事项。

（5）娱。晚间娱乐，自费项目，注意安全。

出发讲解讲好了，那么到达目的地之前，游客就与全陪建立了相当的友谊，取得了信任，游客把全陪当成是自己人，这样对以后的工作十分有利。

二、地陪导游讲解

地陪从车站、机场、码头接团，到送团全程陪同，有的地方还要进入景区讲

解，因而讲解十分重要。

接到客人，地陪要抓住游客的注意力，就必须明白游客想听什么，想听怎样的讲解。导游讲解不能像啃书，而是将准备好的内容进行整合，针对性地为游客讲解，且需要注意讲解技巧。

（一）致欢迎辞（见地陪导游服务规程章节）

（二）介绍行程安排（见地陪导游服务规程章节）

（三）介绍当地情况

如何介绍，很有学问。不能像做政府工作报告，位置、区划、面积、人口、产值，有些数字要精确到小数点后两位，听得客人直想睡觉。有的更是结结巴巴，面无表情，像背书还未背熟。

介绍情况是必要的，但要有技巧。

 情景再现

新西兰一位导游

许多从中国来的老人到这不久都得了一种怪病，自己和自己说话。为什么呢？大家一听中国老人，都竖起耳朵听。导游接着说：那就是新西兰人口实在太少了，到处找人聊天找不到，26 万平方公里才 380 万人，平均 14 人 / 平方公里。在中国热闹惯了，到这不得病才怪呢？这几天大家乘车就会发现，公路上司机开车都会热情招手致意，是否认识呢？不是，因为开了一下午的车才遇到一辆对面的车，能不亲切吗？在新西兰晚上出去大家要小心，不是怕被抢，而是怕迷路找不到问路的。以前我们曾试过，在城市中心马路中间站了 10 分钟都没有一个过路。

这样的讲解，使游客对新西兰地广人稀有了深刻的认识。

（四）风情讲解

不要背现成的导游辞，应结合一路经过的景物、景色来讲。见景生情，见人说人，见物说物，随机应变。

客人到站第一天最有好奇心，东瞧瞧、西看看，专心听讲的不多，这就要求导游员顺应这一要求，把地方风土人情有关情况穿插其中。

例如，贵州导游见到姑娘讲，我们这里管漂亮的姑娘叫钉子，管恋爱叫拔钉子，游客起哄：好哇，明天导游带我们拔钉子。导游说：那要小心了，不要让钉子扎了手。

再如，云南的导游讲阿诗玛、阿黑哥。云南石林附近居住的彝族撒尼人，称漂亮姑娘为阿诗玛。未婚女子头上有两个三角，一个三角表示已订婚，没有三角表示已结婚。如果不懂规矩，摸了三角，就会被留下做三年苦力。游客也不例外，因为民族传统受法律保护。三年后也不一定被留下，都被赶走了，因为汉族阿黑哥不听话。

三、如何赢得游客的好感和信任

（一）多与游客沟通

多赞美，对不同地区的游客用不同的赞美词。讲自己的工作时，把导游生活中一些有趣的事或麻烦的事说出来，不但增加了信任，也可以让游客多了解你，增进感情。例如，导游有四个身份：导游陪同时像保姆一样耐心细致；导游服务时像仆人一样服务周到；导游讲解时像专家一样知识渊博；导游娱乐时像小丑一样逗人可爱。

（二）多与游客交谈

导游与客人交谈，可以向游客发问，但不要问其敏感话题，要懂得忌讳。例如，一位男士与一位小姐共舞，问你结婚了吗？小姐说还没有呢。那你有孩子了吗？小姐大怒，拂袖而去。男士不解，以为自己问错了顺序。后又与一位女子共舞，问你有孩子了吗？女子说有两个，那你结婚了吗（后果可想而知）？

（三）准备充分

多准备一些笑话、奇闻轶事。

搞一些活动，如唱歌、猜谜、脑筋急转弯等。关键是要形成互动，大家都要参与进来，导游员也要参与进来。

服务周到，关心一些细节。

超常服务。如到景点帮助拍照，就餐时人手不够帮助端饭，照顾老年游客，记住某人生日等。

打有准备之仗。出发前要对景区资料熟悉，对游客情况熟悉。

模块七

导游带团技能

任务要求

1. 了解导游带团的特点
2. 掌握导游带团组织、交际技巧
3. 掌握导游带团协调技巧

灵活的带团技能

　　2011 年"十一"黄金周期间，广州 ABC 旅行社派小卢接待来自韶关一个 32 人的旅游团，参加广州一日游。本来路线安排有去上下九步行街参观，时间 1 小时，考虑人多又怕堵车，卢导就决定带团去广州大学城参观，一来节约时间，二来这是一个新景点。游客们玩得很开心，但在回来的路上有人就抱怨卢导没有按合同执行。

　　导游人员的带团技能，是指导游人员根据旅游团的整体需要和不同游客的个别需要，熟练运用能提高旅游产品使用价值的方式、方法和技巧的能力。导游员的带团技能就是在处理与游客、与协作伙伴之间关系时所体现出来的方式、方法和技巧。

任务一　带团的特点、理念和模式

　　导游带团是一项工作，同时也是一门艺术。现代旅游活动从内容上讲，它包括吃、住、行、游、购、娱六大环节，从某种意义上讲，导游员水平高低就表现在对这六个环节调节运用水平的高低。调节运用得法，游客都能得到很大满足和享受。反之，遗憾、喧哗、愤怒等会不断出现，游客由高兴而来，变为扫兴而归了。

从出站口把游客接出来，直到最后把游客送入进站口，全部过程几乎都由导游员来处理，处理得当，得到各方面的肯定、赞誉；处理不得当，可能会遭到投诉，甚至造成损失，因此，掌握必要的导游技巧是十分重要的。

导游员在带团时树立的理念会影响到导游人员的态度、情绪以及工作方法。受各种因素影响，导游员带团活动最终将形成一定的模式。

一、带团的特点

（一）环境的流动性

导游人员带团的工作环境是流动性的，非静止类的工作环境更容易受到外在诸多变动因素的影响，给导游带团工作带来一定的难度和压力，导游人员必须保障良好的身体和心理状态，才能随机应对突如其来的各种情况。

（二）接触的短暂性

导游人员和游客的接触主要集中在提供旅游服务期间，旅游时间的短暂性，使导游人员与游客的接触、了解时间更短暂，尤其是地陪导游人员，接触游客时间有时只有几个小时。在这么短暂的时间内，导游人员要充分调动各方面技能与游客交流，了解游客特点，开展服务工作，难度不言而喻。

（三）工作的主动性

游客外出旅游渴望消闲，并有所收获，但他们对旅游地不熟悉，甚至旅游生活也依赖导游人员安排。事实上，导游人员的服务工作就是为游客提供旅游向导、旅游讲解和旅游生活服务。优质的导游服务工作要先于游客提出的要求，并主动安排好游客可能提出的需求，主动为其引导游程、介绍景观和安排生活。

（四）服务的契约性

导游带团要引导旅游团顺利完成旅游消费，其条件之一就是要以提供旅游合同规定的产品为前提，也就是说，导游员所提供的服务必须以有关合同等契约为基础。

（五）方式的艺术性

旅游活动建立在人们物质水平逐步提高的基础上，是人们对精神生活追求的体现，导游员的服务工作也应满足顾客旅游中的文化需求。因此，服务工作必须具有一定的艺术性，不仅表现在讲解内容和形式的艺术性，还应表现在其他服务的细节中。

二、带团的理念

导游员在带团过程中所形成的相对稳定的认识即带团理念。带团理念决定了导游人员同旅游团（者）相处的深浅程度，决定了导游人员对待工作任务的积极程度，也决定了导游人员带团过程的把握程度。一次良好的带团活动应当树立的带团理念主要有四个方面：诚信待人、理解游客、有序引导、融为一体。

（一）诚信待人

诚信是中国传统伦理道德的核心之一，也是现代商业活动遵循的准则之一。"宾至如归"是中国传统的待客之道，需要导游人员付出完全的真诚，使游客在旅游中也能感受到家庭的温暖。工作中更应以诚心换取游客的理解与支持，只有这样，才能保障游客以合作的态度支持导游人员的工作。

（二）理解游客

理解游客，就是多从游客的角度来考虑问题，体谅游客的感受，在某种意义上来说就是尊重游客的体现。一个善解人意的导游员应该做到宽以待人，对游客的不当之处多给予谅解和宽容，不要与游客计较一时之短长，争一时之输赢。树立理解游客的理念还要求导游员在与游客相处时求同存异，尊重游客的文化背景、生活习惯和价值取向，不要干涉游客的自由。

（三）有序引导

由于旅游团的松散性，不同游客在旅游需求方面存在着个体差异，缺乏严密的组织性。导游是一种引导旅游者开展旅游活动的主导者，因而导游员要积极充当旅游活动的主导者，开展有序引导。导游员要树立自己在游客心目中的权威形象，善于驱使游客在意向和行为上逐渐达成一致，让游客在自己的引导下集体行动，保证整体旅游需求得以满足。为此，导游员要突出领导职责，不轻易更改旅游日程安排，强化旅游者的集体观念和时间观念，把旅游团由无序的状态引向有序的状态。

（四）融为一体

导游员带团的成功体现在两个方面：游客对导游讲解内容的接受程度和游客对导游工作的配合程度。这两个方面都要求导游员与游客融为一体。要做到这一点，导游员既要在情感上真正关心旅游者，也要具备相当水准的导游技能和专业知识。

三、带团的模式

导游带团模式是指导游员在带领旅游团开展旅游活动过程中所表现出来的一种行为特征。导游员带团模式的形成主要受旅游计划和游客需求两方面的影响，根据这两者在导游员工作中的影响程度，导游带团模式可以大体上分为自我中心型和游客中心型两种。

（一）自我中心型

自我中心型的带团模式是指导游员带团的主要目标是完成旅游活动的既定计划。在这种带团模式下，导游员的所有工作都以旅行社与游客预先制订的旅游计划为核心，尽量不作调整，对有可能影响或破坏计划实施的因素坚决予以排除。

（二）游客中心型

游客中心型的带团模式是指导游员带团的主要目标是尽量满足游客的需求。在这种模式下，导游员工作的重点是游客而非旅游计划，非常关心游客的感受，尽一切可能满足游客各方面的旅游愿望。

任务二　导游人员交际技能

导游服务的对象是游客，带好旅游团，关键是带好游客。旅游团中的游客因受团体的限制，其个别要求难以在旅游合同中反映出来。当游客到达旅游目的地后，个人的想法和要求会在心里产生，继而在情绪上、行动上有所反映。此外，在旅游过程中，还可能遇到一些问题，这些问题有的来自接待服务某个环节的欠缺，有的来自与旅游团中其他游客的关系，有的出自游客本人或其家庭，但碍于团体关系不便表示出来，而形成心理障碍。这些情况要求导游人员除了要提供旅游合同中规定的游客有权享受的服务外，还有必要向游客提供心理服务。

一、了解游客的心理

开展心理服务，首先要了解游客的心理。通常了解游客心理的途径主要有以下五个方面。

（一）从人口统计因素的角度了解游客心理

人口统计因素包括游客的年龄、性别、职业、收入、受教育程度、家庭人口、国籍、民族、宗教信仰和社会阶层等。具有相同人口统计因素的游客往往在心理上具有一些相似的特征，而不同人口统计因素的游客彼此间的差异会比较大。导游员可以依据这些因素来开展导游服务。其中国家（地区）、社会阶层、性别、年龄和职业这几个因素尤为重要。

1. 不同国家（地区）的旅游者

（1）东方人含蓄、内向，往往委婉地表达意愿，思维方式一般是从抽象到具体、从整体到局部，注重感性认识。

（2）西方人开放、外向，直截了当地表达意愿，思维方式一般是从具体到抽象、从局部到整体。注重理性认识。

（3）日本人好胜，办事认真，讲究礼貌，注重小节，喜欢集体活动，自律性强，热衷购物，喜欢紧张丰富的游览安排。

（4）美国人开朗、大方，好奇心强，爱结交朋友，讲话随便，个性要求高，追求高效率。

（5）英国人矜持、冷静，绅士派头十足，时间观念强，思维较刻板，不喜欢多变。

（6）法国人热情、奔放，不拘小节，容易激动，比较活跃，喜欢自由活动。

（7）德国人踏实、勤奋，守纪律，好清洁，热衷古典文化，文化素质高。

（8）韩国人自尊、重礼，生活要求不高，耐性好，能够坚持不懈地开展快节奏的旅游活动。

2. 不同社会阶层的旅游者

上上层旅游者严谨持重，对导游服务要求高，喜欢购买古玩等文化内涵深的旅游纪念品，对服务需求量大。

上下层旅游者多为新进入上层社会者，追求奢侈性旅游消费，购物愿望强。

中上层旅游者文化程度较高，注重旅游的情趣和格调，购物主要目标为特色商品或工艺品。

中下层旅游者好交友，兴趣广泛，注重导游服务质量，看重旅游项目和旅游商品的价值。

下上层旅游者文化程度不高，旅游要求也较低，重视娱乐性和参与性，喜欢听导游员讲故事和开玩笑。

下下层旅游者旅游要求很低，旅游经验相对贫乏，极少产生购物意愿。

3. 不同性别的旅游者

女性旅游者通常比较谨慎，纪律感强，喜欢倾听，乐意与风趣幽默、轻松活泼的导游员相处，情感丰富，容易受感染，热衷购物，看重价值，多疑。

男性旅游者一般比较随便，不拘小节，行事言谈常有不当之处，对于导游服务有比较成熟的看法，不太计较经济或情绪上的得失，好表现，喜欢参与性的旅游项目，对购物兴趣不大。

4. 不同年龄的旅游者

青年旅游者精力充沛，表现欲强，较冲动，情绪化，喜欢与导游员交谈。

中年旅游者比较务实，经常比较包括导游在内的各项旅游服务的优劣，对旅游的收获期望值高。

老年旅游者容易思古怀旧，对居民生活兴趣浓厚，乐于同导游员交谈，比较随和，但也希望导游员能够重视他们的意见。

5. 不同职业的旅游者

产业工人旅游者合群，有较强的群体心理，心直口快，好做品评，比较关心带有普遍性的社会问题，喜欢娱乐性游览项目。

农民旅游者谨慎小心，体谅他人，不随便消费，好打听，纪律观念强。

知识分子旅游者理智、稳重，善于对现象和行为进行分析，自制力强，对细节要求高，自尊心（包括虚荣心）强。

从政旅游者沉着、老练，发表意见前经过深思熟虑，自尊心强，支配欲强，等级观念强。

（二）从地理环境因素的角度了解游客心理

地理环境因素包括地区、城市、乡村、人口密度、气候、地形地貌等。所谓"一方水土养一方人"，这些因素同样会对旅游者的心理产生影响。如我国民间习惯上所说的上海人精明、四川人耿直、湖南人热情、北京人傲气、天津人滑稽、东北人直率、新疆人坦白等，在很大程度上就是受到不同地理环境因素影响所致。

（三）从旅游动机的角度了解游客心理

动机是个体发动和维持其行动并导向某一目标的驱动力，旅游动机就是驱使旅游者开展旅游活动的动力。游客的旅游动机一般包括四种，即探亲访友、考察别国的社会制度和人民生活方式的社会动机；观赏风景名胜、文物古迹的文化动机；度假休息或参加其他消遣娱乐活动的身心动机；考察投资环境、购买土特产品和工艺品的经济动机。旅游者出游的动机往往并非单纯某一种，而是多种动机综合而成，但其中某一种动机占主导地位。导游员的服务应当充分了解旅游者的主要旅游动机，围绕这一核心开展工作，必要时简略其他部分旅游项目，集中保证旅游者的主要旅游愿望得到满足。

（四）从个性的角度了解游客心理

个性是指个体在先天心理素质的基础上，在一定的社会历史条件下形成和发展起来的一种比较稳定的心理特征的综合。个性具有独特性和稳定性两个主要特点。虽然任何两个旅游者的个性都不可能完全相同，但在许多方面可能存在相近之处。依据这些相近之处，旅游者的个性可以分为活泼型、急躁型、稳重型和忧郁型旅游者。

活泼型旅游者爱交际，喜欢交谈，好出点子，乐于助人，喜欢多变且参与性强的游览项目。导游员与这种旅游者相处时要尽量帮助其扬长避短，配合自己的工作，但不要为其所左右，更不能让其他旅游者感觉自己有亲疏之分。

急躁型旅游者性子急，争强好胜，容易冲动，好遗忘，情绪不稳定。导游员面对这种旅游者时要克制自己的情绪，注意说话的语气和工作方式，避免让他们产生刻意针对他们的感觉，多微笑服务，注意多作提醒工作。

稳重型旅游者一般很少提出个人要求，分析问题比较合情合理，能够理解导游员的工作，也希望导游员能够理解和尊重他们，注重对旅游风景的独自欣赏。导游员要充分认识到这种旅游者在旅游团中的威信和说服力，主动多接近他们，多向他们求教或征询意见，认真对待他们提出的问题或建议。

忧郁型旅游者重感情，比较敏感，心思缜密，不太合群。导游员要多关心他们，但不可过于亲热，细节上不要忽视。

（五）从旅游活动阶段的角度了解旅游者

在长线旅游活动中，随着旅游进程的不断发展，旅游者的心理也会呈现出阶段性的变化特征。

1. 初期阶段——求安全心理和求新心理

游客初到一地，由于人生地不熟、生活环境发生巨变，人类天性上的自我保护机制便会产生不安全感，此时游客的求安全心理毕露无遗。同时，游客的好奇心也特别突出，一些当地人司空见惯的平常事在他们看来可能无比新鲜。导游员在这一阶段应多组织些轻松愉快的活动内容，帮助旅游者放松。对待游客提出的任何问题，导游员都要认真回答，力求让旅游者完全满意。

2. 个性表露阶段——懒散心理和求全心理

当游客逐渐熟悉并适应了新的环境后，旅游者开始展现个性，尽情享受旅游带来的乐趣。旅游者此时不太顾忌，一些不良习气开始暴露，纪律观念淡薄，内部矛盾不时出现，遗失、走失等意外事故发生概率大大上升。而且旅游者对旅游活动往往抱有超出实际的期望，对导游服务也会提出更高甚至不切实际的要求，个别旅游者还会产生挑剔、苛求。这一阶段对导游员工作能力提出了严峻的考验，要求导游员正确、合情合理地处理旅游者提出的要求和发生的意外情况。

3. 结束阶段——自私利己心理

在旅游活动即将结束时，旅游者情绪会频繁波动，考虑事情既多且乱，主要心思都放在自己的个人事务上。此时导游员应给游客留出充裕的自由活动时间，多做提醒工作，必要时做一些弥补和补救工作，使前一段游客未能得到满足的个别要求得到满足。

二、与所有游客保持等距离交往

导游员必须牢记自己服务员的身份，坚持贯彻所有游客一律平等的服务方针，与所有游客保持等距离交往。

在游客心中，都对导游员有自己的衡量标准，这种衡量主要由导游员的服务质量决定，也会受到游客自己好恶评价的左右。如果导游员不能平等对待全体旅游者，就会产生"亲者愈亲，恶者愈恶"的恶性循环，使旅游团内部形成与导游员关系亲密的一部分游客和与导游员关系疏远的另一部分游客。出现这种情况，首先会降低导游服务的质量，损害了部分旅游者的利益；其次会造成游客内部矛盾，妨害预定计划的顺利实施；再次会加大游客提出苛求的可能性，加重了导游工作的负担和难度；最后会损害旅行社和本国（地）旅游业的利益，减少了重游客源和隐性客源。

强调导游员应当与所有游客保持等距离并不意味着导游员对待所有游客都必须采用同样的服务方法。游客个体的差异，要求导游员必须学会以不同的方式方法面对不同游客，这与等距离的原则并不矛盾。保持等距离侧重的是在与游客进行私人交往时的态度与服务的真诚程度，而在工作方法上是可以也必须有的放矢、对症下药的。

三、建立伙伴关系

旅游活动是以旅游者为主体开展的社会活动，导游员在其中所起的是协助、引导作用。如果将旅游活动视为一出剧目，那么其中的演员不仅包括了导游员等旅游服务人员，也包括了旅游者。只有旅游者与导游员通力合作，才能保障旅游活动的顺利进行并达到预期的良好效果。为了获得旅游者的合作，一个很重要的方面就是导游员要设法与游客建立起正常的伙伴关系。

建立伙伴关系，首先要在客、导之间建立起正常的情感关系。导游员诚恳的态度、热情周到的服务、谦虚谨慎的作风，让游客获得自我成就感的做法等都是很得人心的，有助于培养感情。当然，客、导之间的情感关系应该是合乎道德的、明智的，绝不是无原则的低级趣味。

建立伙伴关系，导游员要正确把握与游客交往的心理状态，尊重他们，与之保持平行性交往。导游员切忌与之发生正面冲突，努力与旅游者建立融洽无间的关系，使他们产生满足感。导游员与游客相处时绝对不要争强好胜，不要与游客比高低、争输赢，力求发生矛盾时实现"双赢"的解决方案，保护游客的自尊心乃至虚荣心。

建立伙伴关系，导游员还要多提供"超常服务"。超常服务就是具有人情味的服务，也叫个性化服务。导游员的言行举止、待人处世都要尽量考虑到游客的需求，使旅游者感到受到了优待，产生自豪感，并进而将心比心，理解并配合导游员的工作。

四、带团要灵活

（一）老年旅游团

老年旅游团多为单位组织，有随团负责人。年老人体弱，视力、听力较差，记忆力减退，爱忘事，手机经常不知缘放地停机或者根本没有听见来电信号。希望得到鼓励，不希望被批评、被轻视，很珍视此次旅游，对于旅游各要素比较看重。大多数老年人能够随遇而安，具有较大的宽容度。大多数人服从导游安排，把导游看作自己的孩子，谅解他们的不足之处。也有个别老年人比较固执，有小脾气，坚持己见，听不进劝解。通常老年人喜欢听导游讲解，常常思古怀旧、提及往事，希望自己的观点被认可。在饮食上，老年人希望餐饮适应老年人胃口。有慢性疾病的老年人有忌口，如糖尿病患者不能吃含糖多的食品、油脂多的菜肴，午饭、晚餐尽量正点。在睡眠方面，老年人的睡眠时间相对减少，喜爱早眠早起。许多人有慢性疾病（心血管疾病、颈椎病、腰膝有病等），不耐风寒雨雪、酷暑炎热，不能爬山、走远路。带老年团，要注意以下事项：

1. 多征求随团领导的意见

在不违背旅游协议的情况下，就按带团领导的意见办理。

2. 安全第一

游览项目是组团社与地接社协议后定下的，导游无权增减项目，宜带领老年朋友精华游。提醒老年人量力而游，身体不适多休息，不勉强跟团。总之，整个行程要注意避免老人过于劳累。

千万不要催促"快点、快点"，不可抱怨老人行动迟缓。确实做到走路不观景，观景不走路；尽量走平坦的路，放慢行进速度；尽量不爬山，不下水。

3. 尊敬旅游者

说话要三思，不能让老同志感到你的言下之意是说他迟慢愚笨，或者思想落伍。放慢讲解语速，加大讲解音量，重要之处多重复。话题可选择吉祥、安康为讲解基调，避免谈及疾病、孤独、灾难的话题。

4. 适当休息

在景区每逢一个大洗手间，都应休息放松五分钟。不上洗手间的，带领他们活动一下腰腿。这样，老同志们会觉得导游很懂事、很体贴。

5. 细节照顾

进购物店前讲清物品特点以及如何选购礼品（哪些适宜给孩子，哪些适宜给朋友，哪些食品含糖高，哪些含糖低），强调购物后的集合时间。

老年团中常有性格孤僻者，两三人结伴喜单独行动，一定要提醒他们注意团队的行动，不能远离团队。

 案例分析

台湾老夫妇不去长白山了

台湾老年登山爱好者一行30人到长白山参加登山活动，飞机于晚上11点左右经停北京，第二天乘早航班前往长白山。导游小李接到旅游团，安排好住宿已经是凌晨1点多。

第二天早上7点带团赶到了首都机场。办理完登机手续后，小李送客人去安检。这时一位老夫人找到小李，说她的先生心梗。小李立即跑到那位老先生身边，扶他就近休息。然后，联系机场医务室，机场医务人员建议送医院诊治，小李马上给旅行社计调打电话说明了情况。小李征求了老夫人的意见，决定改乘后续航班。

小李向机场说明了情况。先将客人身份证件、登机牌、行李托运条，到原办理托运柜台变更办理托运行李事宜，并给120急救车打电话。

小李陪客人前往机场附近的大医院做检查，经检查老人是胃出血。救治后老人脱离了危险，但需要留院观察，于是两位老人决定不去长白山了，地接社为其办理了飞机退票，并通知了长白山地接社。

【解析】游客如突发病症，不可继续旅游，建议客人及时就医，必要时陪同前往。地陪要在第一时间通知地接社，以便及时协助游客治疗等事宜。

（二）女性旅游团

女性旅游团的游客喜欢提要求，在旅游期间非常兴奋，希望得到额外照顾。通常，她们喜欢结成小组行动、热衷于购物，之后爱相互比较，大多数女同志守时、紧跟团队，并希望得到鼓励。但总有磨蹭落后者，要私下督促她。虽然出来旅游，但是每天惦记着自己的孩子、老公以及家人。女性团队游客关心当地人民生活，经常询问菜价、肉价、房价、入托、入学、治安等情况。在旅游车上、参观景点中，女性游客爱大声谈笑、聊天。在旅游期间常会因为一点小事甚至一句话闹矛盾。

带女性旅游团，要注意以下事项：

（1）注意文明用语，不和游客议论是非问题，不参与她们的聊天，因为她们谈话中有许多"小秘密"。

（2）提醒注意事项要清楚明确。明确强调集合时间、集合地点及停车位置。

（3）热饭、热菜、热茶，生活细节更加关照。

（4）耐心听取她们的批评、建议，尽量少辩解。

（5）每次下车时、在景点自由活动时、用餐结束时都提醒她们带好自己随手携带的东西，否则丢失物品后个人情绪低落，全团不安，有时还会埋怨导游没有提醒。

（6）精心安排好购物活动，适当延长购物时间以便游客挑选、斟酌。

（7）游览中不时清点人数，以防走失。

（8）导游讲解的基调是轻松愉快，风趣幽默。千万注意不要影射、比对某游客。

（9）事先和有代表性的人物商量。不要过多征求游客意见，以免人多嘴杂、莫衷一是，影响行程。

（10）在行车中要劝阻游客合唱飙歌，以免影响司机开车。导游可以直接对游客说，合唱影响司机安全开车。千万不要为了制造愉快氛围而组织合唱。

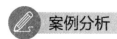 **案例分析**

老姐俩遭遇暴雨

2013年夏天，单位组织员工到郊区某森林公园旅游，导游张锦辉、李广伟各负责一辆旅游车。到达景区下车前，导游特别强调11：30上车。10：20的时候，天空突然乌云密布、雷声隆隆，游客有些慌乱，带队领导要求提前离开此地。两位导游用麦克风呼喊游客赶快上车集合。10：30的时候，游客都上车了，只缺两位阿姨。领队分别给这两位阿姨打电话，一个是停机，另一个是一通就关机。

有的客人说曾看见她俩在山坡下挖野菜，说话间倾盆大雨降了下来。两位导游立即与公园保卫人员冒雨四下寻找，最后在一座桥下面找到了这老姐俩。她俩浑身都湿透了，幸好桥下河两边有高坡，没被淹着。导游把雨伞给了两位阿姨，自己成了落汤鸡。

上车后已经快12点了，一位阿姨说她一家爱吃野菜团子，看见有野菜就忍不住了。大家问怎么打电话就关机啊？阿姨说："我一着急就老按错。"另一位阿姨说:"没事我就关机,省得乱心。"同伴们说:"姐,你真悠闲。"

【解析】每次下车前、进入景区后,应特别提醒游客不要单独行动。对性格孤僻、不合群的女游客要私下单独提醒。特别提醒游客要保持手机畅通,以便随时联系。手机有问题时,可请身边的青年人帮忙。

导游请公园保卫人员协助寻找失落人员很明智,因为导游怎么也不如公园的保卫人员熟悉。

(三)青年人旅游团

年轻人旅游团最大的特点是喜欢多动多看,他们对旅游有一种特殊的偏爱,在旅途中也时常表现出激动、好奇和热闹。因此,导游员带领年轻人旅游团进行参观游览时,应根据年轻人的特点,在不违反旅游接待计划的基础上,尽量满足他们"合理而又可能"的要求,使旅游活动顺利、健康地开展下去。

带青年人旅游团,要注意以下事项:

(1)绝对保证游览时间,强调集合时间、地点。一开始就准点出发,建立旅游秩序。

(2)控制好整个团队的旅游节奏,不迎合个别游客的要求。

(3)强调安全,不允诺游客参加激烈、危险系数高的项目,对自行参加者进行忠告,并请其签下"安全自负"责任书。

(4)讲解富有激情,思想内容深刻。

(5)等距交往,一视同仁。对于学问高、薪酬高的游客不盲目追捧,对于肥胖、其貌不扬者不轻视,对于和自己说得来或者不投机的游客,不厚此薄彼。

(6)宽容不实事求是的批评,不与之争辩是非。

(7)不与之做任何较量,如掰腕子、纠正其错误的说法、比赛英语水平等。在客人面前不可以"逞能""拔尖",即使都是青年人也不可以。

(8)讲解能够幽默时应该幽默,但是注意适度。说事情不要半开玩笑地说,否则青年游客一笑了之,交代的注意事项不能引起他们的注意。

(四)儿童团

儿童旅游团一般是以学校、单位组织的,以春、秋两季游为多。小朋友的最大特点是好奇、多动、不注意安全,不像成年人旅游团那样乐意听导游员的讲解。因此,带领小朋友旅游团进行参观游览应根据小朋友的特点,有针对性和选择性地介绍讲解。

导游员带领儿童旅游团进行参观游览时,其首要任务如下:

(1)讲解景点要突出爱国主义教育。

（2）要特别关注小朋友们的安全问题。

（3）导游员在讲解中，语言要生动形象，通俗易懂富有激情而又准确，语速要亲切、缓慢。

（4）导游技巧上多使用提问式或启发式的手法，使小朋友对景物产生浓厚的兴趣，同时也要让他们了解一些相关的历史知识和文化内涵，适当进行美学教育和社会实践。

（5）在安全问题方面，导游员要主动配合学校老师做好安全防范工作，不准他们乱跑瞎闯，确实做到有组织、有纪律、听指挥。

（6）饮食方面，要告诫他们不要随意买小摊上的食品，不喝生水，注意个人卫生，保证小朋友旅游团能顺利健康地开展。

任务三　导游组织技能

旅游团是一个特殊的群体，游客参团旅游的动机各异，兴趣爱好各不同，所以，导游人员应该具备良好的组织协调技能，合理安排旅游团的各项旅游活动。

一、把握游客的个性差异

旅游者在性格特点、生活习惯、旅游需求等方面必然存在各种各样的差异，这些差异一方面决定了导游员不能够固守陈规，另一方面也要求导游员要尽量使游客达到一致。

二、树立良好的形象

让游客乐意服从的导游员，首先必须是一个具有良好形象的导游员。

（一）注重"第一印象"

"第一印象"是导游人员带团能否成功的关键所在。因为给人的第一印象好坏，常常构成人们的心理定式，在短期相遇的过程中，往往成为评价一个人的依据。导游员必须重视自己在游客心目中的第一印象。在地陪服务规程中，接站服务是导游员树立第一印象的主要环节。

第一次亮相的关键在于导游人员的仪表、仪容和使用的语言。导游人员应以真挚热情的表情、礼貌动听的语言、文雅大方的举止、修饰有度的衣着打扮，表现出神采奕奕的风度，来吸引旅游者。

（二）强化可信赖度

良好的第一印象一旦形成，导游员还要注意继续努力维护自己的良好形象。在旅游过程中，导游员处事要果断、利索，沉着冷静且游刃有余地处理各种突发事件，给游客一种可信赖感。在游客面前，导游员要永远保持精神饱满和乐观自信，同时，导游员也要谦虚友好，不要妄自菲薄，避免让游客产生浮躁和炫耀的感觉。

（三）维护良好的形象

良好的第一印象只是体现在导游人员接团这一环节，而维护形象则贯穿于导游服务的全过程。因此，维护形象比树立形象往往更艰巨、更重要。有些导游人员只注意接团时的形象，而忽视在服务工作中保持和维护良好的形象，与游客接触的时间稍长一些就放松了对自己的要求，譬如不修边幅、说话不注意、承诺不兑现、经常迟到等，于是在游客中的威信逐渐降低，工作自然不好开展。导游人员必须明白良好的第一印象不能"一劳永逸"，需要在以后的服务工作中注意维护和保持，因为形象塑造是一个长期的、动态的过程，贯穿于导游服务的全过程。导游人员在游客面前要始终表现出豁达自信、坦诚乐观、沉着果断、办事利落、知识渊博、技能娴熟等特质，用使游客满意的行为来加深、巩固良好的形象。

（四）留下美好的最终印象

心理学中有一种"近因效应"，它是指在人际交往中，最后给人留下的印象因时间距离最近而对人有强烈的影响。国外一些旅游专家有这样的共识：旅游业最关心的是其最终的产品给游客的美好回忆。导游人员留给游客的最终印象也是非常重要的。若导游人员留给游客的最终印象不好，就可能导致前功尽弃。一个游程下来，尽管导游人员已感到很疲惫，但从外表上依然要保持精神饱满，而且热情不减，这一点常令游客对整个游程抱肯定和欣赏的态度。同时，导游人员要针对游客在旅游结束阶段开始想家的心理特点，提供周到的服务，不厌其烦地帮助他们，如选购商品、捆扎行李等。致欢送辞时，要对服务中的不尽如人意之处诚恳道歉，广泛征求意见和改进建议，代表旅行社祝他们一路平安，真诚地请他们代为问候亲人。送别时要行注目礼或挥手示意，一定要等飞机起飞、火车启动、轮船驶离后方可离开。美好的最终印象能使游客对即将离开的旅游目的地和导游人员产生较强烈的恋恋不舍的心情，从而激起再游的动机。游客回到家乡后，通过现身说法还可起到良好的宣传作用。

三、调整旅游活动的节奏

（一）旅行游览活动的张与弛

旅行游览活动的张与弛也可以理解为活动日程的紧与松。导游员在根据旅行社下发的接待日程制订具体活动项目时，应该根据人体生理和心理活动的需要，有张有弛地进行安排，使旅游者既可以体验到丰富的旅游活动内容，又可以及时地补充体力和调整心情，不至于感到浪费时间和太过疲劳。

（二）行进速度的缓与急

导游员在带领游客参观、游览的行进过程中，其速度也要有节奏感，既不能为赶时间一味催促旅游者走马观花似地急速走完，也不能因时间宽裕而故意慢慢吞吞。行进过程的速度，一方面要照顾旅游者个体体力上的强弱，另一方面要配合旅游景观的风景类型。这样才能使旅游者感到从容自如，享受到参观、游览的乐趣。

（三）导游讲解的快与慢

导游员讲解时要注意到语速的快慢，视实际情况而灵活变化。太快的讲解容易使旅游者产生疲劳感，只顾听而缺少细细品味；太慢的讲解会给旅游者一种脱节的感觉，难以形成美感。

（四）导游声音的高与低

导游讲解和交谈时要控制好自己的语音，在音调的高低、音量的大小、语调的升降之间作适当的调节。调节时可依据的标准主要有周边环境的嘈杂程度、游客的人数、语言内容的感情色彩和重要性。当导游员的情感真正进入角色，声音自然就会产生抑扬顿挫的变化，具有音乐般的节奏感。

四、合理引导旅游者审美

旅游活动是人类精神文化享受的需要，从美学角度来分析，旅游的过程实质上就是旅游者寻觅美、发现美、欣赏美的过程。旅游者前往异国他乡，经过考察和想象，体验到山水、花木、文物、古迹、雕塑、音乐、舞蹈、服饰、民情等各种旅游景观所具有的美感。导游员在旅游过程中所起的作用是引导旅游者开展审美活动。

（一）旅游景观的美

各种旅游景观都是美的体现，主要包括自然美、社会美和艺术美。

1. 自然美

自然界的形、光、音、色等造就了自然景观的形态美、光泽美、音韵美和色泽美。名山胜水的造型、风云气象的明暗、自然声响的韵律、林海雪原的纯净都会给人以无限的美感享受，产生极佳的情感体验。

2. 社会美

社会美是人类在改造自然、征服自然过程中表现出的能力，既表现在精神领域（民俗风情、趣闻典故等），也表现在物质领域（建筑田园、服饰器物等）。

3. 艺术美

艺术美是在自然美和社会美的基础上提炼和升华出的一种美感，在各种旅游风景中往往起着画龙点睛的作用。如岳麓书院中的匾额楹联，虽然是依托于岳麓山和岳麓书院的自然美和社会美，但能够让游人获得远远超出上述风景美感的启示。

（二）导游员是审美信息的传递者和创造者

在旅游者开展旅游活动时，导游员传递各种旅游景观的信息，也就是传递美的信息。导游人员要帮助外国人或外乡人了解本国人或本地人的审美观和各类景观的审美标准，用恰当的语言介绍风光和古迹，正确地引导外国人或外乡人从合适的角度来欣赏自然风光和人文景观。如果导游人员能够了解游客所在国（地区）的审美观和审美标准，并在引导过程中与本国（地）审美观和审美标准进行比较，就能够让游客尽可能准确地获得美感。导游员要根据实际情况调节旅游活动，帮助旅游者保持最佳审美状态，激发旅游者的想象思维，合理地开展旅游审美活动。

（三）有序递进审美层次

从一般的以生理快感为特征的"悦耳悦目"审美体验，升华到以精神愉悦为特征的"悦心悦意"的审美体验，最终达到以道德和理性启示为特征的"悦志悦神"的审美体验。

（四）有效激发想象思维

著名学者滕守尧在《审美心理描述》一书中对审美想象有这样的比喻，"外部自然只是一种死的物质，而想象则赋予他们以生命；自然好比一块未经冶炼的矿石，而心灵则是一座熔炉。在内在情感燃起的炉火中，原有的矿石熔解了，其分子又重新组合，使它的关系发生变化了。最后终于成为一种崭新的形象在眼前显现出来"。

审美想象是审美主体对自己头脑中已有的表象进行加工改造而形成新形象的心理过程。在大多数情况下，旅游审美需要旅游者发挥想象的参与作用，没有想象的参与，旅游审美是无法真正完成的，这需要导游人员采用各种手段最大限度地激发旅游者的审美想象。不能"远看像石头，近看像石头，仔细看就是石头"。导游人员可以根据不同的情境，主动向旅游者提出一定的问题与要求，以引导旅游者的注意，使旅游者由被动听讲解变成主动探索追求，激发他们求知的强烈欲望。

案例分析

如导游人员在讲解上海豫园的镇园之宝"玉玲珑"时，为了说明其透、皱、漏、瘦、丑的特点，导游人员一般会这样说："假设用一桶水从石顶上浇下来，则水将沿空隙而下，如群龙喷水。如果在石下置炉生烟，则烟将从千隙百孔中冒出，如群龙喷雾，香烟缭绕。"此情此景，尽管虚设，但听者犹如身临其境，亲见其景。

有时审美想象需要依附在一些美丽神话故事、民间传说、历史典故中，通过导游人员惟妙惟肖的讲解，使原本普普通通的一山一石、草木引人入胜，令旅游者触景生情。

例如旅游者在坐船游览广西桂林漓江时，船到了一个叫"出米洞"的地方。其实这只是个普通的山洞，这时导游向旅游者讲述了一个民间传说："相传古代有位仙人看到人间遭灾，便推动石磨，米就从这个洞里流出，谁要是接到这米吃了会长寿。"听了这个故事，旅游者的情绪顿时活跃起来，有几位年迈的老太太信以为真，还要去找袋装米。

（五）合理引导观景赏美

观景赏美的方法常用的有动态观赏、静态观赏、选择位置、观赏角度、掌握时机和合理调整观赏节奏。

1.动态观赏

无论是山水风光还是古建园林，任何风景都不是单一的、孤立的、不变的画面形象，而是生动的、连续的、多变的整体，随着观赏者的空间移动，旅游风景的形象美才完整地展现出来。"山重水复疑无路，柳暗花明又一村。"这句诗中所揭示的审美方法就是动态观赏。

2.静态观赏

在某一特定空间，观赏者可选择性地观赏风景。在此略作停留，通过联想、感觉来欣赏风景在某一状态或某一局部展现出来的美感，也可以产生意想不到的效果。"停车坐爱枫林晚，霜叶红于二月花。"这即通过静态观赏产生的审美体验。

3.选择位置

自然风景在形态上具有多样性，在不同距离和角度来看就会产生不同的观赏效果。"横看成岭侧成峰，远近高低各不同。"庐山之所以会呈现出变幻莫测的美感，正是由于观赏位置的变化所致。导游员必须非常熟悉所游览的风景，选取最恰当的观赏位置，指导旅游者从最佳距离、最佳角度去观赏风景。在选取观赏位置时，导游员还要注意到景观与游客的心理距离，帮助旅游者调整心态和情绪。

4. 观赏角度

引导游客观景赏美，导游人员还必须引导游客从最佳角度去观赏风景。观赏风景的角度不同也会产生不同的审美效果，角度不对，有可能看不到美。例如张家界天子山的"西海""摘星台"和"双门迎宾"等景观，只有在特定的观景台才能获得最佳景观。观景的角度除了正面观赏、侧面观赏外，还可以使用平视、仰视和俯视。

所谓平视是指看视线前方延伸较远的景物，平视可以看远处的景色，欣赏开阔的旷景，极目天际，使人心胸开阔，心旷神怡，例如观赏"山色空濛雨亦奇"的西湖景色应以平视的角度为最佳。

仰视是指从低处往高处看，例如在万寿山前仰视万寿山，便可看到层层殿堂，辉煌夺目，分外壮观，在黄山的汤岭关仰望云门峰，云门峰那种雄伟险峻的景色简直令人惊叹，峰顶高耸入云，好像就要倾倒似的，游人到此仰望之，无不感到惊心动魄；俯视是从高处往下看，在泰山顶上看下面的群山，便有"登泰山而小天下"的感觉，在北京景山万春亭上看故宫，宏伟的宫殿建筑群便一览无余，其壮美至极，令人叹为观止。

5. 掌握时机

观赏美景要掌握好时机，即掌握好季节、时间和气象的变化。这些因素可能会损害景观原有的美感，也可能会锦上添花，甚至取代原有风景成为审美的主要目标。"二十四桥明月夜，玉人何处教吹箫。"这就是只有在特定时机才能产生的审美遐想。

6. 合理调整观赏节奏

导游人员要根据旅游团的实际情况安排有弹性的活动日程，努力使旅游审美活动既丰富多彩，又轻松相宜，让旅游者在轻松惬意的活动中获得最大美的享受。观赏速度不宜太快，过于紧张易精疲力竭，甚至损害健康，影响情绪。避免"游而不导"和"导而不游"。通过讲解和指点，旅游者可适时地、正确地观赏到美景，但在特定的地点和时空让旅游者去凝思遐想，去领略、感悟景观之美，往往会有更好的审美效果。

总之，引导游客审美是一门很深的学问，导游人员要想真正成为美的传播者，不仅需要掌握扎实的旅游审美常识，还要在平时通过不断的学习和实践来提高自己美学修养，正所谓"厚积薄发"，苦练内功，才能成为一位名副其实的成功导游人员。

任务四　导游协调技能

一、与领队的协作

（一）尊重领队权限，支持其工作

维护旅游团的团结、与接待方旅行社的导游人员联络，是领队的主要工作。领队提出意见和建议时，接待社导游人员要给予足够的重视；在工作中或生活上遇到麻烦时，接待社导游人员要给予领队必要的支持和帮助；旅游团内部出现纠纷、领队与游客之间产生矛盾时，接待社导游人员一般不要介入，以尊重领队的工作权限，但必要时可助其一臂之力。这样做有助于相互产生信任感，加强双方的合作。

（二）多同领队协商，主动争取其配合

导游人员遇事要与领队多磋商，在旅游日程、旅行生活的安排上多与领队商量，一是领队有权审核旅游活动计划的落实情况，二是导游人员可通过领队更清楚地了解游客的兴趣爱好以及生活、游览方面的具体要求，从而向游客提供更具针对性的服务，掌握工作的主动权。在游览项目被迫变更时，在旅游计划发生变化时，在增加新的游览项目时，在游客与接待社导游人员之间出现矛盾时，导游人员要多与领队商量，实事求是地说明情况，争取领队的理解和合作。

（三）多给领队荣誉，调动其积极性

要想搞好与领队的关系，首先是导游要尊重领队。导游要尊重领队的人格，尊重他的工作，尊重他的意见和建议，适当发挥他的特长，还要随时注意给他面子，如遇到一些可显示权威的场合，应多让领队尤其是职业领队出头露面，使其博得团员们的好评。

（四）坚持有理、有利、有节，避免正面冲突

在导游服务中，接待社导游人员与领队在某些问题上意见相左是正常现象。一旦出现这种情况，接待社导游人员要主动与领队沟通，力求及早消除误解，避免分歧继续发展。一般情况下，接待社导游人员要尽量避免与领队发生正面冲突。

在涉外导游服务中，有些海外职业领队曾多次带团访华，对中国的情况比较了解，他们为了讨好游客，一再提"新主意"，对中方导游人员出难题，以显示自己"知识渊博""对中国了解"以及"为游客着想"；还有些领队一味照顾自己

的游客，以换取他们的欢心，多得实惠，而不考虑实际情况；有些领队就是组团社的老板或他的亲属，有时会向接待方旅行社提出过分要求（超出旅游合同确定的内容），甚至当着游客的面指责接待方服务不周，以掩盖其暴利行为。

面对不合作的领队，首先，导游人员要争取主动，避免被动，坚持在合同允许的范围内提供服务。其次，导游人员应采取适当措施，如做好游客的工作，争取大多数游客的同情和谅解，必要时警告这种领队并报告其所在旅行社。再次，对那些本身就是海外组团社老板的领队，可采用有理、有利、有节和适当的方式与之协调。有理，即指出其苛求已超出旅游合同确定的内容；有利，即选择适当的时机；有节，即言明后适可而止。方式最好采用伙伴间的交谈方式，使之有所领悟，必要时也可当着游客的面提醒领队。又次，在斗争中，导游人员始终应坚持以理服人，不卑不亢，不与其当众冲突，更不得当众羞辱领队，还要适时给领队台阶下。最后，导游员在后续工作中仍然要尊重领队，遇事多与领队磋商，争取领队以后的合作。

二、与司机的合作

导游人员与旅游车司机的合作十分重要，司机熟悉线路、经验丰富，导游人员与司机配合得好，是导游服务工作得以顺利进行的重要保证。

在与司机开展合作时，导游人员应注意的问题如下：

其一，如果接待外国游客，在旅游车到达景点时，导游人员用外语向游客宣布集合时间、地点时，要记住用中文告诉司机。

其二，旅游线路有变化时，导游人员应提前告诉司机。

其三，导游人员要协助司机做好安全行车工作，如帮助司机更换轮胎，安装或卸下防滑链，或帮助司机进行小修理；保持旅游车挡风玻璃和车窗的清洁；不要与司机在行车途中闲聊；遇有险情，由司机保护车辆和游客，导游人员去求援，或相反。

其四，与司机研究日程安排，征求司机对日程的意见。导游人员注意倾听司机的意见是使司机积极参与导游服务工作的好方法。

三、与其他旅游接待单位的协作

（一）多与旅游接待单位沟通，及时了解信息

由于旅游接待中涉及的环节多，情况经常发生变化。为了保证旅游接待环节不出现问题，导游人员应经常与饭店、餐厅、飞机场（火车站、码头）沟通，及时了解各种信息。

（二）尊重旅游接待单位

是否尊重为游客提供相关旅游接待工作的人员，是衡量导游人员修养的重要标志。导游人员应尊重自己的同事，尊重其他同事的劳动和人格。当其他专业人员登场为游客服务时，导游人员应保持低调。

（三）工作上相互支持

在与酒店部门、交通部门、景区景点部门以及其他部门的接触中，导游人员应注意在工作上给予他们支持和帮助。接待单位即使再优秀，也难保工作上万无一失。

以与景区景点部门的接触为例，导游人员首先应了解景点景区的主要特点；景区景点被评定的等级；景区景点的布局、主要线路、进出口位置；景区景点的车辆行驶规定与停车位置；景区景点内的派出所或管理机构、餐厅、购物场所、厕所的位置；景区景点门票管理的相关规定、开放时间等，进而使导游人员带游客游览时，积极遵守景区景点有关停车、卫生等方面的规定，服从景区景点工作人员的管理。善于合作是一名合格导游人员的必备条件之一。

导游应变技能

任务要求

1. 掌握旅游事故的预防与处理
2. 掌握旅游安全故障的预防与处理
3. 熟悉自然灾害的原因与处理

案例导入

漏接事故的处理

某日上午 8：00，某旅行社门市接待人员接北京组团社电话，原定于第二日下午 7：50 到达的旅游团，因出发地订票的原因改为第二日上午 11：40 提前到达，须提前接站。门市接待人员因有急事，在未能和旅行社计调联系上的情况下，在计调的办公桌上留下便条告知此事，后离去。计调回社后，没有注意到办公桌上的便条，直到第二日上午 12：00，组团社全陪从火车站打来电话才知此事。请问如果你是地接该如何处理？

1. 地接以最快的速度，带车到达火车站。

2. 实事求是地向游客说明情况，诚恳地赔礼道歉，力求游客的谅解。

3. 必要时请旅行社的领导出面赔礼道歉或酌情给游客一定的物质补偿，如小礼品。

4. 用更加热情周到的服务，高质量地完成计划内全部活动内容，以消除因漏接给游客带来的不愉快。

在旅游过程中，导游人员常常会遇到不同种类的事故和游客提出的各种要求，无论它们轻重大小都会影响到游客的兴致，如果处理不好，更会直接影响旅游的质量。很多时候，这些问题和要求并不是导游人员的责任，但作为旅游第一线的工作人员，导游人员有解决这些问题和处理事故的责任，这就需要导游人员具备相应的应变能力。

任务一　旅游事故的预防与处理

旅游事故指因旅游服务部门运行机制出现故障造成的事故，一般可分为责任事故和自然事故两种，其中责任事故是由于接待方的疏忽、计划不周等原因造成的事故；自然事故也称非责任事故，是指由于天气变化、自然灾害或非接待部门的原因造成的事故。

一、漏接和错接的处理

（一）漏接的原因、预防及处理

漏接是指旅游团（者）抵达后，无导游人员迎接的现象。出现漏接现象，无论是什么原因引起，都会造成游客的不满情绪，这都是正常的。重要的是导游人员要做好处理工作，时刻为游客着想，尽快消除游客的不满情绪。

1.漏接的原因

（1）主观原因造成的漏接。由于导游人员自身工作不够细致，没有认真阅读接待计划，把旅游团（者）抵达的日期、时间、地点搞错。导游人员迟到，没有按预定的时间提前抵达接站地点。由于某种原因，班次变更，旅游团提前到达，接待社有关部门在接到上一站通知后，在接待计划中注明，但导游人员没有认真阅读，仍按原计划接站。导游人员没有查对新的航班时刻表，特别是新、旧时刻表交替时，"想当然"仍按旧时刻表的时间接站，因而造成漏接事故。导游人员举牌接站的地方选择不当。

（2）客观原因造成的漏接。由于种种原因，上一站接待社将旅游团原定的班次或车次变更而提前抵达，但漏发变更通知，造成漏接。接待社已接到变更通知，但有关人员没有及时通知该团地陪，造成漏接。司机迟到，未能按时到达接站地点，造成漏接。由于交通堵塞或其他预料不到的情况发生，未能及时抵达机场（车站），造成漏接。由于国际航班提前抵达或游客在境外中转站乘其他航班而造成漏接。

2.漏接的预防

（1）认真阅读计划。导游人员接到任务后，应了解旅游团抵达的日期、时间、接站地点（具体是哪个机场、车站、码头），并亲自核对清楚。

（2）核实交通工具到达的准确时间。旅游团抵达的当天，导游人员应与旅行社有关部门联系，弄清班次或车次是否有变更，并及时与机场（车站、码头）联系，核实抵达的确切时间。

（3）提前抵达接站地点。导游人员应与司机商定好出发时间，保证按规定提前 30 分钟到达接站地点。

3. 漏接的处理

（1）实事求是地向游客说明情况，诚恳地赔礼道歉，求得游客谅解。如果不是自身的原因要立即与接待社联系，告知现状，立即查明原因，并耐心向游客做解释工作，消除误解。

（2）尽量采取弥补措施，使游客的损失降到最低程度。如果有费用问题（如游客乘出租车到饭店的车费），应主动将费用赔付游客。

（3）提供更加热情、周到的服务，高质量地完成计划内的全部活动内容，以求尽快消除因漏接而给游客造成的不愉快情绪。

（4）必要时请接待社领导出面赔礼道歉，或酌情给游客一定的物质补偿。

 案例分析

漏接的处理

某湖北团晚 9：00 飞抵呼和浩特白塔机场，出站后游客们发现没有任何人前来迎接，在焦虑不安地等待了近一小时后，导游员才匆匆赶来，并解释是公司安排环节出了问题。游客们不听解释，依然怒气冲天。如果你是该导游，该如何处理这一问题？

【解析】不管什么原因造成漏接，导游员都应实事求是地向旅游者说明情况，诚恳地赔礼道歉，并积极采取弥补措施，向游客提供更加热情的导游服务，以精彩的讲解消除旅游者的不愉快情绪。

（二）错接的原因、预防及处理

错接是指导游人员未认真核实，接了不应由他接的旅游团（游客），错接属于责任事故。

1. 错接的原因

错接旅游团一般是责任事故，是因导游人员责任心不强造成的。错接事故容易发生在旅游热点地区和旅游旺季。有的旅行社同时派出一个以上的团队前往同一地；或者在旺季时，多个团队的游客会乘同航班抵达目的地。

2. 错接的预防

（1）导游人员应提前到达接站地点迎接旅游团。

（2）接团时认真核实。导游人员要认真逐一核实旅游客源地派出方旅行社的名称、旅游目的地组团旅行社的名称、旅游团的代号、人数、领队姓名、下榻饭店等。

（3）提高警惕，严防社会其他人员非法接走旅游团。

3. 错接的处理

一旦发现错接，地陪应立即采取的措施：

（1）立即向旅行社领导报告。

（2）如发生在同一家旅行社两个团之间，导游应立即向领导报告。经领导同意，地陪可以不再交换旅游团。

（3）如同一旅行社，两名导游有一人是地陪兼全陪，就要交换旅游团。

（4）如果错接的是另一家旅行社的团，导游员应立即向领导汇报，设法尽快交换旅游团，并向旅游者实事求是地说明情况并道歉。

（5）如果是被其他人接走，应立即与饭店联系，看客人是否已抵达饭店，并向旅行社报告。

 案例分析

错接的处理

最近几年以来，在我国一些旅游热点城市，尤其是在黄金周期间，由于客流量较大，不止一次发生接错团的情况，即甲社的导游人员把乙社的旅游团误认为是自己的团接走，往往是汽车开到半路甚至到达饭店后才发现差错。请问，如果你是地陪，应从哪些方面着手，防止此类事故发生？

【解析】①认真阅读接待计划，了解并记住团队的特点。②提前30分钟到达接站地点。③站在出站口醒目的位置举起接站牌，以便领队、全陪（或游客）前来联系。④主动从游客的民族特征、衣着、组团社的徽记等分析判断。⑤要主动上前委婉询问，尤其是团队较多时更要如此。⑥及时找到领队和全陪，问清姓名、国别（地区）、团号和人数。⑦如果该团无领队和全陪，应与该团成员核对团名、国别（地区）及团员姓名等。

二、活动计划与日程变更的处理

（一）游客要求变更计划日程

旅游过程中，由于种种原因，游客提出变更路线或日程的要求时，导游人员原则上应按合同执行、婉言拒绝，若有特殊情况应上报组团社，根据组团社的指示做好工作。

（二）因客观情况需要变更计划处理

旅游过程中，因客观原因、不可预料的因素（如天气、自然灾害、交通问题等）需要变更旅游团的旅游计划、线路和活动日程时，一般会出现三种情况，针对不同情况要有灵活的应变措施：

1. 缩短或取消在某地的游览时间

（1）分析延误带来的困难和问题，及时向接待社和组团社报告，并找出解决方案。

（2）立即调整活动日程，压缩在每一景点的时间，尽量不减少计划内的游览节目。

（3）如提前离开，要及时通知下一站在计调部门的协助下落实交通、住宿、游览变更事宜。

2. 延长在一地的游览时间

（1）落实有关事宜，与接待社有关部门或有关人员联系，重新落实旅游团（者）的用房、用餐、用车的情况，并及时落实离开的机票、车票。

（2）迅速调整活动日程：适当地延长在主要景点的游览时间。经组团社同意后，酌情增加游览景点，或晚上安排健康的文体活动，努力使活动内容充实。

（3）提醒有关接待人员通知下一站该团的日程变化。

（4）在设计变更旅游计划时，地陪要征求领队和全陪的建议和要求，共同商量，取得他们的支持和帮助。在变更的旅游计划确定之后，应与领队、全陪商量好如何向团内游客解释说明，取得他们的谅解与支持。

3. 逗留时间不变，但被迫改变部分旅游计划

出现这种情况，肯定是外界客观原因造成，如大雪封山、维修改造，进入危险地段等。这时导游人员应采取以下措施：

（1）实事求是地将情况向游客讲清楚，求得谅解。

（2）提出由另一景点代替的方案，与游客协商。

（3）以精彩的导游讲解、热情的服务激起游客的游兴。

（4）按照有关规定做些相应补偿，如用餐时适当地加菜，或将便餐改为风味

餐，赠送小礼品等。必要时，由旅行社领导出面，诚恳地向游客表示歉意，尽量让游客高高兴兴地离开。

（三）因旅行社的原因需要调整计划日程

在旅游计划安排过程中，可能出现因旅行社的工作疏忽（如景区当天不开放、游客预订节目没安排等）造成旅游活动安排不周，需要临时进行调整。出现这种情况时应首先对计划进行合理安排，尽量不影响日程，然后将安排后的计划与领队及游客沟通，获取他们的谅解，再按照新计划安排游览。

三、误机（车、船）事故的预防与处理

误机（车、船）是指由于某些原因或旅行社有关人员工作的失误，旅游团（者）没有按原定航班（车次、船次）离开本站而导致暂时滞留，误机（车、船）属重大事故。

（一）误机（车、船）事故的原因与预防

1. 误机（车、船）事故的原因

一般此类事故的发生有两种情况：一种情况是由于导游人员工作上的差错和不负责任造成的，如安排日程不当或过紧，没能按时抵达机场（车站、码头）；没有认真核实票据，将时间或地点搞错。另一种情况则是因为游客走失；或游客没有按安排时间准时集合及其他意外事件（如交通事故、天气变化、自然灾害等）所造成的。

2. 误机（车、船）事故的预防

误机（车、船）带来的后果严重，杜绝此类事故的发生关键是要预防，地陪应做到以下几点：

（1）认真核实机（车、船）票的班次（车次、船次）、日期、时间及在哪个机场（车站、码头）乘机（车、船）等。

（2）如果票据未落实，接团期间应随时与接待社有关人员保持联系。没有行李车的旅游团在拿到票据核实无误后，地陪应立即将其交到全陪或游客手中。

（3）离开当天不要安排旅游团到地域复杂、偏远的景点参观游览，不要安排自由活动。

（4）留有充足的时间去机场、车站、码头，要考虑到交通堵塞或突发事件等因素。

（5）保证按规定的时间到达机场、车站或码头。乘国内航班，提前2小时到达机场；乘国际航班出境，提前3小时到达机场；乘火车或轮船，提前1小时到达火车站或码头。

（二）误机（车、船）事故的处理

1. 将成事故的应急措施

旅游团正在去往机场（车站、码头），将成误机（车、船）事故时，导游人员应采取如下应急措施：与机场取得联系，请求等候，讲明旅游团的名称、人数、现在何处，大约何时能够抵达机场。如取得同意，导游人员要立即组织游客尽快赶赴机场，同时向旅行社汇报情况，请求帮助协调。同时，还需要向各个有关部门、有关人员（如海关、交通车队、行李员、旅游车司机等）讲清游客误机情况和补救办法，并说明请求协助的事项。

2. 已成事故的处理办法

（1）地陪应立即向旅行社领导及有关部门报告并请求协助。

（2）地陪和旅行社尽快与机场（车站、码头）联系，争取让游客乘最近班次的交通工具离开本站，或采取包机（车厢、船）或改乘其他交通工具前往下一站。

（3）稳定旅游团（者）的情绪，安排好在当地滞留期间的食宿、游览等事宜。

（4）及时通知下一站，对日程做相应的调整。

（5）向旅游团（者）赔礼道歉。

（6）写出事故报告，查清事故的原因和责任，责任者应承担经济损失并受相应的处分。

四、遗失问题的处理

遗失事故有些是由于游客个人马虎大意造成的，也有些是由于相关部门的工作失误造成的。它们不仅给游客带来经济损失，影响游客的情绪，还会给游客的旅游活动带来诸多不便，严重时甚至耽误游客离境。

导游人员和领队要注意做好在关键时刻的提醒工作，特别是游客每次下旅游车（飞机、火车、轮船）前、购物时、离店前。导游人员需要集中证件办理有关手续时，应通过领队向客人收取，用完后立即归还，不要代为保管。一旦发生游客财产安全事故，导游人员要做到态度积极、头脑冷静、行动迅速、设法补救。如果有线索，应迅速与有关部门联系查找，把损失降到最低程度；如果查找不到，应迅速向组团社或接待社报告，向有关部门报案，并协助游客根据有关规定办理必要的手续。

（一）证件、钱物、行李遗失的预防

1. 多做提醒工作

参观游览时，导游人员要提醒游客带好随身物品和提包；在热闹、拥挤的场

所和购物时，导游人员要提醒游客保管好自己的钱包、提包和费重物品；离开饭店时，导游人员要提醒游客带好随身行李物品，检查是否带齐了旅行证件；下车时提醒游客不要将贵重物品留在车上。

2. 不代为保管游客证件

导游人员在工作中需要游客的证件时，要经由领队收取，用完后立即如数归还，不要代为保管；还要常提醒游客保管好自己的证件。切实做好每次行李的清点、交接工作；每次下车后，提醒司机清车、关窗并锁好车门。

（二）证件、钱物、行李遗失的处理

1. 证件丢失

若游客证件丢失，首先请失主冷静地回忆，详细了解丢失情况，找出线索，尽量协助寻找。如确已丢失，马上报告公安部门、接待社领导和组团社，并留下游客的详细地址、电话。再根据领导或接待社有关人员的安排，协助失主办理补办手续，所需费用由失主自理。

（1）丢失外国护照和签证。先由旅行社出具证明，失主准备照片，之后失主本人持证明去当地公安局（外国人出入境管理处）报失，由公安局出具证明。最后，持公安局的证明去所在国驻华使馆、领馆申请补办新护照。

（2）丢失团体签证。先由接待社开具遗失公函，准备原团体签证复印件（副本），重新打印与原团体签证格式、内容相同的该团人员名单。再收齐该团全体游客的护照，最后持以上证明材料到公安局出入境管理处报失，并填写有关申请表（可由一名游客填写），其他成员附名单。

（3）丢失中国护照和签证。

1）华侨丢失护照和签证：接待社开具遗失证明，再由失主准备照片，持证明、照片到公安局出入境管理处报失并申请办理新护照，最后持新护照到其居住国驻华使馆、领馆办理入境签证手续。

2）中国公民出境旅游时丢失护照、签证。首先，请当地陪同协助在接待社开具遗失证明，持遗失证明到当地警察机构报案，并取得警察机构开具的报案证明。其次，持当地警察机构的报案证明和有关材料到我国驻该国使馆、领馆领取中华人民共和国旅行证。最后，回国后，可凭中华人民共和国旅行证和境外警方的报失证明，申请补发新护照。

（4）丢失港澳居民来往内地通行证（港澳同胞回乡证）。首先，向公安局派出所报失，并取得报失证明；或由接待社开具遗失证明，并持报失证明或遗失证明到公安局出入境管理处申请领取赴港澳证件。其次，经出入境管理部门核实后，给失主签发一次性中华人民共和国入出境通行证。最后，失主持该入出境通行证回港澳地区后，填写港澳居民来往内地同行证件遗失登记表申请表，凭本人的港澳居民身份证，向通行证受理机关申请补发新的通行证。

（5）丢失台湾同胞旅行证明。根据2015年《中国公民往来台湾地区管理办法》第二十七条规定，失主向遗失地的市、县公安机关报失，经调查属实的可以允许重新申请领取相应的旅行证件或者发给一次性有效的出境通行证。

（6）丢失中华人民共和国居民身份证。由当地接待社核实后开具证明，失主持证明到公安局报失，经核实后再开具身份证明，机场安检人员核准放行。回到居住所在地后，凭公安局报失证明和有关材料到当地派出所办理新身份证。

2. 钱物丢失

（1）外国游客丢失钱物的处理。首先，稳定失主情绪，详细了解物品丢失的经过、物品的数量、形状、特征、价值。仔细分析物品丢失的原因、时间、地点，并迅速判断丢失的性质，是不慎丢失还是被盗。然后，立即向公安局或保安部门以及保险公司报案（特别是贵重物品的丢失）。并及时向接待社领导汇报，听取领导指示。同时接待社出具遗失证明。若丢失的是贵重物品，失主持证明、本人护照或有效身份证件到公安局出入境管理处填写失物经过说明，列出遗失物品清单。若失主遗失的是入境时间海关申报的物品，要出示中国海关行李申报单。

若将《中国海关行李申报单》遗失，要在公安局出入境管理处申请办理《中国海关行李申报单报失证明》。若遗失物品已在国外办理财产保险，领取保险时需要证明，可以向公安局出入境管理处申请办理《财物报失证明》。若遗失物品是旅行支票、信用卡等票证，在向公安机关报失的同时也要及时向有关银行挂失。

失主持以上由公安局开具的所有证明，可供出海关时查验或向保险公司索赔。发生证件、财物特别是贵重物品被盗是治安事故，导游人员应立即向公安机关及有关部门报警，并积极配合有关部门早日破案，挽回不良影响；若不能破案，导游人员要提供更加周到热情的服务，尽力安慰失主，缓解其低落的情绪并按上述步骤办理。

（2）国内游客丢失钱物的处理。应立即向公安局、保安部门或保险公司报案，并及时向接待社领导汇报。若旅游团行程结束时仍未破案，可根据失主丢失钱物的时间、地点、责任方等具体情况做善后处理。

✎ 案例分析

被遗忘了的钱包

导游员邓某带领一个由多个城市商业高层管理人员组成的 15 日欧洲考察团，第一站是意大利。按照行程，该团在结束浪漫水都威尼斯的参观之后，将赴奥地利的首都维也纳。临行前，该导游员和往常一样，再次提醒全团团员：请大家检查一下自己的物品，包括钱包、证件、照相机、手表、假牙、金戒指等。在确定全体团员没有遗忘的物品后，该团便出发了。将近中午时分，该团抵达湖滨山城克拉根福，按计划在此用午餐。正在大家步行前往餐厅的路上，一位团员急匆匆地跑到该导游员前，为难地说："邓导，我的钱包不见了，怎么办？"

邓某听后，也有些为难，因为在国外丢了钱包，一般来说是很难找回的。但是，作为该团的领队，应该努力为游客分忧，于是他同情地说："你别着急，先想想看，钱包最有可能丢失在什么地方？"并帮他回忆，该团员想了想说："可能遗忘在我住房间的枕头底下了。"

"您住在几号房？一共有多少钱？"邓某说。

"我住 506 号房，共有 180 元人民币和 500 欧元。它们都装在一个塑料套里，我的钱全在那里，邓导请你帮帮我啊。"该团员说。

经过邓某的多方努力，该团员遗失的那些钱终于如数找回了。

【解析】首先，邓某在旅游团离开饭店出发之前，已提醒游客检查自己的物品，别遗忘在饭店，尽到了导游员应尽的提醒义务。

其次，听到该团员遗失钱包之后，邓某担心的问题果然发生了，难免有些为难。但是他做了自己应做的工作，帮助游客一起回忆，了解钱包可能遗失的地点以及人民币和欧元的数量，为帮助寻找钱包提供了线索。

最后，对游客遗失钱财一事虽然知道找回很困难，但邓某从维护游客财物的安全出发，仍负起了帮助寻找的责任。通过多方努力，最终找回了遗失的钱包。

3. 行李遗失

（1）来华途中丢失行李。海外游客行李在来华途中丢失，并不是导游人员的责任，但也应帮助游客追回行李。首先带失主到机场失物登记处办理行李丢失和认领手续。失主必须出示机票及行李牌，详细说明始发站、转运站，说清楚行李件数及丢失行李的大小、形状、颜色、标记、特征等，并一一填入失物登记表；将失主下榻饭店的名称、房间号和电话号码（如果已经知道的话）告诉登记处并记下登记处的电话和联系人，记下有关航空公司办事处的地址、电话，以便联系。游客在当地游览期间，导游人员要不时打电话询问寻找行李的情况，一时找不回行李，要协助失主购置必要的生活用品。如若离开本地前行李还没有找到，导游人员应帮助失主将接待旅行社的名称、全程旅游线路以及各地可能下榻的饭店名称转告有关航空公司，以便行李找到后及时运往相应地点交还失主。如行李确系丢失，失主可向有关航空公司索赔或按国际惯例取得赔偿。

（2）在中国境内丢失行李。游客在我国境内旅游期间丢失行李，一般是在三个环节上出了差错，即交通运输部门、饭店行李部门和旅行社的行李员。导游人员必须认识到，不论是在哪个环节出现的问题，都是我方的责任，应积极设法负责查找。

第一，仔细分析，找出差错的线索或环节。如果游客在机场领取行李时找不到托运行李，则很有可能是上一站行李交接或机场行李托运过程中出现差错。这时，全陪应马上带领失主凭机票和行李牌到机场行李查询处登记办理行李丢失或认领手续，并由失主填写《行李丢失登记表》。地陪立即向接待社领导或有关人员汇报，安排有关人员与机场、上一站接待社、有关航空公司等单位联系，积极寻找。如果抵达饭店后，游客告知没有拿到行李，问题则可能出现在四个方面：其一，本团游客误拿；其二，饭店行李员送错了房间；其三，旅行社行李员与饭店行李员交接时有误；其四，在往返运送行李途中丢失。

出现这种情况，地陪应立即依次采取以下措施：地陪与全陪、领队一起先在本团内寻找。如果不是以上原因，应立即与饭店行李部取得联系，请其偕同设法查找。如果仍找不到行李，地陪应马上向接待社领导或有关部门汇报，请其派人了解旅行社行李员有关情况，设法查找。

第二，做好善后工作。主动关心失主，对因丢失行李给失主带来的诸多不便表示歉意，并积极帮助其解决因行李丢失而带来的生活方面的困难。

第三，随时与有关方面联系，询问查找进展情况。

第四，若行李找回，及时将找回的行李归还失主。若确定行李已丢失，由责任方负责人出面向失主说明情况，并表示歉意。

第五，帮助失主根据有关规定或惯例向有关部门索赔。

第六，事后写出书面报告（事故的全过程：行李丢失的原因、经过、查找过程、赔偿情况及失主和其他团员的反映）。

五、游客走失的处理

在参观游览或自由活动时，时常有游客走失的情况。一般来说，造成游客走失的原因有三种：一是导游人员没有向游客讲清车号、停车位置或景点的游览线路；二是游客对某种现象和事物产生兴趣，或在某处摄影滞留时间较长而脱离团队自己走失；三是在自由活动、外出购物时游客没有记清饭店地址和线路而走失。

无论哪种原因，都会影响游客情绪、有损带团质量。导游人员只要有责任心，肯下功夫，就会降低这种事故的发生率。一旦发生这种事故，导游人员要立即采取有效措施以挽回不良影响。

（一）游客走失的预防

1.做好提醒工作

提醒游客记住接待社的名称，旅游车的车号和标志，下榻饭店的名称、电话号码，戴上饭店的店徽等。导游尽可能与游客互留手机号码。

团体游览时，地陪要提醒游客不要走散；自由活动时，提醒游客不要走得太远；不要回饭店太晚；不要去热闹、拥挤、秩序混乱的地方。

2.做好各项活动的安排和预报

在出发前或旅游车离开饭店后，地陪要向游客预告一天的行程，上、下午游览点和吃中、晚餐餐厅的名称和地址。

到游览点后，在景点示意图前，地陪要向游客介绍游览线路，告知旅游车的停车地点，强调集合时间和地点，再次提醒游客记住旅游车的特征和车号。

3.地陪、全陪和领队应密切配合

全陪和领队要主动负责做好旅游团的断后工作。

导游人员要以高超的导游技巧和丰富的讲解内容吸引游客。

（二）游客走失的处理

只有当游客完全失去联系且在规定时间内没有返回，才能认定为游客走失。其处理办法如下：

1.游客在旅游景点走失

（1）了解情况，迅速寻找。导游人员应立即向其他游客、景点工作人员了解情况并迅速寻找。地陪、全陪和领队要密切配合，一般情况下是全陪、领队分头去找，地陪带领其他游客继续游览。

（2）寻求帮助。在经过认真寻找仍然找不到走失者后，应立即向游览地的派出所和管理部门求助，特别是面积范围大、地段复杂、进出口多的游览点，因寻找工作难度较大，争取当地有关部门的帮助尤其必要。

（3）与饭店联系。在寻找过程中，导游人员可与饭店前台、楼层服务台联系，请他们注意该游客是否已经回到饭店。

（4）向旅行社报告。如采取了以上措施仍找不到走失的游客，地陪应向旅行社及时报告并请求帮助，必要时请示领导，向公安部门报案。

（5）做好善后工作。找到走失的游客后，导游人员要做好善后工作，分析走失的原因。如属导游人员的责任，导游人员应向游客赔礼道歉；如果责任在走失者，导游人员也不应指责或训斥对方，而应对其进行安慰，讲清利害关系，提醒以后注意。

（6）写出事故报告。若发生严重的走失事故，导游人员要写出书面报告，详细记述游客走失经过、寻找经过、走失原因、善后处理情况及游客的反映等。

2. 游客在自由活动时走失

（1）立即报告接待社和公安部门。导游人员在得知游客自己在外出时走失，应立即报告旅行社领导，请求指示和帮助；通过有关部门向公安局辖区派出所报案，并向公安部门提供走失者可辨认的特征，请求帮助寻找。

（2）做好善后工作。找到走失者，导游人员应表示高兴；问清情况，安抚因走失而受惊吓的游客，必要时提出善意的批评，提醒其引以为戒，避免走失事故再次发生。

（3）若游客走失后出现其他情况，应视具体情况作为治安事故或其他事故处理。

 案例分析

自己走了的游客

某领队率领一旅游团赴欧洲旅游。根据计划，该团由奥地利的因斯布鲁克至意大利威尼斯，途经维罗纳。10：30，该团抵达维罗纳，在此停留2个小时休息和自由活动。其间一些游客去附近景点观光，一些游客相互拍照留念，有3名游客上车后悄悄取走了他们的物品。该团集合准备出发时，发现有3名游客未到，经在附近查找，依然不见踪影。该领队和地接导游员赶紧报警，报告这3名游客的特征与失踪情况。结果是这3名游客一直下落不明。如果你是该团领队，对3名游客失踪将如何处理？

【解析】这是一个典型的游客在境外脱团的案例。按照《中华人民共和国旅游法》第十六条第一款的规定："出境旅游者不得在境外非法滞留，随团出境的旅游者不得擅自分团、脱团"。虽然这是旅游者自己蓄意滞留国外的行为，但是与该领队照管不周不无关系。首先，该领队思想过于麻痹，以为在景点游览中不会出什么问题，丧失应有的警惕；其次，由于该领队缺乏应有的警觉意识，事前对游客平时的行为观察不细致，以致在该景点停留期间也未留意这3名游客上车取走他们的行李。总之，该领队应对此事承担一定的责任，因为按照《中国公民出境旅游管理办法》第七条和第十一条规定：组团社应当按照核定的出国旅游人数安排组织出国旅游团队，填写"名单表""旅游团队应当从国家开放口岸整团出入境"。组团社委派的出境旅游团领队除了协助境外接待社实施旅游行程计划外，还应带好旅游团，使他们能够安全顺利地整团返回。虽然该领队事后报了警，但已于事无补。

六、游客患病、死亡问题的处理

旅途劳累、气候变化、水土不服或饮食起居不习惯，尤其是年老体弱者难免会感到身体不适，导致患病，甚至出现病危情况。常见的旅行疾病或不适包括晕车晕船、失眠、高山反应、中暑、便秘、腹泻、呕吐等；在旅游过程中，游客可能会突发急症，如心脏病猝发、昏厥，还会出现摔伤等事故。

这就需要导游人员从多方面了解游客的身体状况，照顾好他们的生活，经常关心、提醒游客注意饮食卫生，避免人为的原因致使游客生病；导游人员应该学习预防和治疗旅行常见病的知识，掌握紧急救护的方法，以便在关键时刻为游客的救治争取时间，但是不得随意将自备药品提供给患者。

（一）游客患病的预防

1. 游览项目选择有针对性

导游人员在做准备工作时，应根据旅游团的信息材料，了解旅游团成员的年龄及旅游团其他情况，做到心中有数。选择适合该年龄段游客的游览线路。

2. 安排活动日程要留有余地

不要将白天的游览活动安排得太多太满；更不能将体力消耗大、游览项目多的景点集中安排，要有张有弛，使游客感到轻松愉快；晚间活动的时间不宜安排过长。

3. 及时报告天气变化

导游人员应提醒游客随着天气的变比及时增减衣服、带雨具等；气候干燥的季节，提醒游客多喝水，多吃水果，尤其是炎热的夏季要注意预防中暑。

另外，提醒游客注意饮食卫生。

（二）游客患一般疾病的处理

经常有游客会在旅游期间感到身体不适或患一般疾病，如感冒、发烧、水土不服、晕车、失眠、便秘、腹泻等，这时导游人员应该注意以下几方面：

1. 劝其及早就医，注意休息，不要强行游览

在游览过程中，导游人员要观察游客的神态、气色，发现游客的病态时，应多加关心，照顾其坐在较舒服的座位上，或留在饭店休息，但一定要通知饭店给予关照，切不可劝其强行游览。游客患一般疾病时，导游人员应劝其及早去医院就医。

2. 关心患病的游客

对因病没有参加游览活动、留在饭店休息的游客，导游人员要主动前去问候，询问身体状况，以示关心。必要时通知餐厅为其提供送餐服务。

3. 需要时导游人员可陪同患者前往医院就医

应向患者讲清楚，所需费用要自理，提醒其保存诊断证明和收据。严禁导游人员擅自给患者用药。

（三）游客突患重病的处理

1. 在前往景点途中突然患病

游客在去旅游景点的途中突然患病，导游人员应做到以下几点：

（1）在征得患者、患者亲友或领队同意后，立即将患重病的游客送往就近医院治疗，或拦截其他车辆将其送往医院。必要时，暂时中止旅行，用旅游车将患者直接送往医院。

（2）及时将情况通知接待社有关人员。

（3）一般由全陪、领队、病人亲友同往医院。如无全陪和领队，地陪应立即通知接待社请求帮助。

2. 在参观游览时突然患病

（1）不要搬动患病游客，让其坐下或躺下。

（2）立即拨打电话叫救护车（医疗急救电话：120）。

（3）向景点工作人员或管理部门请求帮助。

（4）及时向接待社领导及有关人员报告。

3. 在饭店突然患病

游客在饭店突患重病，先由饭店医务人员抢救，然后送往医院，并将其情况及时向接待社领导汇报。

4. 在向异地转移途中突患重病

在乘飞机、火车、轮船前往下一站的途中游客突患重病：

（1）全陪应请求乘务员帮助，在乘客中寻找医务人员。

（2）通知下一站旅行社做好抢救的各项准备工作。

 案例分析

游客在飞行途中突患心脏病

某全陪率一外国旅游团从北京飞往上海，途中老年旅游者心脏病复发，病情严重，身边又无急救药物，其老伴手足无措。全陪与领队通力合作，一方面安慰患者和其老伴，使其尽量避免紧张。另一方面，请机组人员帮助联系上海急救中心，将急救车直接开往机场。该团到达上海后，患者经急救中心全力抢救，但仍无效后死亡。针对此情况，如果你带领该团，你该如何处理？

【解析】游客在旅游过程中突然患病虽时有发生，但该患者却发生在飞行途中，身边既无急救药物，飞机上又无医生。这对全陪来说，的确是一个挑战。然而，该导游员做到了处事不惊，依靠领队的帮助，一方面安慰患者和其亲属，另一方面积极与机组人员沟通，请其与上海的急救部门联系，力争使该游客平安地抵达目的地。虽然这样做最终未能挽救游客的生命，但尽了自己的努力，做了导游人员应该做的工作。

5. 处理要点

（1）游客病危，需要送往急救中心或医院抢救时，需由患者家属、领队或患者亲友陪同前往。

（2）如果患者是国际急救组织的投保者，导游人员应提醒其亲属或领队及时与该组织的代理机构联系。

（3）在抢救过程中，需要领队或患者亲友在场，并详细记录患者患病前后的症状及治疗情况，并请接待社领导到现场或与接待社保持联系，随时汇报患者情况。

（4）如果需要做手术，必须征得患者亲属的同意，如果亲属不在，需由领队同意并签字。

（5）若患者病危，但亲属又不在身边时，导游人员应提醒领队及时通知患者亲属。如果患者亲属系外国人士，导游人员要提醒领队通知所在国使馆、领馆。患者亲属到后，导游人员要协助其解决生活方面的问题；若找不到亲属，一切按使馆、领馆的书面意见处理。

（6）有关诊治、抢救或动手术的书面材料，应由主治医生出具证明并签字，

要妥善保存。

（7）地陪应请求接待社领导派人帮助照顾患者、办理医院的相关事宜，同时安排好旅游团继续按计划活动，不得将全团活动中断。

（8）患者转危为安但仍需继续住院治疗，不能随团继续旅游或出境时，接待社领导和导游人员（主要是地陪）要不时去医院探望，帮助患者办理分离签证、延期签证以及出院、回国手续及交通票证等事宜。

（9）患者住院和医疗费用自理。如患者没钱看病，请领队或组团社与境外旅行社、其家人或保险公司联系解决其费用问题。

（10）患者在离团住院期间未享受的综合服务费由中外旅行社之间结算后，按协议规定处理。患者亲属在当地期间的一切费用自理。

（四）游客因病死亡的处理

游客在旅游期间不论什么原因导致死亡，都是一件很不幸的事情。当出现游客死亡的情况时，导游人员应沉着冷静，立即向接待社领导和有关人员汇报，按有关规定办理善后事宜。

（1）如果死者的亲属不在身边，应立即通知亲属前来处理后事；若死者系外国人士，应通过领队或有关外事部门迅速与死者所属国的驻华使馆、领馆联系，通知其亲属来华。

（2）由参加抢救的医师向死者的亲属、领队及好友详细报告抢救经过，并出示"抢救工作报告""死亡诊断证明书"，由主治医生签字后盖章，复印后分别交给死者的亲属、领队或旅行社。

（3）对死者一般不做尸体解剖，如果要求解剖尸体，应有死者的亲属、领队，或其所在国家使馆、领馆有关官员签字的书面请求，经医院和有关部门同意后方可进行。

（4）如果死者属非正常死亡，导游人员应保护好现场，立即向公安局和旅行社领导汇报，协助查明死因。如需解剖尸体，要征得死者亲属、领队或所在国驻华使馆、领馆人员的同意，并签字认可。解剖后写出尸体解剖报告（无论属何种原因解剖尸体，都要写尸体解剖报告），此外，旅行社还应向司法机关办理公证书。

（5）死亡原因确定后，在与领队、死者亲属协商一致的基础上，请领队向全团宣布死亡原因及抢救、死亡经过情况。

（6）遗体的处理，一般以火化为宜，遗体火化前，应由死者亲属或领队，或所在国家驻华使馆、领馆写出"火化申请书"，并签字后进行火化。

（7）死者遗体由领队、死者亲属护送火化后，火葬场将死者的火化证明书交给领队或死者亲属；我国民政部门发给对方携带骨灰出境证明。各有关事项的办

理，我方应予以协助。

（8）死者如在生前已办理人寿保险，我方应协助死者亲属办理人寿保险索赔、医疗费报销等有关证明。

（9）出现因病死亡事件后，除领队、死者亲属和旅行社代表负责处理外，其余团员应当由代理领队带领仍按原计划参观游览。至于旅行社派何人处理死亡事故、何人负责团队游览活动，一律请示旅行社领导决定。

（10）若死者亲属要求将遗体运回国，除需办理上述手续外，还应由医院对尸体进行防腐处理，并办理"尸体防腐证明书""装殓证明书""外国人运棺送灵柩（骨灰）许可证"和"尸体灵柩进出境许可证"等有关证件，方可将遗体运出境。灵柩要按有关规定包装运输，要用铁皮密封，外廓要包装结实。

（11）由死者所属国驻华使馆、领馆办理一张经由国的通行证，此证随灵柩通行。

（12）有关抢救死者的医疗、火化、尸体运送、交通等各项费用，一律由死者亲属或该团队交付。

（13）死者的遗物由其亲属或领队、全陪、死者生前好友代表或所在国驻华使馆、领馆有关官员共同清点造册，列出清单，清点人要在清单上一一签字，一式两份，签字人员分别保存。遗物要交死者亲属或死者所在国家驻华使馆、领馆有关人员。接收遗物者应在收据上签字，收据上应注明接收时间、地点、在场人员等。

七、游客越轨言行的处理

越轨行为（turist impermissible behavior）一般是指游客侵犯个主权国家的法律和世界公认的国际准则的行为。外国游客在中国境内必须遵守中国的法律，若犯法，必将受到中国法律的制裁。

（一）预防措施

导游人员应积极向游客介绍我国的有关法律、宗教、习俗、景点管理的有关规定，多做提醒工作，以免个别游客无意中做出越轨、犯法行为。发现可疑现象，导游人员要有针对性地给予必要的提醒和警告，迫使预谋越轨者知难而退；对顽固不化者，一旦发现其越轨行为应立即汇报，协助有关部门调查，分清性质。处理这类问题要严肃认真、实事求是，合情、合理、合法。

（二）处理原则

游客越轨言行的处理，事前要认真调查核实，处理时要特别注意"四项分清"：分清越轨行为和非越轨行为的界限；分清有意和无意的界限；分清无故和有因的界限；分清言论和行为的界限。

只有正确地区别上述界限，才能正确处理此类问题，才能团结朋友、增进友谊，维护国家的主权和尊严。

（三）几种典型情况的处理办法

1. 对攻击和诬蔑言论的处理

对于海外游客来说，由于其国家的社会制度与我国的不同，政治观点也会有差异。因此，他们中的一些人可能对中国的方针政策及国情有误解或不理解，在一些问题的看法上产生分歧也是正常现象，可以理解。此时，导游人员要积极友好地介绍我国的国情。认真地回答游客的问题，阐明我国对某些问题的立场、观点。总之，多做工作，求同存异，对于个别游客站在敌对的立场进行恶意攻击、蓄意诬蔑挑衅，作为一名中国的导游人员要严正驳斥，驳斥时要理直气壮、观点鲜明，导游人员应首先向其阐明自己的观点，指出问题的性质，劝其自制。如其一意孤行，影响面大，或有违法行为，导游人员应立即向有关部门报告。

2. 对违法行为的处理

对于海外游客的违法行为，首先要分清是由于对我国的法律缺乏了解，还是明知故犯。对前者，应讲清道理，指出错误之处，并根据其违法行为的性质、危害程度，确定是否报有关部门处理。对那些明知故犯者，导游人员要提出警告，明确指出其行为是中国法律和法规所不允许的，并报告有关部门严肃处理。

中外游客中若有窃取国家机密和经济情报、宣传邪教、组织邪教活动、走私、贩毒、偷窃文物、倒卖金银、套购外汇、贩卖黄色书刊及录音、录像、嫖娟、卖淫等犯罪活动，一经发现应立即汇报，并配合司法部门查明罪责，严肃处理。

3. 对散发宗教宣传品行为的处理

游客若在中国散发宗教宣传品，导游人员一定要予以劝阻，并向其宣传中国的宗教政策，指出不经我国宗教团体邀请和允许，不得在我国布道、主持宗教活动和在非完备活动场合散发宗教宣传品。处理这类事件要注意政策界限和方式方法，但对不听劝告并有明显破坏活动者，应迅速报告，由司法机关或公安有关部门处理。

4. 对违规行为的处理

（1）一般性违规的预防及处理。在旅游接待中，导游人员应向游客宣传、介绍、说明旅游活动中涉及的具体规定，防止游客不知而误犯。例如，参观游览中某些地方禁止摄影、禁止进入等，都要事先讲清，并随时提醒。若在导游人员已讲清并提醒的情况下明知故犯，当事人要按规定受到应有的处罚（由管理部门司法机关处理）。

（2）对异性越轨行为的处理。对于游客中举止不端、行为猥亵的任何表现，都应郑重指出其行为的严重性，令其立即改正。导游人员遇到此类情况，出于自卫要采取果断措施；情节严重者应及时报告有关部门依法处理。

（3）对酗酒闹事者的处理。游客酗酒，导游人员应先规劝并严肃指明可能造成的严重后果，尽力阻止其饮酒。不听劝告、扰乱社会秩序、侵犯他人、造成物质损失的肇事者必须承担一切后果，直至法律责任。

 案例分析

和有色笑话说"不"

某旅行社导游员彭小姐接待了一个14位男士旅游团，赴厦门、泉州和福州进行三日游。彭小姐从厦门机场接到客人后，便带领他们上车。当彭小姐开始讲解时，一位李姓游客说："小彭，我们出来旅游是开心的，给我们讲点带颜色的笑话吧。"彭小姐觉得这是一种难以接受的要求，但初次见面，又不好给顶回去，于是她礼貌地说："这位大哥，我知道你们出来当然是要玩得开心，但是到了厦门这个全国闻名的旅游城市，我如果不给大家介绍一下厦门的主要景观和人文风情，你们逛景点时就没有头绪，这样的旅游就像人们所说的那样，上车睡觉，下车尿尿，到景点拍照，回到家里人家一问啥也不知道，这就太遗憾了。"

【解析】首先，人们出来旅游是为了获得身心的满足，即在大自然中陶冶心情，在旅游中获取知识和快乐，而不是通过听黄段子来获得一笑。李某向导游员提出的这一要求既不合理又违公德。《中华人民共和国旅游法》第十三条规定："旅游者在旅游活动中，应当遵守社会公共秩序和社会公德……遵守旅游文明行为规范。"其次，当李某提出这一无理要求时，虽然彭小姐考虑到初次，同该团游客见面而没有直接拒绝，却巧移地婉拒了其要求，是正确的，既未让初次见面的客人难堪，又坚持了原则。

任务二　旅游安全故障的预防与处理

原国家旅游局在《旅游安全管理办法》中规定：凡涉及游客人身、财产安全的事故均为旅游安全事故。旅游安全事故可分为以下四级：

特别重大旅游突发事件是指：①造成或者可能造成人员死亡（含失踪）30

人以上（含 30 人）或者重伤 100 人以上（含 100 人）；②旅游者 500 人以上（含 500 人）滞留超过 24 小时，并对当地生产生活秩序造成严重影响；③其他在境内外产生特别重大影响，并对旅游者人身、财产安全造成特别重大威胁的事件。

重大旅游突发事件是指：①造成或者可能造成人员死亡（含失踪）10 人以上（含 10 人）30 人以下或者重伤 50 人以上（含 50 人）100 人以下；②旅游者 200 人以上滞留超过 24 小时，对当地生产生活秩序造成较严重影响；③其他在境内外产生重大影响，并对旅游者人身、财产安全造成重大威胁的事件。

较大旅游突发事件是指：①造成或者可能造成人员死亡（含失踪）3 人以上（含 3 人）10 人以下或者重伤 10 人（含 10 人）50 人以下；②旅游者 50 人以上（含 50 人）、200 人以下滞留超过 24 小时，并对当地生产生活秩序造成较大影响；③其他在境内外产生较大影响，并对旅游者人身、财产安全造成较大威胁的事件。

一般旅游突发事件是指：①造成或者可能造成人员死亡（含失踪）3 人以下或者重伤 10 人以下；②旅游者 50 人以下滞留超过 24 小时，并对当地生产生活秩序造成一定影响；③其他在境内外产生定影响，并对旅游者人身、财产安全造成威胁的事件。

旅行社接待过程中可能发生的旅游安全事故，主要包括交通事故、治安事故、火灾事故、食物中毒等。

一、交通事故

交通事故在旅游活动中时有发生，有海、陆、空三种，最常见的是汽车事故。为此，在行车期间要保证司机注意力集中，不要和司机聊天；发现司机过度疲劳，要提醒他注意安全。交通事故不是导游人员所能预料、控制的。遇到交通事故发生，只要导游人员没负重伤，神志还清楚，就应立即采取措施，冷静果断地处理，并做好善后工作。

（一）交通事故的预防

（1）司机开车时，导游人员不要与司机聊天，以免分散其注意力。

（2）安排游览日程时，在时间上要留有余地，避免造成司机为抢时间、赶日程而违章超速行驶。不催促司机开快车。

（3）如遇天气不好（下雪、下雨、有雾）、交通堵塞、路况不好，尤其是狭窄道路、山区行车时，导游人员要主动提醒司机注意安全，谨慎驾驶。

（4）如果天气恶劣，地陪对日程安排可适当灵活地加以调整；如遇有道路不安全的情况，可以改变行程。必须把安全放在第一位。

（5）阻止非本车司机开车。提醒司机在工作期间不要饮酒。如遇司机酒后开车，绝不能迁就，地陪要立即阻止，并向领导汇报，请求改派其他车辆或换司机。

（6）提醒司机经常检查车辆，发现事故的隐患，及时提出更换车辆的建议。

（二）交通事故的处理

1. 立即组织抢救

导游人员应立即组织现场人员迅速抢救受伤的游客，特别是抢救重伤员，进行止血、包扎、上夹板等初步处理。立即打电话叫救护车（医疗急救中心电话：120）或拦车将重伤员送往距出事地点最近的医院抢救。

2. 立即报案，保护好现场

事故发生后，不要在忙乱中破坏现场，要设法保护现场，并尽快通知交通、公安部门（交通事故报警台电话：122），如果有两名以上导游人员在场，可由一个指挥抢救，一个留下保护现场。如果只有一名导游人员，可请司机或其他熟悉情况的人协助处理，并尽快让游客离开事故车辆，争取尽快派人到现场调查处理。

3. 迅速向接待社报告

地陪应迅速向接待社领导和有关人员报告，讲清交通事故的发生和游客伤亡情况，请求派人前来帮助和指挥事故的处理，并要求派车把未伤和轻伤的游客接走送至饭店或继续旅游活动。

（三）善后处理

1. 做好安抚工作

事故发生后，交通事故的善后工作将由交运公司和旅行社的领导出面处理。导游人员在积极抢救、安置伤员的同时，做好其他游客的安抚工作，力争按计划继续进行参观游览活动。待事故原因查清后，请旅行社领导出面向全体游客说明事故原因和处理结果。

2. 办理善后事宜

请医院开具诊断和医疗证明书，并请公安局开具交通事故证明书，以便向保险公司索赔。

3. 写出书面报告

交通事故处理结束后，需有关部门出具事故证明、调查结果，导游人员要立即写出书面报告。内容包括：事故的原因和经过；抢救经过和治疗情况；人员伤亡情况和诊断结果；事故责任及对责任者的处理结果；受伤者及其他游客对处理的反映等。书面报告力求详细、准确、清楚、实事求是，最好和领队联合报告。

 案例分析

沙漠中抛锚的旅游车

8月的一天，某地陪带领旅游团去新疆火焰山。途中，旅游车抛锚了。当时车外气温高达49℃，周围又没有乘凉的地方。于是该地陪便把车上所带矿泉水分发给大家解暑。尽管如此，游客中仍有怨言，对这次旅行颇感失望。如果你是该地陪，将如何应对？

【解析】首先，旅游车在行驶过程中发生抛锚的情况，说明在出发前对车辆检查不够。虽然这主要是司机的责任，但是导游员也应提醒司机做好车辆检查工作。其次，游客有怨言，一方面是天气太热，待在沙漠里没有阴凉可避，备受下蒸上烤之苦；另一方面由于车坏，不能按时抵达景点，耽误了游览的时间，导游人员应表示同情和理解。

处理方法：首先，导游员应立即请司机对旅游车进行检修。其次，导游员应对由于汽车抛锚使大家忍受烈日暴晒和耽误他们的游览时间向游客们表示歉意。最后，如果旅游车一时修不好，导游员要及时与接待社联系改派新的车辆。

二、治安事故

在旅游活动过程中，遇到坏人行凶，诈骗，偷窃抢劫，导致游客身心及财物受到不同程度的损害的事故，统称治安事故。

导游人员在带团时，要注意观察周围的环境，发现异常情况，立即采取措施，尽快把旅游团转移到安全地带。若遇到坏人抢劫或行凶，导游人员要敢于、善于应战，挺身而出保护游客生命财产安全，绝不能置身事外，更不能临阵脱逃。

（一）治安事故的预防

导游人员在接待工作中要时刻提高警惕，采取一切有效的措施防止治安事故的发生。

（1）入住饭店时，导游人员应建议游客将贵重财物存入饭店保险柜，不要随身携带大量现金或将大量现金放在客房内。

（2）提醒游客不要将自己的房号随便告诉陌生人；更不要让陌生人或自称饭店的维修人员随便进入自己的房间；尤其是夜间绝不可贸然开门，以防发生意外；出入房间定要锁好门。

（3）提醒游客不要与私人兑换外币，并讲清关于我国外汇管制的规定。

（4）每当离开游览车时，导游人员都要提醒游客不要将证件或贵重物品遗留在车内。游客下车后，导游人员要提醒司机关好车窗、锁好车门，尽量不要走远。

（5）在旅游景点活动中，导游人员要始终和游客在一起，随时注意观察周围的环境，发现可疑的人或在人多拥挤的地方，要提醒游客看管好自己的财物，如不要在公共场合拿出钱包，最好不买小贩的东西（防止物品被小贩偷去），并随时清点人数。

（6）汽车行驶途中，不得停车让非本车人员上车、搭车；若遇不明身份者拦车，导游人员提醒司机不要停车。

（二）治安事故的处理

导游人员在陪同旅游团（者）参观游览的过程中，遇到此类治安事件的发生，必须挺身而出，全力保护游客的人身安全，绝不能置身事外，更不能临阵脱逃，发现不正常情况，立即采取行动。

1. 全力保护游客

遇到歹徒向游客行凶、抢劫，导游人员应做到临危不惧，毫不犹豫地挺身而出，奋力与坏人拼搏，勇敢地保护游客。同时，立即将游客转移到安全地点，力争在群众和公安人员的帮助下缉拿罪犯，追回钱物，但也要防备犯罪分子携带凶器狗急跳墙。所以，切不可鲁莽行事，要以游客的安全为重。

2. 迅速抢救

如果有游客受伤，应立即组织抢救，或送伤者去医院。

3. 立即报警

治安事故发生后，导游人员应立即向公安局报警（公安局报警电话：110），如果罪犯已逃脱，导游人员要积极协助公安局破案。要把案件发生的时间、地点、经过、数量、型号、特征等向公安部门报告清楚。作案人的特征，以及受害人的姓名、性别、国籍、伤势及损失物品的名称。

（三）善后事宜

1. 及时向接待社领导报告

导游人员在向公安部门报警的同时要向接待社领导及有关人员报告。如情况严重，请求领导前来指挥处理。

2. 安抚游客

治安事件发生后，导游人员要采取必要措施稳定游客情绪，尽力使旅游活动继续进行下去。并在领导的指挥下，准备好必要的证明、资料，处理好受害者的补偿、索赔等各项善后事宜。

3. 写出书面报告

事后，导游人员按照有关要求写出详细、准确的书面报告，包括案件整个经过以及案件的性质、采取的应急措施和受害者及其他游客的情况等。

 案例分析

酒店房门被撬

王某夫妇与内蒙古某旅行社签订了旅游协议，参加其在春节期间组织的哈尔滨"双飞五日游"。就在王某夫妇随旅游团到达哈尔滨的第二天，用完晚餐回房间时他们发现房门被撬，一架数码相机、两件新买的羽绒服不见了。林某夫妇当即找到导游人员，告知被窃情况，该导游员便随同林某到其房间察看了一下，随即将此事报告了饭店前厅服务台人员。如果你是该导游人员，面对此情况该如何处理？

【解析】首先，对房门被撬，游客财物被盗，导游员应清醒地认识到这是一起治安事故。其次，对于治安事故，导游员应了解被窃详细情况，如大概被窃时间、被窃数码相机的牌子、形状、颜色和两件羽绒服的牌子、颜色以及它们放于何处等，以便配合有关人员的调查。最后，饭店治安事故应及时报告饭店保卫部门，而不是前厅服务台。

三、火灾事故

饭店、景点、娱乐购物等场所发生火灾，会威胁到游客的生命和财产安全。导游人员平常就应熟悉饭店或游客常去场所的防火措施，了解安全出口、太平门、安全楼梯的位置，学习好火灾避难和救护的基本常识，才可能遇事不慌、妥善处理。

（一）火灾事故的预防

1. 做好提醒工作

提醒游客不要携带易燃、易爆物品；不乱扔烟头和火种，不要躺在床上吸烟。向游客讲清：在托运行李时应按运输部门有关规定去做，不得将不准作为托运行李运输的物品夹带在行李中。只有这样，才能尽可能地减少火灾。

2. 熟悉饭店的安全出口和转移线路

导游人员带领游客住进饭店后，在介绍饭店内的服务设施时，必须介绍饭店楼层的太平门、安全出口、安全楼梯的位置，并提醒游客进入房间后，看懂房门上贴的安全转移线路示意图，掌握一旦失火时应走的线路。

3.牢记火警电话

导游人员一定要牢记火警电话（119）；掌握领队和全体游客的房间号码。一旦火情发生，能及时通知游客。

（二）火灾事故的处理

万一发生了火灾，导游人员应首先报警；其次，迅速通知领队及全团游客；再次，配合工作人员，听从统一指挥，迅速通过安全出口疏散游客；最后，判断火情，引导游客自救。如果情况危急，不能马上离开火灾现场或被困，导游人员应采取的正确做法如下：

（1）千万不能让游客搭乘电梯或慌乱跳楼，尤其是在三层以上的游客，切记不要跳楼。

（2）用湿毛巾捂住口、鼻，身体重心尽量下移，使面部贴近墙壁、墙根或地面。

（3）必须穿过浓烟时，可用水将全身浇湿或披上用水浸湿的衣被，捂住口鼻，贴近地面蹲行或爬行。

（4）若身上着火了，可就地打滚，将火苗压灭，或用厚重衣物压灭火苗。

（5）大火封门无法逃脱时，可用浸湿的衣物、被褥将门封堵塞严，或泼水降温，等待救援。

（6）当见到消防队来灭火时，可以摇动色彩鲜艳的衣物为信号，寻求救援。

（三）协助处理善后事宜

游客得救后，导游人员应立即组织抢救受伤者；若有重伤者应迅速送往医院，有人死亡，按有关规定处理；采取各种措施安抚游客的情绪，解决因火灾造成的生活方面的困难，设法使旅游活动继续进行；协助领导处理好善后事宜；写出翔实的书面报告。

 案例分析

被烧伤的小学生

新苑小学的学生连同老师共36人参加××旅行社组织的德化市郊一日游。当旅游车到达封林镇时，导游员安排学生和老师下车休息，上卫生间。当时有的学生问导游员："厕所在哪里？"导游员说："厕所很脏，就地解决，快去快回。"于是几个同学便一起到附近的屋后小便，但在回来的途中，他们由于沿着石灰池周边行走，其中一同学不慎滑进石灰池造成双下肢、双手和会阴部皮肤烧伤41%，经法医鉴定为六级伤残。

【解析】此案该导游员须承担赔偿责任。因为首先，对带领小学生旅游，导游员应给予特别关照。此案中导游员随意让他们寻找地点小便，既不卫生，又预先不作安全提示，不仅没有什么关照，而且相当疏忽大意。其次，导游员应对停车地点的周围情况有足够的了解，如厕所地点、附近有无危险地段或隐患。很显然，该导游员对附近石灰池的存在一无所知，最后，由于对存在的危险环境一无所知，所以该导游员也未尽到预先告知和提示的义务。

【处理方法】首先，对学生受伤，导游员应尽快呼叫救护车，将受伤学生送就近医院急救。其次，应将该学生受伤情况报告旅行社，说明自己的责任，请社领导前往医院看望。最后，向受伤学生家长、该团老师和学生赔礼道歉。

四、食物中毒

游客因食用变质或不干净的食物常会发生食物中毒。其特点是：潜伏期短，发病快，且常常集体发病，若抢救不及时会有生命危险。

（一）食物中毒的预防

为防止食物中毒事故的发生，导游人员应做到以下几点：严格执行在旅游定点餐厅就餐的规定；提醒游客不要在小摊上购买食物；用餐时，若发现食物、饮料不卫生或有异味变质的情况，导游人员应立即要求更换，并要求餐厅负责人出面道歉，必要时向旅行社领导汇报。

（二）食物中毒的处理

发现游客食物中毒，导游人员应设法催吐，让食物中毒者多喝水以加速排泄，缓解毒性；立即将患者送医院抢救，请医生开具诊断证明；若系群体性食物中毒事件，要请医院协助保留证据，并联系当地卫生防疫部门调查处理；导游人员还应报告旅行社，以追究供餐单位的责任。

任务三　自然灾害的原因与处理

"自然灾害"是人类依赖的自然界中所发生的异常现象，自然灾害对人类社会所造成的危害往往是触目惊心的。旅游过程中常见的自然灾害有地震、泥石流、海啸、台风、洪水、雷电等突发性灾害。

一、地震

地震灾害最有可能造成惨重的人员伤亡和巨大的财产损失，引发的次生灾害也比其他灾害严重，甚至危害旅游业的发展。

地震虽然具有不可抗拒性，但是人们依然可以通过一些措施来减少损害。

1. 现场自救

室内避险应就地躲避：躲在桌、床等结实的家具下；尽量躲在窄小的空间内，如卫生间、厨房或内墙角；可能时，在两次震动之间迅速撤至室外。

室外避险切忌乱跑乱挤，不要扎堆，应避开人多的地方；远离高大建筑物、窄小胡同、高压线；注意保护头部，防止砸伤。旅游团在游览时遇到地震，导游人员应迅速引导游客撤离建筑物、假山，集中在空旷开阔地域。

2. 遭灾者的自救

地震时被压在废墟下、神志还清醒的幸存者，最重要的是不能在精神上崩溃，而应争取创造条件脱离险境或保存体力等待救援。例如，若能挣脱开手脚，应立即捂住口鼻，以隔挡呛人的灰尘，避免窒息；设法保存体力，不要乱喊，听到外面有人时再呼救；若能找到水和食物，要计划使用，尽可能长地维持生命。

 案例分析

地震中的导游

2008年5月11日，浙江某导游员带领11名游客从杭州飞往成都。第二天，当汶川大地震发生时，她的旅游团汽车正行驶在茂县前往九寨沟的山路上。突然一块巨石从山上飞速而下，正好砸在旅游车上，她和游客均压在车厢里。当她从变形的车中爬出来时，虽已感胸部一阵疼痛，但责任心驱使她赶快救未爬出来的3人。由于巨石很大，又无工具，光靠爬出来的游客无法撼动它，于是，她忍着伤痛，向公路上正在逃生的人呼救，又跑到山坡的村寨向房屋倒塌的羌族同胞求救。终于在大家的努力下，救出了一名受伤者，另两名游客已经停了呼吸。

由于这时又下起了大雨，对外的通信已中断，该导游员认为不能让大家停在公路上，于是她又带领游客去羌寨，与村长联系，安顿游客。在村长和村民的帮助下，为他们解决了临时的口粮和休息的地方。

【解析】首先，该旅游团的汽车被大石所压，游客受伤，生命垂危。该导游员的胸部虽然也受了伤，但当她爬出车外后，首先想到的是仍压在车下的游客安危。她在生死关头仍将游客安全放在第一位。

其次，处在这种情况下，该导游员临危不乱。在将游客救出后，想到了此时游客最需要的是转移到安全的地方，而且迅速将游客带到山坡的村寨中。

最后，为安顿好游客，该导游员又同村长商量，解决了他们临时的简单生活问题，考虑得十分周到。

二、泥石流

泥石流多发生于山区，在我国的大多数山区都时有发生，尤其在我国西南山区尤为严重，每年雨季都有泥石流、滑坡等自然灾害发生。泥石流的主要发生原因是暴雨集中、山高、坡陡和植被稀疏等。泥石流发生频率高、破坏性大，对旅游业有较大的影响。

1. 灾害特性

（1）季节性。我国泥石流的爆发主要是受连续降雨、暴雨，尤其是特大暴雨等集中降雨的激发。因此，泥石流发生的时间规律是与集中降雨时间规律相一致的，具有明显的季节性。一般发生于多雨的夏、秋季节。

（2）周期性。泥石流的发生受雨洪、地震的影响，而雨洪、地震总是周期性地出现，因此，泥石流的发生和发展也具有一定的周期性，且其活动周期与雨洪、地震的活动周期大体一致。当雨洪、地震两者的活动周期相叠加时，常常形成泥石流活动周期的高潮。

2. 自救措施

遇到泥石流，导游人员要镇定地引导游客逃生。

（1）泥石流发生时，不能在沟底停留，而应迅速向山坡坚固的高地或连片的石坡撤离，抛掉一切重物，跑得越快越好，爬得越高越好。

（2）切勿与泥石流同向奔跑，而要向与泥石流流向垂直的方向逃生。

（3）到了安全地带，游客应集中在一起等待救援。

三、海啸

海啸通常伴有强烈的地震或长时间的震动，如果感觉到较强的震动，一定不要靠近海边、江河的入海口，快速到高地等安全处避难，全团尽量集中。如果听到有关附近地震的报告，要做好预防海啸的准备，海啸有时会在地震发生几小时后到达离震源上千千米远的地方。海啸登陆时海水往往明显升高或降低，如果看到海面后退速度异常快，应立刻撤离内陆地势较高的地方。通过当地向导或媒体随时掌握信息，在没有解除海啸警报前，切勿靠近海岸。

✎ 案例分析

海啸中的自救

领队唐某带领一个26人的旅游团赴泰国普吉岛旅游。12月26日，该团按照旅游计划的安排，乘船赴普吉岛游览。船抵该岛后，游客正准备下船时，见到海潮在快速后退，然后又慢慢上涨的情况。有的游客便拿起DV来拍录像，领队唐某觉得"这不是一般的涨潮"，遂向全团游客大喊："大家快往岸上跑！"话音刚落，海潮便向他们扑来，游客见状，便拼命地往岸上的饭店里跑。他们一口气跑到了饭店的三楼，这时海水也快漫到了二楼。就在大家惊魂未定时，唐某感到必须保护好每位游客的安全，于是迅速清点人数，寻找团员。待全团人数一个不少后，他又设法带领游客从饭店的三楼向附近的小山上转移，路上不断提醒游客注意安全，小心脚下。到达山顶后，他又迅速同国内组团社联系，报告遇险经过和目前游客的情况。

【解析】首先，领队唐某见涨潮有异时，立即呼叫游客快往岸上跑，说明其对大自然变化的警惕性很高。否则，后果将不堪设想。其行为完全符合《旅行社条例实施细则》第三十八条关于当遇到危及旅游者人身和财物安全时，应"向旅游者作出真实的说明和明确的警示"的要求。

其次，当游客跑到饭店三楼后，唐某又及时清点人数，寻找不在的游客，这既及时又必要，因为在慌忙中游客很容易跑散或失踪。说明他对每位游客的安全都非常注重。

四、台风

旅游团若遇强大风暴，尤其遇到龙卷风时，要采取自我保护措施。

（1）若在室内，最好躲在地下室、半地下室或坚固房屋的小房间内，避开重物；不能躲在野外小木屋、破旧房屋和帐篷里。

（2）若被困在普通建筑物内，应立即紧闭临风方向的门窗，打开另一侧的门窗。

（3）若被飓风困在野外，不要在狂风中奔跑，而应平躺在沟渠或低洼处，但要避免水淹。

（4）旅游团在旅游车中时，司机应立即停车，导游人员要组织游客尽快撤离，躲到远离汽车的低洼地或紧贴地面平躺，并注意保护头部。

五、洪水

洪水是形成洪灾的直接原因，洪灾是世界上最严重的自然灾害，一般以夏季居多。我国的洪水灾害十分频繁，因此导游人员在带领旅游者到山地、河湖游览时，若遇暴雨或前一天下了暴雨，要特别注意洪灾的发生。

为避免在游览中受到洪水的侵袭，导游人员应在出发前收听气象台的天气预报，尤其是汛期的天气预报，当听到气象台发出的红色预警或橙色预警时，应对计划游览的山区、河湖或低洼地区的游览采取相应的措施，如可同旅游者协商并征求其同意，适当调整旅游项目。

为应对在野外游览时突然遭遇到洪水的侵袭，导游人员平时应学习一些应对洪水的自救和救援知识。

遭遇洪水时的应对措施如下：

1. 洪水来临时的自救措施

（1）不要带领旅游者去危险地带，如电线杆和高压线塔周围，危墙及高墙旁，河床、水库、沟渠与涌洞边，化工厂及储藏危险物品的仓库。

（2）带领旅游者迅速离开低洼地带，选择有利地形，将旅游者转移至地势较高的地方以躲避洪水。

2. 被洪水围困时的自救措施

（1）若躲避转移没有及时完成，导游人员应带领旅游者选择较安全的位置等待救援，并用自身备有的通信器具，不断地向外界发出求救信号，以求及早得到解救。

（2）设法稳定旅游者的情绪，若离开原地要采取集体行动，不要让旅游者单独离开，以免因情况不明而陷入绝境。

（3）利用手机迅速报警，将旅游者受洪水围困的地点、人数和所处的险情一一报告清楚，请他们迅速组织人员前来救援。

 案例分析

洪水中的自救

2012 年 8 月 5 日，导游员叶某带领一个 12 人的广西某集团公司考察团在参观完神农架后前往武当山。由于两天来当地一直下着大暴雨，因此，当他们的旅游车到达孤山村时，深达 1.3 米的道路积水阻断了车辆前行。若强行通过，有可能导致车辆倾覆。为保证游客的安全，经与司机商量，决定等待水位下降后再前

行。等到下午时，游客已处于饥饿状态，于是叶某只好从旅游车后方涉水到附近买了一些快餐，作为游客的中餐，同时还打听到其后方不远处的道路也塌方了。这样，该车便陷入进退两难的境地。

为了寻找出路，叶某查看手机上的卫星地图，发现该条道路前后50公里的山区有一条河谷。如果暴雨还这样不停地下，所有降水将汇集到该河谷，就有暴发山洪的危险。于是叶某赶紧拨打119，要求启动应急预案。1小时后消防人员告知，由于道路阻断，救援人员无法抵达，要求叶某带领游客自救。

为了确保游客的安全，叶某只好向附近的村民求助，并在村民的帮助下，安排了该车游客的晚餐和休息的地方。他一方面安慰游客，劝他们好好休息，以保存体力，另一方面告诫自己，在这种情况下必须冷静处理所发生的一切。当游客休息后，他自己则与司机一起留在旅游车上观察。

晚上23：30，洪水已淹没了村民房屋的台阶，而且还在继续上涨。叶某意识到危险即将来临，于是赶紧叫醒游客和村民，请他们带上饮用水、食物、手机和御寒衣服，迅速撤往附近的山上。他们到达山顶后，叶某立即拨打旅行社的电话求助，但通信中断，再次处于孤立无援的境地。

【解析】首先，叶某在得知旅游车被困，且有山洪暴发的危险时，立即拨通了119，向其求助，请其启动应急预案，这样做是完全正确的。

其次，当求助无望时，叶某也没有气馁，而是采取了自救措施，带领游客迅速撤离到附近村庄。将游客安排到村民家中安歇，自己则与司机待在车上密切注视可能发生的情况。这显示了叶某对游客安全的重视，也展现了其在危难中的智慧和应变能力。

再次，当洪水淹没村民台阶且还在上涨的情况下，他立即叫醒游客和村民，将他们撤离到附近的山上，体现了他在危险即将来临之前的决断能力。

最后，在撤离时，他要求游客和村民带上饮用水、食物、手机和御寒衣服，这也是正确的。因为在狂风暴雨下的洪水不断上涨的夜间撤到孤立无援的山上，这些物品是维持生命和对外联系所必备的，说明叶某具有丰富的野外生存知识。

六、雷电

在户外游览过程中遇到雷电天气，为防止雷击应把握以下两个原则：一是人体的位置尽量降低，以减少直接雷击的危险；二是人体与地面的接触部分如双脚要尽量靠近，与地面接触越小越好，以减少"跨步电压"。

雷电发生时，应注意以下几点：

（1）在雷电交加时，感到皮肤刺痛或头发竖起，是雷电将至的先兆，应立即躲避。

（2）如果身处树木、楼房等高大物体，应该马上离开。

（3）不要在山洞口、大石下或悬岩下躲避雷雨。

（4）远离铁栏及其他金属物体。

（5）雷雨时如果身处空旷的地方，应该马上蹲下，尽可能减少遭受雷击的面积。

（6）空旷地带和山顶上的孤树及孤立草棚等地方应该回避。

（7）雷电期间应尽量回避未安装避雷设备的高大物体，也不要到山顶或山梁等制高点。

（8）如果在江、河、湖泊游览时，遇上雷雨要赶快上岸离开，尽可能不要待在没有避雷设备的船只上。

（9）如在旅游车行驶过程中发生雷击，应留在车内，车厢是躲避雷击的理想地方。

参考文献

［1］国务院法制办公室.中华人民共和国旅游法（实用版），2013.

［2］导游服务质量.中华人民共和国国家标准（GB/T15971—1995）.

［3］导游人员管理条例.中华人民共和国国务院令〔2017〕第687号.

［4］国家旅游局人事劳动教育司.导游业务.北京：旅游教育出版社，2005.

［5］熊剑平，石洁.导游学.北京：北京大学出版社，2014.

［6］熊剑平，袁俊.导游业务.武汉：武汉大学出版社，2004.

［7］熊剑平，董继武.导游业务.武汉：华中师范大学出版社，2006.

［8］熊剑平，李志飞，张贞冰.导游学：理论·方法·实践.北京：科学出版社，2007.

［9］熊剑平，刘承良，章晴.成功导游素质与修炼.北京：科学出版社，2008.

［10］熊剑平，章晴.导游理论与实务.上海：上海交通大学出版社，2011.

［11］熊剑平.导游实务与案例.武汉：湖北教育出版社，2014.

［12］全国导游人员资格考试统编教材专家编写组.导游业务.北京：旅游教育出版社，
2017.

［13］张志强，徐堃耿.导游带团实战密码.北京：化学工业出版社，2016.

［14］袁俊，夏绍兵.导游业务.武汉：武汉大学出版社，2008.

［15］湖北省旅游局人事教育处.导游业务.武汉：华中师范大学出版社，2006.

［16］杨连学.导游服务实训教程.北京：旅游教育出版社，2010.

［17］宙斯.带团就是战斗.北京：旅游教育出版社，2016.

［18］周晓梅.导游带团技能一本通.北京：旅游教育出版社，2007.

［19］陈乾康.导游实务.北京：中国人民大学出版社，2006.

［20］李盼，梁焰，邹建琴，何成亿.导游业务.成都：西南交通大学出版社，2018.

［21］李娌.导游服务案例详解（结合《旅游法》剖析案例版）.北京：旅游教育出版社，
2014.

［22］李娌，王哲.导游服务案例精选解析.北京：中国旅游出版社，2007.

［23］陶汉军.导游服务典型案例与解析.北京：旅游教育出版社，2013.

［24］陶汉军，黄松山．导游服务学概论．北京：中国旅游出版社，2003.

［25］杜炜，张建梅．导游业务．北京：高等教育出版社，2002.

［26］刘峰．现代导游职业技能自我提升实用指南．北京：中国旅游出版社，2008.

［27］胡静．实用礼仪教程．武汉：武汉大学出版社，2003.

［28］佟瑞鹏．旅游景区事故应急工作手册．北京：中国劳动社会保障出版社，2008.

［29］王连义．怎样做好导游工作．北京：中国旅游出版社，1997.

［30］王连义．导游技巧与艺术．北京：旅游教育出版社，2002.

［31］王连义．幽默导游辞．北京：中国旅游出版社，2002.

［32］韩荔华．导游语言概论．北京：旅游教育出版社，2000.

［33］韩荔华．实用导游语言技巧．北京：旅游教育出版社，2002.

［34］问建军．导游业务．北京：科学出版社，2005.

［35］郭书兰．导游原理与实务．大连：东北财经大学出版社，2002.

［36］侯志强．导游服务实训教程．福州：福建人民出版社，2003.

［37］赵湘军．导游学原理与实践．长沙：湖南人民出版社，2003.